Das große *Aldidente*-Buch

Preiswert kochen und backen
Rezepte und Geschichten

Hauch, Regina:
Das große Aldidente-Buch : preiswert kochen und
backen / Regina Hauch ; Regina Schneider ; Astrid
Paprotta. – Frankfurt am Main : Eichborn, 2001
ISBN 3-8218-3699-7

Astrid Paprotta und Regina Schneider:
Aldidente. 30 Tage preiswert schlemmen.
Ein Discounter wird erforscht.
© Eichborn AG, 1996

Regina Schneider: **Aldidente-Leser kochen.**
Die 100 besten Rezepte.
Mit Vignetten von Moni Port.
© Eichborn AG, 1998

Regina Hauch: **Aldidente backen.**
Preiswert backen rund ums Jahr –
Rezepte und Geschichten.
Mit Vignetten von Moni Port.
© Eichborn AG, 1998

Umschlagillustration: Uschi Heusel
Satz: Fuldaer Verlagsagentur, Fulda
Druck und Bindung: WS Bookwell, Finnland, 2001

ISBN 3-8218-3699-7

Verlagsverzeichnis schickt gern:
Eichborn Verlag, Kaiserstraße 66,
D-60329 Frankfurt am Main
www.eichborn.de

Astrid Paprotta · Regina Schneider

Aldidente

30 Tage preiswert schlemmen

Ein Discounter wird erforscht

Liebe Aldi-Fans!
Wenn Sie weitere leckere Rezepte mit Aldi-Produkten kennen, schreiben Sie an den Verlag.

»Die Nennung von Produkten in diesem Buch dient ausschließlich Informationszwecken und stellt keinen Warenzeichenmißbrauch dar.«

Sämtliche Mengenangaben in diesem Buch sind für vier Personen. Produkte, die's bei Aldi nicht gibt, sind *kursiv* gedruckt.

Zum Geleit der aktualisierten Neuausgabe

Da sind wir wieder.

Wirr schwirrten die Gerüchte ins Kraut und in die Rüben: wo ist Aldidente denn geblieben? Ist es aus? Nein, schlimmer: Aldidente ist zurück! Was ist zu bedenken? Aldidente führt, anderslautenden Behauptungen zum Trotz, keineswegs zum Rinderwahn. Aldidente wird nicht schlecht. Bei bestimmungsgemäßem Gebrauch führt Aldidente auch nicht zu Dauerschäden.

Wir bedanken uns bei Helga Zuber. Ihr hat das Buch gefallen. Wir danken Gudrun Bolduan, ohne deren Umsicht und Organisationsgenie wir längst in den Seilen hingen. Wir bedanken uns zuförderst bei Miss Linda Clifford® für die Lösung unserer Geschmacksfragen im Textilbereich (bspw.: »Damen-Kasacks überwiegend mit Rückenriegel«). Wir danken all jenen, die das vorliegende Werk nur verschenkt und nie gelesen haben: ist ihnen wirklich etwas entgangen? Testen Sie selbst. Eine Geld-zurück-Garantie gibt es allerdings nicht.

1. Tag, Sonntag. Let's dance

Vögel singen, Glocken läuten, alle Geschäfte haben zu. Auf Kundschaft warten an diesem Tag nur Wirts- und Gotteshäuser. Es ist ein besinnlicher Tag in einem Mietshaus, irgendwo in einer deutschen Stadt. Füße werden hochgelegt, Bettwäsche lüftet feierlich auf Fensterbänken, Bratenduft durchzieht die Stille. Doch dann ist es plötzlich vorbei. So abrupt setzt die Ruhestörung ein, daß es zunächst wie eine Attacke wirkt, ein hinterhältiger Angriff auf das Sonntagsgemüt. Musik brandet auf, sie kommt aus dem dritten Stock, doch da setzt die Verwirrung schon ein: Musik? Es dröhnt. Es wimmert und es wummert. Bässe statt Kirchenglocken. Was hat das zu bedeuten?

Auf den Hausmeister ist kein Verlaß mehr. Herbeigeeilt, sich zu beschweren, hält er plötzlich inne. Was macht der Mann? Seine Hüften beginnen zu rotieren, gleichmäßig ruckt sein Kopf. Auch das nette Ehepaar, das sich eben noch auf dem Weg zum Gotteshaus wähnte, wirft das Gesangbuch in die Ecke, um einen ungezügelten Tanz zu wagen. Selbst die Polizeibeamten machen keinen guten Eindruck. Alarmiert, die Ruhestörung zu beenden, stürmen sie forsch die Treppen hinauf, zwei junge Männer mit rosigen Gesichtern. Doch vergessen sie sich bereits vor der Wohnungstür des Ruhestörers, hinter der es unverdrossen wummert. »Dr. Alban«, sagt der eine Ordnungshüter und beginnt mit den Fingern zu schnippen. Der zweite besitzt immerhin die Entschlußkraft, den Ruhestörer hinauszuläuten.

Es ist ein Endzwanziger, der Ruhestörer, und er hält der Staatsgewalt ein Päckchen entgegen. »Party & Dance« steht auf diesem Päckchen, bei dem es sich, wie er sogleich erklärt, um ein CD-Set handelt, eine Dreier-Box. »Stundenlange Laufzeit!« ruft er durch das ganze Haus. »Nur 19,98!«

»Nicht mööööglich!« schreien die Ordnungshüter zurück.

Bedeutungsvoll klimpert der Ruhestörer mit den Augen. »Gibt's bei Aldi.«

»Wahnsinn«, bekennt der eine Beamte.

»Konkurrenzlos günstig«, sagt der andere.

»Ja, nicht?« Der Ruhestörer lächelt.

»Drei CD's im Sammelschuber. Keine 20 Mark.«

Die vier Augen des Gesetzes glänzen. Gibt's bei Aldi? Nix wie hin. Schade, daß Sonntag ist. Sonntags hat Aldi zu. Sonntags sind die Kirchen geöffnet. Sonntags schläft man aus und hat bisweilen einen schweren Traum. Dann kämpft man sich aus dem Bett, die Glocken läuten, sonst ist es still. Ein Nachhall noch im Kopf – was ist geschehen? Ein magisches Wort ist gefallen, selbst im Traum: Aldi. Jeder kennt Aldi, niemand redet darüber. Aldi ist ein seltsames Reich.

Manche Träume wollen Wahrheit werden; Aldi, wie geht es da zu? Schnell ist der Rucksack für die Exkursion gepackt, Blöcke, Stifte, Kleingeld. Morgen ist Montag.
Dann hat Aldi auf.
Dann heißt es:
Nix wie hin.

1. Sonntags-Brunch

(Champagner, Kaffee, Tee, frischer
Orangensaft, Baguettebrötchen,
Knäckebrot, Marmelade, Delikateß-
Rührei, Putenaufschnitt mit Thunfisch-
sauce, Müsli, Käseaufschnitt, Räucher-
lachs, Kellogs-Crunchy, amerikanischer
Obstsalat)

1 Flasche Vve. Monsigny Champagne
brut
Amaroy Kaffee
Ceylon-Tee Indien-Mischung im Beutel
(Westcliff)
12 Baguettebrötchen zum Aufbacken
(Sinnack)
250 g Süßrahm Butter
Bioreformmargarine mit Joghurt-
Kulturen (Bellasan)
1 Dose Thunfisch
1 Becher Schmand
1 Paket Putenbrust,
heißgeräuchert (Westfalen Krone)
1 Bund frische Kräuter (Petersilie, Schnittlauch)
1 Paket Käseaufschnitt
Altländer Dreifrucht Konfitüre extra
200 g Kellogs Crunchy Nut
200 g Müsli
2 Beutel fettarmer Trinkjoghurt,
Erdbeer oder Banane (Grüne Aue)
200 g Delikatess Hinterschinken
10 Eier Güteklasse A
1 kg Orangen
250 g Bananen
3 Kiwis

250 g israel. Erdbeeren
¹/₂ frische Ananas
je 125g grüne und blaue Trauben
¹/₂ Honigmelone
60 g Zucker

Champagner kaltstellen. Brötchen im Backofen aufbacken und nicht vergessen, eine Schale Wasser in die Röhre zu stellen, damit sie knusprig braun werden. Für Rühreier den Hinterschinken in Streifen schneiden mit den verquirlten Eiern und etwas Butter in der Pfanne stocken lassen. Mit frischer, gehackter Petersilie anrichten. Putenbrust mit einem scharfen Messer in feine Scheiben schneiden, auf Tellern anrichten und mit Thunfisch-Soße übergießen. Dazu den Thunfisch abtropfen lassen, mit einer Gabel zerdrücken und unter Zugabe von etwas Schmand sämig rühren. Über die Putenscheiben geben und mit geschnittenem Schnittlauch garnieren. Frischen Orangensaft (pro Person 1-2 Orangen) auspressen. Restliche Orangen schälen und mit allen anderen Obstsorten zu einem bunten Obstsalat vermischen. Trauben zusätzlich entkernen und Erdbeeren vierteln, zuckern und ziehen lassen. Kellog's Crunchy Nut (Cornflakes) und Müsli mit Trinkjoghurt anrichten. Käseaufschnitt mit frischen Kräutern garnieren. Zum Schluß Tee und Kaffee aufbrühen.

Tip: Amaroy-Kaffee hat Alltagsqualität. Genießer sollten zu *Espressocafé* greifen und ihn mit aufgeschäumter Milch genießen. Das geht am besten so: Milch im Topf heißmachen und mit dem Pürierstab kräftig aufschäumen.

Dazu paßt ein Glas Champagner vorneweg, denn Sonntag ist nur einmal in der Woche!

Summa summarum
mit Champagner!:
40 Mark

2. Tag, Montag. Bohren und Schleifen

Drohen Aufruhr, Chaos, Rebellion? In einer unauffälligen Straße haben sich Menschen versammelt, Dicke, Dünne, Greise, Jungsenioren, auch die Jugend ist vertreten. Männer und Frauen.

Arbeiter mit Spätschicht, Schichten ohne Arbeit, eine internationale Gemeinschaft. Doch sie tragen keine Transparente. Sie schwingen auch keine Fäuste; sie warten. Still stehen sie da, wechseln nur das Standbein dann und wann. Ganz Verwegene tippeln sacht ein wenig auf und ab.

Gibt es was umsonst? Ein Aushang gibt bekannt: im Angebot sind Bohrmaschinen. Kaffee gibt's für 4 Mark 98, Eierspätzle für 70 Pfennig. Kein Zweifel ist mehr möglich: Es handelt sich um einen Aldi-Laden.

Aldi, öffne Dich! Die Leute warten. Das tun sie immer und überall. Jeden Morgen, in jeder Stadt, vor jedem dieser Läden, die entweder Aldi oder Albrecht heißen, hat sich bereits zehn Minuten vor Öffnung eine kleine Schar versammelt. Stoisch harren sie aus; treibt sie die Angst um, daß ihr Aldi womöglich über Nacht einer kessen Boutique Platz gemacht haben könnte? So rücken sie beizeiten an: alles gut. Aldi steht noch. Albrecht auch. Mit 650 Watt und einer Leerlaufdrehzahl von 11.000 RPM laufen in dieser Woche seine Bohrmaschinen; zugreifen, sonst sind se weg.

Noch sieben Minuten. Eine junge Frau schaukelt mit einer Hand einen Kinderwagen, während sie mit der anderen eine Zigarette hält. Eine dieser Tätigkeiten scheint dem Nachwuchs gar nicht zu bekommen; ein drohendes Fäustchen reckt sich in die Morgenluft. Rot angelaufen ist der neue Erdenbürger und würde gerne fluchen, wenn er es schon könnte.

Bohrmaschinen. Eine alte Frau nimmt das interessiert zur Kenntnis. Was hat sie groß zu bohren? Ein paar schöne Bilder hat sie an den Wänden, die sind mit Nägeln befestigt und noch niemals abgestürzt. Doch könnte der Sohn eine gebrauchen, der bohrt bisweilen, besonders gern am Wochenende, da werkelt er herum. 35,90, kann doch keiner was sagen. Hat sie über zwanzig Mark gespart, denn bei Hertie kosten die 59,90 und schämen sich

nicht. Man muß sparen, wo man kann. Sie reibt sich die Hände. Nebenan preßt ein alter Mann eine alte Aktentasche gegen den Bauch. Immer wieder späht er zum Wohnhaus gegenüber; er hat doch nicht vergessen, das Gas abzustellen? Wäre dumm, er bei Aldi, und dann fliegt sein Haus in die Luft. Müßte er, strenggenommen, gar nichts mehr einkaufen, denn der Vorrats- und der Kühlschrank, in denen er Aldis Lebensmittel verstaut, wären dann ja auch hin. Also strenggenommen. *Flöge* das Haus in die Luft, aber das wollen wir doch nicht hoffen. Fahrig zählt ein anderer immer wieder Kleingeld ab – wird doch reichen? Kein Mensch will später an der Kasse einen roten Kopf bekommen müssen.

Noch vier Minuten. Ein junger Mann schirmt die Augen ab und stellt sich dicht ans Aldi-Fenster. Genauer betrachtet, sind die Bohrmaschinen elektrische Winkelschleifer. Geeignet für alle handelsüblichen 115 mm Ø Schleifscheiben. Mit Handgriffen für Rechts-/Linkshänder. Mit Stirnloch-Schlüssel. Er sollte die alte Frau darüber informieren, daß sie beabsichtigt, ihrem Sohn einen elektrischen Winkelschleifer zu kaufen, der keine Bohrmaschine ist, aber er tut es nicht.

Noch zwei Minuten. Jetzt werden die Markstücke für die Einkaufswagen hervorgeholt. Drinnen unterhalten sich zwei Kassiererinnen; noch wirken sie verloren im leeren Laden. Doch wäre das für die Leute draußen eine gute Gelegenheit, ebenso zwanglos ins Gespräch zu kommen – »Kaufen Sie auch bei Aldi?« Allerdings benimmt sich jeder, als sei der andere gar nicht da. Städtisches Stilleben: Menschen vor Discountladen, reglos. Vor dem Opernhaus stehen die Leute genauso gesittet herum, was zu der Annahme führt, daß es sich bei der zu erwartenden Belohnung für dieses Üben-in-Geduld um einen ungeahnten Lustgewinn handeln muß. Ein Schlüssel dreht sich im Schloß. Durchatmen. Nix wie rein.

2. Linseneintopf (mit Edelzwicker)

2 Büchsen Stella-Linsen
mit Suppengrün
3 Zwiebeln
2 EL kaltgepreßtes Olivenöl,
extra vergine (Lorena)
3 *Knoblauchzehen*

4 El Petti-Tomatenmark 3-fach
konzentriert
2 Glas Grüner Veltliner
oder anderen trockenen Weißwein
8 kleine Tomaten
Saft von 2 Zitronen

Salz
Pfeffer
1 Prise Zucker
100 g geriebener Emmentaler
4 Elsäßerbrötchen

Zwiebeln würfeln, Knoblauch mit Salz zerdrücken und im Olivenöl anbraten. Das Tomatenmark unterrühren und mit Grünem Veltliner ablöschen. In den Sud die fertige Linsensuppe geben, leicht umrühren und langsam erhitzen. In der Zwischenzeit Tomaten kurz in kochendem Wasser ziehen lassen, Haut abziehen, Strünke entfernen und vierteln. Zitronen auspressen, Saft und Tomaten in die erwärmte Linsensuppe geben und alles zusammen heiß werden lassen. Mit Salz, Pfeffer und Zucker abschmecken. Vor dem Servieren geriebenen Emmentaler unterziehen.

Elsäßer Brötchen kurz aufbacken; eine Tasse Wasser in der Röhre läßt sie knackig braun werden! In Baguettescheiben schneiden.

Tip: Mit je einem Paar Wienerle im zarten Saitling (Gut Ostergaard) wird der Eintopf noch gehaltvoller. Einfach in der Linsensuppe ohne Kochen garziehen lassen.

Dazu paßt: Heuriger Grüner Veltliner, trocken 11%, 1996.

Summa summarum mit Wein und Würstchen: 15,20 Mark

3. Tag, Dienstag. Stauraum

Von draußen gesehen, handelt es sich bei Aldi um ein gewöhnliches Unternehmen; Aldi hat ein Logo. Es sieht eigenwillig aus. Als hätte jemand begonnen, ein »A« zu zeichnen und im Verlauf dieser Tätigkeit wieder damit aufgehört. Als hätte ihn der Mut verlassen, weil das »A« ein wenig schief zu werden drohte. Ein halbes »A«, die Ahnung, was aus diesem »A« hätte werden können – egal, werden die Designer sich gesagt haben, als sie das Ganze (respektive das Halbe) noch mit den harmonischen Farben Orange und Blau unterlegten, schräg ist schön. Das stimmt. Schon von weitem grüßt das Aldi-Logo, wirkt wie ein Signal auf jedem Ladenfenster und auf jeder durch die Stadt geschleppten Tüte.

Drinnen lauern die Tücken des Lebensmittelhandels. Ein Kunde kriegt den Einkaufswagen nicht vom Fleck: junger Mann in aparter Lederjacke. Vielleicht ist seine weibliche Beziehungshälfte unpäßlich, hat es möglicherweise ein halbes Beziehungsleben lang versäumt, den Abschnittsgefährten in die Freuden des Einkaufens einzuweisen, jedenfalls kommen der junge Mann und der Einkaufswagen nicht zusammen. Er zerrt, er flucht, der Mensch, allein der Wagen, er bewegt sich nicht.

»Geld in Schlitz«, klärt ein Stammkunde den Unbeholfenen auf. »Rein tun. Markstick.«

»Ja, ja«, murmelt der junge Mann, dessen Gesicht sich inzwischen leicht gerötet hat – das Markstück hat er rasch gefunden, allein, wo ist der Schlitz?

Mark in Schlitz: nichts Ungewöhnliches. Angehalten, die Wagen nach erfolgtem Einkauf nicht wild in der Gegend zu verstreuen, ist die verehrte Kundschaft im bundesdeutschen Lebensmittelhandel aufgefordert, dieselben wieder ordentlich ineinander zu schieben. Dazu bedarf es freilich der ausgeklügelten Markstück-Sanktion. Da so ein Einkaufswagen so lange seinen Dienst verweigert, bis man ihn mit Hilfe eines in eine Art Ritz (Schlitz) zu schiebenden Markstückes aus einer Art Verankerung gelöst hat, ist es einsichtig, daß man an sein Geld erst wieder herankommt, nachdem man den benutzten Wagen wiederum mit dem Rest der Reihe verkettet hat, worauf wie von Zauberhand das deponierte Markstück wieder freiliegt. Das ist bei Aldi nicht anders als bei Tengelmann.

Sonst ist alles anders. Brot, Spirituosen, Putzmittel. Damenstrümpfe, Kaffee, Süßwaren – anscheinend räumen sie gerade auf. Haben neue Ware bekommen, hatten noch nicht die Zeit, sie ordentlich einzuräumen, abgehetzt, wie sie hier sind. Jedenfalls liegt das Zeug in Kisten. Überall stehen Kisten herum. Butter in Kisten, Haushaltsreiniger in Kisten, Nudelpakete in Kisten, Kisten getürmt auf dem Boden, Kisten in der Kühltheke, eine Studie in Karton, eine kleine Papporgie – wir halten inne. Die Kunden aber, sie greifen hinein.

Nicht, daß Aldi keine Regale hätte. Stabil stehen sie da, tadellos, doch haben die Kisten sich selbst hier, auf einigen Brettern und Böden, zusammengetan, prall gefüllt mit Aldis Sortiment. In der Nudelkiste läßt sich das Unterste zuoberst schaufeln, und immer wieder hält man Nudeln in Händen. Da ist es eine Freude, der Kundschaft dabei zuzusehen, wie sie gleichsam schlafwandlerisch in diese Kisten greift, als hätte es so etwas wie aufgeputzte Erlebnisflächen in den Lebensmittelabteilungen der Kaufhäuser nie gegeben, wo gestapelte Käsehäppchen an deliziösen Traubenhäufchen grinsend auf Leckermäulchen warten. Hier liegt das Zeug halt rum. Fast meint man, »die Ware an sich« zu sehen, hüllenlos, schnörkellos und ohne Zier. So banal kann das Konsumgut sein, alltäglich halt, belanglos. Das ist Aldi, eine Baustelle mit Stil und laut *Wirtschaftswoche* »das effektivste deutsche Handelsimperium«.

Aldis Kundschaft hat sich mit der Schlichtheit abgefunden. Staffage hat sie nicht nötig. Hat sie sich den puren, unverfälschten Blick auf die Dinge bewahrt? Auf diese Idee könnte man glatt kommen; mühelos identifiziert sie Kartons jeden Zuschnitts, zügig greift sie hinein – einerseits.

Andererseits ist das billiger – für die Kundschaft im allgemeinen und für Aldi im besonderen, hält sich das Unternehmen doch an die einleuchtende Strategie, mit möglichst niedrigem Aufwand möglichst hohen Umsatz zu erwirtschaften. Nun zu folgern, Aldi nutze die Raumnot kreativ, scheint uns dabei zu kurz gedacht. In Aldis Räumen, möchten wir meinen, präsentiert sich die Speerspitze einer neuen Bescheidenheit. Nicht daß die Kunden das so gewollt hätten, es bleibt ihnen nichts anderes übrig. Aldis zur Geschäftsphilosophie geadelter Geiz und der Kunden Sparsamkeit reichen sich die Hand; Luxus war gestern. Pappe ist Pflicht, das Konzept ist Karton; aha, denken wir, das ist die Reduktion auf das Wesentliche. So gesehen, wirken die gestapelten Käsehäppchen der feineren Konkurrenz ziemlich albern, so gesehen, ist Aldi

Avantgarde, setzt auf Erlebniseinkauf ganz eigener Art. »Fast 60 Prozent aller Verbraucher«, hat die *Frankfurter Allgemeine Zeitung* herausgefunden, »verstehen unter Einkaufsspaß ›günstige Angebote‹«. Doch springt dir das »Erlebnis« nicht grinsend ins Gesicht. Du mußt es suchen. Schau'n mer mal weiter.

3. Kartoffelpuffer mit Apfelmus

1 kg Kartoffeln
5 EL Weizenmehl (Sonnenstrahl),
Type 405
1,5 TL Salz
1/2 TL frisch gemahlener Pfeffer
4 Eier Güteklasse A
3 EL reines Sonnenblumenöl (Bellasan)
Süßrahmbutter
zum Ausbacken
Apfelmus im Tetra Pak (Sterngold)

Kartoffeln schälen, waschen und mit der groben Rohkostreibe in feine Streifen (à la Julienne) raspeln. Überschüssige Flüssigkeit abgießen, mit Mehl, Salz und Pfeffer vermengen. Eier und Sonnenblumenöl zugeben und gründlich durchmengen. Butter in der Pfanne leicht braun werden lassen und aus jeweils einem Eßlöffel Kartoffelteig kleine Puffer ausbacken. Sowie die Ränder braun werden, Puffer wenden. Den Teig in der Schüssel immer wieder umrühren und unter Zugabe von Butter ausbacken. Auf Küchenkrepp abtropfen lassen und mit Apfelmus servieren.

Tip: In jedem Fall ist das Apfelmus (Sterngold) dem überzuckerten Apfelkompott mit Stücken (Gartenkrone) vorzuziehen. Noch besser schmeckt dagegen die Hausmacher-Version: 500 g Äpfel (Brasilianische Gala) – geschält, geviertelt und ohne Kerngehäuse –, 1 Glas trockener Weißwein (Müller-Thurgau), 3-4 EL Aprikosenmarmelade und 3 Messerspitzen *gemahlener Zimt* kurz aufkochen und durchs Sieb passieren.

Dazu paßt im Sommer gut gekühlter Apfel-Cidre (PurPom) und winters eine Tasse Kakao (Tropengold) mit Sahne und einem Schuß Amaretto.

4. Tag, Mittwoch. Lebensmittel

Kunden und Kisten sind gut aufeinander eingespielt. Eine Kundin sehen wir im Toilettenpapier wühlen; was treibt sie um? Ihren Namen kennen wir nicht, das Toilettenpapier aber könnte – Kokett® heißen. Oben liegt 3-lagiges, 8 Rollen für 4,98. Zellstoff ohne Chlorbleiche. Triumphierend zieht die Kundin aus diesem Karton jedoch *2-lagigen* Zellstoff heraus, und diese 8 Rollen belaufen sich auf 2,59: 100% kokettes Altpapier.

»Gehört gar net da nei«, murmelt sie, wohl wissend, daß es nachlässige Mitmenschen gibt, die ihre Finger überall haben, hier und dort hineinlangen und sich hinterher keinen Deut mehr darum kümmern, welches Teil in welcher Kiste lag. Diese Kundin müssen wir zur Stammkundschaft zählen. Neue Kundschaft räumt nicht auf. Neue Kundschaft erkennt man zweifelsfrei an einem leicht verwirrten Blick; wo ist der Parmesan?

Es gibt ihn nicht, respektive nicht hier. Aldi führt nicht alles, doch was genau führen sie? Wir haben den Parmesan gesucht, wir haben Teppiche gefunden. »Roma Super«, gibt Aldi bekannt, »Wohnbehagen im Großformat«, wollen sagen: 170 x 230 cm, knappe 100 Mark. Wir kämpfen uns voran, sehen eine Aluminium-Vielzweck-Leiter (»platzsparend aufzubewahren«) und stoßen, schon recht eingeschüchtert, gegen einen Posten Gästebetten, klappbar, 69,90.

Ist das denn kein Unternehmen der Lebensmittelbranche?

Butter! Erleichtert nehmen wir sie zur Kenntnis, beruhigt orten wir Teigwaren aller Art, und mit Freude grabschen wir in eine Kiste voller Brot. Dabei fällt unser Blick auf ein Maniküre-Etui, 8-teilig, strapazierfähiges Rindleder. Wo ist der Joghurt? Zur Not täte es auch Quark. Ein Prismen-Fernglas wartet zu unserer Linken, faltbar, »mit

umstülpbaren Augenmuscheln für Brillenträger.« Ermattet suchen wir Halt. Es gibt Stapelhocker aus massiver Kiefer, »praktisch für jeden Haushalt«. Praktisch, jawohl, aber hier?

Wo sind wir?

Des Rätsels Lösung: Sonderposten, auch Aktionsware genannt. Zusätzlich zum Sortiment schlägt Aldi zweimal wöchentlich wechselnde Gebrauchsgüter los und bringt sie in hohen Stückzahlen unters Volk. »Aldi informiert« ist dann in den kostenlosen Anzeigenblättern zu lesen, wenn das Unternehmen erklärt, daß es diese Woche Feinstrumpfhosen führt, Steppbetten oder Elektro-Tacker (»incl. 500 Heftklammern«). Doch erschließt sich uns der Sinn des Ganzen erst, als wir den Sonderposten Sportunterhosen – lang, für Damen und Herren – erspähen, denn es ist kalt. Ist es kalt, braucht die Menschheit lange Unterhosen. Aldi ist tatsächlich ein Unternehmen der Lebensmittelbranche, es ist dies in höchster Vollendung. Es gibt Kaffee: der Tag kann beginnen. Und wenn wir auf einen Posten Schlafanzüge stoßen (mit Bündchen für Sie und Ihn), wissen wir: so mag der Tag dann enden; waschbar bis 40°.

Aldis Lebensmittel berücksichtigen das ganze Leben, dann und wann gibt es auch Fernseher. PC's. Drucker. Nur schnell muß man sein. »Bitte beachten Sie«, warnen Aldis Anzeigen, wenn etwa das flauschig-weiche, hohe Saugfä-

higkeit verheißende Saunatuch abgebildet ist, auf welches, es nimmt uns den Atem, das Wort *Sauna* gestickt ist, »diese Artikel haben wir nur vorübergehend im Sortiment.«

Nur die Fixesten haben eine Chance. Heute auf einem Sondertisch bei Aldi, morgen in den Haushalten der Republik: Scheren-Set, 4-teilig, »unentbehrlich«. Eben. Aldi, müssen wir konstatieren, das ist die »Lebensmittelbranche« in ihrer reinsten Prägung.

4. Spaghetti mit Zitronensauce

400 g Hartweizen-Spaghetti
(Alino)
2 Zitronen
6 EL kaltgepresstes Olivenöl,
extra vergine (Lorena)
Salz
2 Knoblauchzehen

Pfeffer aus der Mühle
8 EL geriebener Emmentaler,
oder Parmesan
1 Bund großblättrige Petersilie

Spaghetti in ausreichend Salzwasser al dente (ca. 7 Minuten) kochen. In der

Zwischenzeit 2 Zitronen auspressen und mit 6 EL Olivenöl vermischen. Knoblauchzehen hacken, leicht salzen, mit der Breitseite eines Messers zerdrücken und in die Öl-Zitronensauce geben. Mit Salz und grobem Pfeffer aus der Mühle abschmecken und langsam erwärmen. Großblättrige Petersilie waschen, zerpflücken und kleinhacken und mit der Öl-Zitronen-Mischung vermengen. Zum Schluß abgetropfte Spaghetti hinzufügen und gut vermischen. Auf Teller anrichten und üppig mit geriebenem Emmentaler oder Parmesan-Käse bestreuen.

Dazu paßt fruchtiger Grove Hill, California Cabernet Sauvignon, Vintage 1996

☞ Tip: Al dente-Probe: um die genaue Garzeit zu prüfen, genügt es, eine Nudel aus dem Wasser herauszufischen und zwischen Daumen und Zeigefinger zu nehmen. Läßt sie sich unter leichtem Druck zerteilen, hat sie den klassischen Biß. Besser als Emmentaler schmeckt in jedem Fall frisch geriebener Parmesan, der die Pasta würzt ohne zu kleben!

Summa summarum mit Wein!: 13,50 Mark

5. Tag, Donnerstag. Sag was!

Beharrlich schiebt Aldis Kundschaft ihre Einkaufswagen vor sich her; vorwärts und nichts vergessen, was wollte ich noch gleich? Mit 37 Prozent, so die »FAZ«, hat der Discounter Aldi die meisten Stammkunden im deutschen Lebensmittelhandel. Supermärkte wie Minimal oder Tengelmann bringen es dagegen auf knappe 20 Prozent.

Mit einem Ruck ist die Aldi-Tür vor uns aufgesprungen, das kennen wir nun schon, aber gewöhnt haben wir uns noch immer nicht daran. Mischgemüse, Glas für 99 Pfennig, Waschmittel, 1,5 Kilo für 5,59.

Fünf Mark 59? Tatsächlich. Für höchste Reinheit. Nachfüllpack.

Sach bloß!

Die grundlegenden Dinge werden hier gekauft (»also, ich kaufe meine Zwiebeln nur bei Aldi«). Wir sehen sogar Menschen, die ihre vollen Tüten ins schicke Auto wuchten, denn eigentlich, wollen sie uns damit sagen, wäre es doch gelacht, bei Aldi vorher *nicht* zu sparen, um sich hinterher handgemachtes italienisches Schuhwerk leisten zu können. Aldis Waschmittel macht auch sauber. Ein halbes Pfund Butter geht für 1,79 ins Rennen, da hat sich noch

kein Brot beschwert, und das sind noch keine 1,80 – will man da mosern?

Überhaupt, die Qualität. Wie oft haben Aldis Produkte die Prüfungen der Stiftung Warentest mit »Gut« und »Sehr gut« überstanden?

Ziemlich oft eigentlich.

Siehste.

Kartoffeln, ein Berg davon. Sie sind in einer mannshohen Kiste untergebracht. Wer zu spät kommt, den bestraft sie. Eine alte Dame muß sich so tief hineinbeugen, um an den letzten Rest heranzukommen, daß zwei ungezogene Kinder ungezügelt kichern. Denn die alte Dame legt ein neues Mieder frei, sicher ungewollt, doch was will sie machen? Die ungezogenen Kinder jedenfalls rühren keine Hand, um ihr zu helfen. Eine unerfreuliche Situation. Sie bessert sich entschieden, als wir den Preis der Kartoffeln erspähen. 3 Pfund sind für 1,49 zu haben, also noch nicht mal 1,50, was will man da klagen?

Heringsfilet in Joghurt-Sahnesauce mit Zwiebel- und Gurkenstückchen: 1,29 der Becher: Kannste nix sagen.

Aldi leistet sich den Luxus, nicht alles zu führen, dafür gibt es aber fast alles billiger.

Also ein Billigladen.

Nein, so kann man das nicht sagen; Aldi ist preisgünstig. Grapefruit haben sie für 49 Pfennig das Stück, das sind noch nicht mal 50! 69 Pfennige sind für ein Glas Apfelmus zu entrichten – gut für uns, schlecht für die Konkurrenz; jede Woche, so ein Branchenkenner in der »FAZ«, bringt Aldi »einen neuen Schocker auf den Markt«.

Darauf einen Birnenbrand. Er brennt für 29,90!

Donnerwetter. Den nehmen wir mit, denn Hering muß schwimmen, auch der in Joghurt-Sahnesauce. Prost Aldi!

5. Kartoffelmatte (mit Wirsinggemüse)

8 mittelgroße Kartoffeln
5 EL kaltgepreßtes Olivenöl, extra vergine (Lorena)
Salz
frisch gemahlener schwarzer Pfeffer
1 Kopf Wirsing (750 g)
Salz

6 Scheiben luftgetrockneter Bauernschinken (Abraham)
2 kleine Zwiebeln
50 g Süßrahmbutter

Kartoffeln schälen und mit Hilfe einer Rohkostreibe in feine Streifen (à la Julienne) schneiden. Ein wenig Öl in einer beschichteten Pfanne erhitzen. Erst wenn das Öl sehr heiß ist, die Kartoffeln hineintun. Sofort würzen und unter ständigem Hin- und Herschütteln die Kartoffeln anbraten bis sich eine zusammenhängende Kruste bildet. Warmstellen. Für das Wirsinggemüse 20 schöne Wirsingblätter aussuchen, harte Mittelrippen entfernen und Blätter in einem großen Topf mit siedendem Wasser blanchieren, abtropfen lassen und wenn möglich, sofort in Eiswasser abschrecken. Trockentupfen. Die Speckscheiben in ganz feine (2 mm) breite Streifen schneiden. Zwiebeln feinhakken. Wirsingblätter zerschneiden. But-

ter schmelzen, Speckstreifen hineingeben und gehackte Zwiebeln zufügen. Sowie die Butter schäumt, Wirsinggemüse zufügen, salzen, pfeffern, durchmischen und in 8-10 Minuten garen. Zusammen mit der Kartoffelmatte reichen.

Tip: Die Kartoffelmatte, die nichts anderes ist als eine verkappte Tortilla bzw. Berner Rösti schmeckt auch mit gedünsteten Paprika, kross-gebratenen Speckwürfeln oder Grüner Sauce.

Dazu paßt ein edel-fruchtiger Médoc wie Château La Verdasse, Cru Bourgeois, 12,5%, 1995.

Summa summarum mit Wein: 17,20 Mark

6. Tag, Freitag. Theo, Karl und Hubert

Der Einkaufszettel hat weniger die Bedeutung, daß man sich im Laden an alles erinnert. So ein Einkaufszettel diszipliniert. Brot, Kaffee, Bims und Margarine – mehr steht in seinem Fall nicht drauf. Brot – da gönnt er sich was. Aldis gutes Rosinenbrot kostet 2,79 und bleibt recht lange frisch. Feine Sache, muß nur noch Margarine drauf. Pfund Sonnenblumen-Margarine 1,29; verstreicht man sie nicht so üppig, kommt man lange hin.

Das zusatzlose Wort »Bims« auf dem Einkaufszettel weist auf den fortgeschrittenen Aldi-Kunden hin. Nicht Dings, nicht Bums, Aldis Kundschaft bimst, wenn sie putzt. Zur Produktlinie Bims gehört neben einem sparsam zu dosierenden Allesreiniger (»garantiert glänzende Sauberkeit bei halber Menge«) auch ein Essigreiniger, der dem Kalk zuleibe rückt; bims mal wieder! An des Kunden Gürtel hängt ein Schlüsselbund, der ist mit einem großen »H« verziert. Seine Frau benutzt diesen Schlüssel auch, wenn sie denn mal aus dem Haus geht. Der Mann heißt Hubert, und Huberts Frau heißt Henriette.

Früher, sagt Hubert, hat er nie bei Aldi eingekauft. Da hat er die Frau, also die Henriette, jeden Freitag zum Verbrauchermarkt gefahren, wo sie stöbern konnte. Jetzt ist die Frau krank, hat's mit den Beinen, läuft kaum noch, liegt mei-

24

stens. Er selbst ist Frührentner und hat auch kein Auto mehr. Muß sich einschränken, da kommt ihm Aldi gerade recht.

Hubert ist ein Mann Mitte 50, und er hält den Einkaufszettel fest in der Hand. Bloß nicht ablenken lassen, es lauern gute Sachen. Na gut, die Hausmacher Wurstwaren »Spitzenqualität«, die kann er mitnehmen, die Nuß-Crisp-Schokolade will er sich aber verkneifen. 200 Gramm mit Haselnußstückchen für 1,99: lieber nicht. Beschwert sich nicht nur sein Geldbeutel, sondern später, wegen der Haselnußstückchen, auch sein Gebiß.

Früher hat er den Aldi ja überhaupt nicht gemocht, Ausländer, Ausländer, Ausländer! Sie schieben ihre Wagen an ihm vorbei, manchmal sitzen Kinder drauf. Sie stürzen sich auf den vakuumverpackten Kaffee, Hubert auch. 500 Gramm, filterfein gemahlen. Aldis Hit mit Namen Amaroy. Es gibt den Amaroy als Feinen und als Extra und als Schonkaffee. Es gibt ihn gar als Milde Bohne.

Früher hieß Aldis Kaffee »Albrecht Kaffee«, das hat uns viel besser gefallen. Denn nie ist Aldi so sehr mit sich im Reinen wie bei dem Aufdruck »Albrecht«. Nicht bei Bims und nicht bei Kür (Haarkur), weder bei Zeg (Gardinenwäsche) noch bei Kokett (8 Rollen). »Aldi« ist Kurzdeutsch und heißt Albrecht-Discount. Begonnen hat das alles in Essen. Da führte eine Frau Albrecht ein kleines Lebensmittelgeschäft. Nicht nur das, sie schenkte auch zwei Söhnen das sonnige Leben, Theo und Karl. Die übernahmen Mutters Laden nach dem Krieg und überzogen das Ruhrgebiet mit Filialen. Das war jedoch nur der Probelauf. 1962 wurde in Dortmund die erste Aldi-Niederlassung eröffnet; rund 3050 Albrecht-Läden sind es heute in Deutschland, mehrere hundert im Ausland. Doch gelten Karl und Theo Albrecht als die verschwiegensten Unternehmer des Landes;

Umsatzzahlen zu veröffentlichen, ist nun wirklich nicht ihr Stil. Marktforscher haben für das Jahr 1995 einen Umsatz von 28 Milliarden errechnet; mit einem Marktanteil von nahezu 50 Prozent steht Aldi im Marktsegment »Discounter« an der Spitze.

Soll er vielleicht Albrechts Milden Amaroy nehmen? Der Kunde Hubert grübelt. Ist besser für seinen empfindlichen Magen, aber auch teurer als ein Glas »ALI«, worin sich, klar, den gibt es ja auch noch, löslicher Kaffee befindet, Häufchen-in-die-Tasse-Wasser-drauffertig. Aber so ein Vakuumverpackter, na, der schmeckt halt doch ein wenig mehr als nach Kaffee – na gut, dann will er mal leichtsinnig sein. Er nimmt den Milden, legt ihn vorsichtig in den Wagen und stellt die Hausmacher Wurstwaren »Spitzenqualität« wieder ins Regal zurück.

25

6. Rote Bohnensuppe

2 kleine Büchsen Kidney-Bohnen
(Happy Harvest)
$^1/_2$ l klare Instant-Brühe
(Lachende Köchin)
1 Zwiebel
1 Karotte
2 EL kaltgepresstes Olivenöl,
extra vergine (Lorena)
2 EL Tomatenmark

1 Zitrone
1 TL Paprikapulver
4 Scheiben Buttertoast
2 hartgekochte Eier
Salz, Zucker
1 Stück Staudensellerie
frisch gemahlener schwarzer Pfeffer
1 Bund Petersilie
2 Knoblauchzehen

Zwiebeln schälen, Karotte und Staudensellerie putzen und alles kleinschneiden. Olivenöl erhitzen und das Gemüse anbraten. Mit Salz zerriebenen Knoblauch hinzufügen. Tomatenmark unterrühren und $1/2$ l Instant-Brühe angießen. Langsam erhitzen und Kidney-Bohnen zusetzen. Salzen, pfeffern und mit Zucker und Zitronensaft abschmecken. Toastscheiben entrinden und in feine Würfel schneiden. Petersilie und Eier kleinhacken und alles unter die Suppe heben. Langsam erhitzen, in die Teller füllen und mit etwas Petersilie dekorieren.

Tip: Zusätzliche Würzgranaten in der Suppe wie Cayenne-Pfeffer, Harissa oder frische grüne Peperoni machen scharf aber auch durstig. Also Bier lieber gleich im 6-Pack kaufen. Zum Beispiel eisgekühltes Karlskrone Edel-Pils oder Kaiser Pilsener.

Summa summarum mit Bier: 11,60 Mark

7. Tag, Samstag. Die Alditüte (1)

So ein Samstag in der City: schlimm. Als wäre es nicht schon voll genug, spazieren ein paar heitere Menschen, augenscheinlich ein Freundeskreis, Arm in Arm über die Fußgängerzone, womit sie uns Passanten den Weg versperren. Wirklich schlimm. Richtig in Fahrt kommen diese Leute aber, als sie ein bekanntes Gesicht erspähen. Mitten in der Menge; da, guck! Arme rudern, Schreie gellen, Hallo, der Kollege B.!

Trench und Jeans und gute Schuhe

schmücken, unter anderem, den Kollegen B.: tadellos. Doch etwas irritiert. Mit der rechten Hand winkt er. In der Linken hält er – eine Aldıtüte.

Ganz schlimm!

Nun gibt es im Gewühl der Innenstadt ja eine Menge Tüten zu bestaunen. Bis zu fünfzig Pfennig muß man dafür zahlen, um als Werbeträger durch die Stadt zu laufen. »Gut ist uns nicht gut genug« ist auf manchen Tüten zu lesen; da guckt man ihren Trägern ins Gesicht und sagt sich still, das is' ja doll. Andere Unternehmen setzen auf angewandte Pädagogik und machen den Tütenträger zum wandelnden Botschafter: »Tragetaschen mehrmals verwenden hilft sparen... Wir danken!«

Keine Ursache.

Auf Aldis Tüten steht »Aldi« drauf, sonst nichts. Eine Komposition in Blau und Orange. Der Freundeskreis scharrt mit den Füßen. Kollege B., der Aldıtütenträger, kratzt sich am Kopf. Was ist geschehen? Die Aldıtüte ist keine gewöhnliche Tüte. Sind die tragbaren Behältnisse von Karstadt, Edeka und Tengelmann halt Plastiktüten, so bleibt die Aldıtüte Aldıtüte. Sie verschafft ihrem Träger nicht unbedingt Prestige. An den Blicken des lustigen Freundeskreises ist das zweifelsohne abzulesen; so schlecht verdient Kollege B. doch gar nicht.

Hatter Schulden?

Schlimmeres gar?

Isser spielsüchtig am Ende?

Isser *überhaupt* am Ende?

Die Aldıtüte suggeriert auf einleuchtende Weise: Ihr Träger hat bei Aldi eingekauft. Das ist nicht unverdächtig, denn vom Aldıtütenträger existiert ein fest umrissenes Bild. Der Volksmund, ein freches Maul, nennt die Aldıtüte Türkenkoffer. Häufig spricht ihr Träger also türkisch und trägt ein Kopftuch, falls weiblich *und* türkisch; manchmal kommt ja beides zusammen. Falls deutsch, trägt er seinen ganzen Hausrat und ein bißchen Fusel in der Tüte herum. Viele Menschen, die nicht türkisch sprechen und auch einen Wohnsitz haben, verstecken ihre Alditüte in einer Tragetasche von Hugo Boss.

Kollege B. riskiert ein Lächeln und behauptet, ja also, bei Aldi, da hätten sie gerade Kinohits auf Video, also ein Sonderposten. Zum Beispiel, ähem, *Das Rußland Haus* mit Michelle Pfeiffer! 9 Mark 98 das Stück. Also nicht Michelle Pfeiffer, sondern das Video. *Ghost Busters II* zum gleichen Preis, da wäre man doch blöd!

Ja, nickt einer aus dem Freundeskreis, das ist schon fast geschenkt, aber ob diese Videos auch *laufen* ? Kollege B. kramt derweil in der Alditüte und zaubert eine Flasche Olivenöl hervor. Ohne dieses Öl, behauptet er, koche er nichts, brate er nichts, dressiere er nichts.

Der Freundeskreis, er stutzt. *Was* tut er nicht ohne das Öl?

Er bereite, erläutert Kollege B., ohne Aldis Olivenöl kein einziges Salat-Dressing zu. Bloß mit *diesem* Öl. Er nickt, ein Alditütenträger, der weiß, was er tut. Denn es wertet – man beachte die Dialektik – die Alditüte ob ihres ominösen Rufes ihren Träger wieder auf. Unzählige Mitbürgerinnen und Mitbürger haben einmal im Leben in einer edlen Boutique eingekauft, im Delikatessenladen oder bei einer ähnlich feinen Adresse. Die Tüte, die sie dort erhielten, haben sie aufgehoben, immer wieder abgestaubt, gebügelt und geschont und tragen sie wie ein Fanal mit sich herum. Manchmal ist ein Wurstbrot drin, bisweilen auch ein Häppchen für den Hund. Der Alditütenträger, der immer und überall zu seiner Tüte steht, hat das kaum nötig. Sein Ego braucht keinen edlen Schriftzug, es verträgt die Farben Blau und Orange.

Heiter schwingt Kollege B. die Alditüte. Jawohl, an diesem Samstagmittag in der City hat er sein Coming Out gehabt. War eigentlich ganz leicht. Jetzt muß er es nur noch seinen Eltern sagen.

7. Tortelloni mit Broccoli

500 g Tortelloni (Pasta Baroni mit Rind- und Schweinefleischfüllung)
500 g Broccoli
Salz
$1/4$ l klare Instantbrühe (Dr. Lange)
2 EL Weizenmehl (Sonnenstrahl), Type 405
2 EL Süßrahmbutter
200 g Doppelrahm-Frischkäse mit Kräutern (Almbacher)
1 Eigelb
1 EL Zitronensaft
3 EL Schmand (rote Kuh)
weißer Pfeffer
200 g geriebener Emmentaler Käse (Allgäuländer), oder *Parmesan*

Tortelloni im Salzwasser nach Vorschrift garziehen lassen. Warmstellen. In der Zwischenzeit Broccoliröschen in $1/4$ l kochender Instantbrühe etwa 5-7 Minuten blanchieren. Broccoliröschen beiseite stellen. In der Zwischenzeit Butter im Topf erhitzen und das Mehl darin anschwitzen. Die Broccolibrühe angießen, aufkochen und weitere 5 Minuten köcheln lassen. Den Frischkäse vorsichtig unter die heiße Brühe geben. Das Eigelb mit dem Schmand verrühren und einrühren, aber nicht mehr aufkochen lassen. Mit Salz, Pfeffer und Zitronensaft abschmecken. Broccoli hineingeben, umrühren und über die angerichteten Tortelloni geben. Mit Emmentaler Käse, besser Parmesan bestreuen.

🖐 Tip: Tortelloni lassen sich auf die Schnelle auch mit einer Zitronensauce lecker anrichten (siehe Spaghetti mit Zitronensauce).

Dazu paßt trockener Chardonnay, Bourgogne Blanc A.C., 12,5%, 1996 oder kräftiger Chianti Classico, DOCG.

Summa summarum mit Wein: 19,20 Mark

8. Tag, Sonntag. Was muß, das muß

Frau Bleibtreu ist gekommen und hat ihren Gatten mitgebracht. Der ist stellvertretender Sales-Product-Manager. Zweiter Bildungsweg, aber immerhin. Pia ist da, Klaus und Lotte auch. Beide sehr angespannt im beruflichen Leben. Wir haben Mozart im CD-Player und bunte Sparbrötchen auf dem Tisch, doch das sagen wir so nicht. Wir präsentieren ein leichtes, bekömmliches Mahl.

»Vorzüglich«, sagt Frau Bleibtreu. Nun ja, wir haben kleine Brötchen ge-backen und sie kreativ belegt. Leckermaul Lotte schmeckt auch prompt den Räucherlachs heraus, den wir feinsinnig feingehackt und zu den übrigen Zutaten gemixt haben.

»Sehr kreativ«, lobt Klaus. »Der Lachs war sicher unverschämt teuer, nicht?«

Och, sagen wir.

Herr Bleibtreu erzählt, wie schwer es war, Karten für die 3 Tenöre zu bekommen.

»Also, der Pavarotti bringt es doch wirklich nicht mehr«, findet Klaus. Es steckt noch etwas anderes in unserem Brötchenbelag. Pia versucht es zu ergründen. Ihre Augen sind geschlossen.

»Frischkäse«, helfen wir.

Ja natüüürlich! Und das Dörrfleisch, also – Lotte verschluckt sich fast – das ist doch sicher aus der Rhön, nicht? Oder war's der Odenwald? Jedenfalls, Klaus und sie, also, sie fahren ja alle drei Wochen oder so aufs Land. Da gibt's einen deftigen Bauern, da holen sie alles frisch. Man muß ja aufpassen heutzutage.

Oh ja, das muß man.

»So ein aparter Hauch liegt über dem Ganzen -«

Eine Spur Zitronensaft, helfen wir. Und ein wenig Olivenöl.

Die Bleibtreus fahren einmal im Jahr in die Toskana, um das gute Öl eigenhändig zu importieren. Was sein muß, muß sein, nicht wahr? Heutzutage wird man doch veräppelt und verkohlt, paßt man nicht höllisch auf. Frau Bleibtreu ist auch letztens mit einem nachgeäfften Calvin Klein-Slip so fürchterlich hereingefallen, aber das ist eine andere Geschichte. Jedenfalls, dieser superbe Wein hier -

Pinot Grigio.

Selbstredend. Dieser Nachhall auf der Zunge, reine Poesie.

Von Aldi.

Als der herbeigerufene Notarzt Frau Bleibtreus Luftröhre mit einem geschickten Griff, wie man ihn im übrigen in jedem Erste-Hilfe-Seminar lernen kann, wieder freigeschaufelt hatte, haben wir unseren Gästen gesteckt, daß auch unser Essen ein Aldi-Essen war.

Sie leben noch. Aber sie sprechen nicht mehr mit uns.

8. Bunte Sparbrötchen (mit verschiedenen Belägen)

16 Baguette Brötchen zum Fertigbacken
oder jeweils 4 Laugen-, Mehrkorn-,
Elsäßer- oder Tafelbrötchen
300 g Frischkäse Doppelrahmstufe
(Almbecher)
200 g Skandinavischer Räucherlachs
in Scheiben
300 g Gelderländer Delikateß-
Bauchspeck, mager
3 große reife Avocados
10 frische Eier
2 kleine Zwiebeln
250 g Butter
1 Zitrone
Olivenöl, extra vergine (Lorena)
Salz
Dill

Schnittlauch
Rucola
großblättrige Petersilie
Pfeffer, schwarz und weiß

Pro Person 4 Brötchen halbieren und
dünn mit Butter bestreichen.

Für die Beläge:
Räucherlachs zu Tartar feinhacken. Eine kleingehackte Zwiebel und 100 g
Frischkäse dazugeben und mit einer
Gabel gut vermengen. Mit etwas frisch
gemahlenem, weißen Pfeffer abschmekken. Für die Garnitur: Dill waschen
und fein hacken.

Dörrfleisch (gut gekühlt) in feine

Würfel schneiden und portionsweise schnell im Mixer zu einer Farce verarbeiten. (Gut eignet sich auch eine alte, elektrische Gewürzmühle). Eine fein geschnittene Zwiebel untermengen. Mit frisch gemahlenem schwarzen Pfeffer abschmecken. Für die Garnitur: Rucolablätter waschen und grob hacken.

Avocadofleisch auslösen und mit einer Gabel fein zerdrücken. Mit wenig Olivenöl, etwas Zitronensaft, Salz und frisch gemahlenem schwarzen Pfeffer abschmecken und mit 100 g Frischkäse verrühren.

Von 10 hartgekochten Eiern (8 Minuten) Eigelb auslösen, mit der Gabel zerdrücken, salzen und mit rotem Paprika würzen. Mit 100 g Frischkäse vermengen. Für die Garnitur: großblättrige Petersilie kleinhacken.

Abwechselnd die gebutterten Brötchenhälften mit Lachs-, Dörrfleisch-, Avocado- und Eierfarce bestreichen und garnieren.

Tip: Alle Zutaten können verdoppelt und verdreifacht werden, wenn mehr Gäste kommen. Bei Fertigback-Brötchen (12 Min. bei 220 Grad) immer eine Schale Wasser mit in die Backröhre geben, damit die Brötchen so richtig knackig braun werden.

Dazu passen trockene Weißweine wie Grüner Veltliner, trocken, 1996, Pinot Grigio, 1996 oder fruchtige Rotweine wie Rioja, Viña Lombas, Cosecha 1996.

Summa summarum mit Wein: 36,30 Mark

9. Tag, Montag. Die beste Ölung

Aldis Olivenöl heißt »Lorena« und bekam als Urteil der »Stiftung Warentest« ein sattes »Sehr gut«. Und nun steht da ein Pärchen, von dem wir sogleich vermuten, daß es nicht zur Stammkundschaft zählt. Ein bißchen overdressed. Ein bißchen ahnungslos. Das Öl soll ja ziemlich gut sein. Das Öl wollen plötzlich alle. Doch zuerst, wo sie schon mal hier sind, die Nudeln. Gerade ist *er* aus Aldis Tiefen zu seiner Begleiterin zurückgekehrt. Sollte Spaghetti holen und hat sich dran gehalten. Gleichwohl fragt *sie:* »Was ist das denn?«

»Spaghetti«, sagt er keck.

Sie guckt ihn böse an. An Barilla hatte sie gedacht, lang und dünn und blauverpackt; Steffi Graf hatte was mit denen. Haben sie hier aber nicht, auch nicht Birkel mit Ei. Aldi ist nämlich, wir haben es schon angedeutet, ein wenig exklusiv, führt Marken unter eigener Flagge, und die sind dann halt nicht überall zu haben. Mit dem Kaffee ist das so und mit manchen Nudeln auch. Nun gut, was aber ist mit dem Olivenöl?

»Die Qualität Extra natives Olivenöl wird nur aus gut gereiften, ausgelesenen Oliven hergestellt«, informiert in eigenwilligem Deutsch das Etikett, und wem das nicht reicht: »Dieses Öl eignet sich vorzüglich zum Kochen, Braten, Grillen und Anrichten von Salaten«.

Gekochte, gebratene, gegrillte Salate? Nein, die weibliche Beziehungshälfte hat eine gute Carbonara-Sauce im Sinn und legt das extra native Olivenöl zu den Spaghetti in den Wagen.

Nun schlägt *seine* Stunde: »Für Carbonara?« japst er empört. »Du willst Carbonara mit *Öl* machen?«

Wortlos gibt sie ihrem Wagen einen Ruck. Das ist ein Fehler. So einen Wagen sollte man mit ruhiger Hand und klarem Kopf bewegen, niemals inmitten eines sich anbahnenden Beziehungsknatsches.

»Passe Se doch *uff!*« Ein alter Mann betastet sein Schienbein; wird blaue Flekken geben. »Eine Unverschämtheit is' des!«

Gerade will sie sich entschuldigen, da kräht der Spatz an ihrer Seite: »Da kommt Sahne rein! Carbonara ist eine Sahnesauce!«

Bockig sagt sie: »Und Olivenöl!«

»Nie im Leben!« Den armen Alten lassen sie stehen.

»Bei Lagerung unter 7° C«, informiert uns Lorenas extra natives Etikett, »kann sich eine Eintrübung ergeben«.

Unterhalb der Raumtemperatur angekommen, ist inzwischen auch die Stimmung des jungen Paares arg getrübt. »Das ist ein normaler Vorgang«, belehrt das Etikett, und von einem Öl, das so weise ist, können ruhig zwei Spritzer in die Carbonara-Sauce.

Und zweifelsohne Schinken. Wo ist der Schinken? *Sie* preßt die Lippen aufeinander, *er* kaut bockig seine Fingernägel durch.

»Hast du den Schinken gesehen?« fragt sie.

»Da kommt Speck rein«, mosert er. »Kein Schinken.«

Ihn scheinbar ignorierend, schiebt sie den Wagen an ihm vorbei, dann dreht sie sich noch einmal um: »Schinken, du Ei!«

Eier sowieso nicht. Keine Eier! *Nicht* in die Carbonara-Sauce.

»Ein bißchen Eigelb«, befindet sie stur. »Guck mal, wie die Eier hier umgeschlagen werden.«

Er sieht es nicht.

»Bloß noch sechs Stück da. Also, Eier, die so rasant weggehen, müssen einfach immer frisch sein.«

Er blinzelt. Die Eier bewegen sich nicht. Darum sieht er auch ihr Strahlen nicht, diesen heiteren Gesichtsausdruck im Hinblick auf ein salmonellenfreies Leben. Ganz beschwingt gibt sie ihrem Wagen den letzten Ruck in Richtung Kasse.

»Also *ich* eß das nicht«, sagt er zickig.

9. Champagner-Risotto mit Spargel

500 g grüner Spargel
eine Prise Zucker
3 EL kaltgepresstes Olivenöl,
extra vergine (Lorena)
1 kleine Zwiebel
280 g *Risotto-Reis* (pro Person 70 g)
oder Milchreis
1 l klare Instant-Brühe
1 Wasserglas Champagner
(Vve. Monsigny Brut)
1 großes Stück Süßrahmbutter

6 EL geriebener *Parmesan*
oder Emmentaler

Spargel waschen und das untere Drittel dünn schälen. Die Köpfe abschneiden und die Stangen in mundgerechte Stücke schneiden. Spargelstücke in 5 EL Wasser mit einer Prise Zucker, etwas Butter und Salz in ca. 12 Minuten auf kleiner Flamme gardünsten. Spargelwasser aufheben.

Zwiebel schälen und würfeln. In einem breiten Topf oder einer großen Pfanne Olivenöl heißmachen und die gewürfelte Zwiebel andünsten. Reis dazugeben und unter Wenden glasig dünsten. Mit Champagner ablöschen und unter Rühren (am besten mit einem Holzspatel) verdunsten lassen. Nach und nach klare Brühe unter Zusatz des Spargelwassers angießen, Flüssigkeit jeweils unter Rühren verdunsten, aber nicht anbrennen lassen. Kurz bevor der Reis gar ist (ca. 15 Minuten), Spargel noch weitere 5 Minuten weitergaren. Von der Herdplatte nehmen, Butter und die Hälfte des geriebenen Käses dazu geben. Mit Salz abschmecken und den Rest Käse separat reichen.

Tip: Anstelle von Spargel lassen sich vor allem frische Kräuter wie *Rosmarin, Petersilie, Schnittlauch,* aber auch *getrocknete Pilze* (vorher einweichen) und Gemüsereste wie frischer Broccoli, Fenchel, Erbsen oder Tomaten als Geschmacksträger zusammen mit dem Reis garen.

Dazu paßt aus naheliegendem Grund gut gekühlter Champagner wie Vve. Monsigny Brut oder trockener Bourgogne Blanc, Appellation Bourgogne Controlée, 12,5%, 1996.

Summa summarum mit Champagner: 23,80 Mark

37

10. Tag, Dienstag. Helga, hol die Milch!

Öl braucht der Mensch, auch Olivenöl. Olivenöl ist gesund. Braucht der Mensch eine Saftrinne?

Doch, doch, findet Frau Zuber. Durchaus. Der Gatte, Herr Zuber, ist anderer Meinung. »Komm schon, Helga, brauchste net!«

Aber ja doch. Helga läßt sich nicht beirren. Von *ihm*, Zuber, ihrem Gatten Paul, schon ganz und gar nicht. Was mosert er? Steht rum, weiß alles besser, schiebt noch nicht einmal den Wagen. Hätte den Sonderposten Schneidebretter mit Saftrinne noch nicht einmal *gesehen*. Da liegt er aber, 2er Set, 9,98, und so einen Sonderposten kann man doch nicht liegen lassen. Wer weiß, wofür's

gut ist; so ein Schneidebrett mit Saftrinne ist nicht zu verachten. Unzerbrechlich und geschmacksneutral.

Paul Zuber will es nicht recht einsehen. »Wenn de meinst.«

»Ja, mein' ich.«

Damit nicht genug. Es gibt noch einen Sonderposten Sweatshirts für Damen und Herren, »mit überwiegendem Baumwollanteil, in modischer Vielfalt.« 22,90. Helga Zuber greift zu, eine Frau in den besten Jahren. Einmal M für sich, einmal XXL für den Gatten.

»Des zieh ich net an«, sagt Herr Zuber. Auch er befindet sich in den besten Jahren.

»Für daheim«, schlägt sie vor.

»Blödsinn. Da steht was druff. Ich zieh nix an, wo was druffsteht.«

Nun ja, es ist ein Wörtchen aufgedruckt, wie das bei Sweatshirts halt so ist. »Style« steht drauf, auf Brusthöhe. Will er nicht. Hat schon Stil. Braucht es nicht noch extra zu verkünden. Helga aber rechnet vor: In der Stadt kosten diese Dinger 69,90. Hat der Sohn doch letztens mitgebracht, 69,90, ungelogen! Wenn sie die bei Aldi für 22,90 kauft, hat sie 47 Mark gespart. Pro Stück gespart! *So* muß er das sehen!

Gatte Zuber sieht das aber anders. »Was brauche mir so Zeuch? Des is für junge Leut'. Des steht uns net.«

»Für daheim«, wiederholt seine Helga. »Mußt ja net in die Kirch damit.«

»Ich geh damit nirgendwo hin.«

»Sag ich doch. Für daheim.«

Was gibt es noch? Rüde knallt der Gatte ihr ein paar Grundnahrungsmittel in den Wagen, Brot und Mehl und Nudeln, *aus diesem Grunde* sind sie hier!

Ja, aber die Zeitschaltuhr! Jetzt guck, die is' ja wirklich doll.

Zeitschaltuhr? Wieso weshalb weswegen – heftiger als man das tun sollte, schmeißt der Paul der Helga eine Büchse Champignons in den Wagen (1. Wahl, 1,49).

17,98! Eine Zeitschaltuhr! Das ist doch fast geschenkt! Guck mal, was da steht: »28 Schaltvorgänge, bis zu 14 Ein- und Ausschaltungen pro Woche!«

Wo ist der Witz? Paul Zuber kann einen Schaltvorgang noch immer selbst ausführen. »Ich werd doch wohl'n Knopp drücke könne! Was brauch ich da'n Apparat für!«

»Das ist doch für die Einbrecher. Programmierste, geht nachts das Licht an und geht wieder aus.« Kluge Sache, fast geschenkt. Mit Schwung landet die Zeitschaltuhr im Wagen.

Er knallt noch Joghurt obendrauf. Kluge Sache? Kann er nachts aufstehen, schaltet das Licht in Handarbeit an und wieder aus, kommen die Einbrecher auch nicht. »Helga, hol die Milch!«

Milch? Von wegen. Hier: »Halogen-Deckenleuchte in Bogenform«! 59,90. Das wär doch was für'n Flur.

Nein, findet Paul, das is' für die Katz!

10. Chili con Carne

500 g Kalbsbrust gewürfelt ohne Knochen oder Rinderhackfleisch vom Metzger des Vertrauens

4 EL kaltgepresstes Olivenöl, extra vergine (Lorena)
20 g Süßrahmbutter
500 g frische Tomaten oder 2 kleine Dosen geschälte Tomaten
1 große oder zwei kleine Zwiebeln
1,5 l Instant-Brühe (Lachende Köchin)
3 Paprikaschoten (rot, grün, gelb)
2 kleine Büchsen Rote Kidney-Bohnen (Happy Harvest)
1 TL Salz

1 EL Paprikapulver
1 TL Chilipulver oder Harissa

In einem großen Topf Öl und Butter erhitzen und Fleischstücke oder Hackfleisch darin scharf anbraten. Knoblauchzehe und Zwiebeln schälen, feinhacken und mitbraten. In der Zwischenzeit die Tomaten mit kochendem Wasser übergießen, Haut und Stielansätze entfernen, würfeln und mitschmoren lassen. Die heiße Fleischbrühe zusetzen und bei kleiner Flamme 1,5 Stunden auf etwa $1/4$ der Flüssigkeit reduzieren. Die abgetropften Kidney-Bohnen zusetzen und alles kräftig mit Salz, edelsüßem Paprika und Chili abschmecken. Die Paprikaschoten waschen, halbieren, Kerne entfernen und in schmale Streifen schneiden. Unter das Chili heben und alles noch einmal kurz aufkochen lassen. Stangenweißbrot schneiden und zum Chili servieren.

👆 Tip: Metzgerei schon geschlossen? Kein Problem. Die Spar-Version mit gewürfeltem und angebratenem Bauchspeck (Gelderländer Delikateß-Bauchspeck) schont den Geldbeutel und mundet ebenso. Außerdem wirkt anstelle von Chilipulver auch Harissa (beim Gewürzhändler besorgen) wahre Würzwunder. Es wird aus aus kleinen Pfefferschoten unter Zusatz von Knoblauch, Koriander, Kumin und Salz hergestellt und schmeckt wunderbar. Nur: Vorsicht beim Dosieren! Zuviel treibt Wasser in die Augen.

Dazu paßt: Gut gekühltes Karlskrone Edel-Pils im 6-Pack oder Kaiser Pilsener Bier.

Summa summarum mit Bier : 21,50 Mark

11. Tag, Mittwoch. Das Nord-Süd-Gefälle

Hin und wieder begegnen uns rüde Mitbürger, die sich keinen Deut um Etikette scheren. Zwei junge Menschen, männlich, mit schiefen Kappen auf den Köpfen, betreten streitend eine kleine Aldi-Filiale. Als hätten sie den Laden eigens in der Absicht betreten, ihren Zwist vor Publikum auszutragen, ruft der eine, sie müßten hin (»du Arsch«), während der andere meint, sie müßten nicht (»du Sack«). Vor dem Süßwaren-Sortiment erwägen sie das Für und Wider, drei Schritte weiter, angesichts der Milchprodukte, das Pro und das Contra. Gingen sie jetzt hin, und zwar in die Schule, müßten sie sich erstens ziemlich beeilen und sich zweitens auch noch anscheißen lassen, die halbe letzte Woche ebenfalls geschwänzt zu haben.

Dann lassen sie es doch lieber ganz sein, ne? Mach blau, Mann.

Schwachsinn! Gehen sie *nicht*, können sie sich auf was gefaßt machen. Gibt dann Riesenstreß, oh Herr.

Ach, leck mich.

Selber, du Furz!

So geht das eine Weile, in deren Verlauf sie diskutierend hin und herwandern, bis sich die entscheidende Frage stellt: Wo isses Bier?

Ja, wo isses? Als sie es gefunden haben, schreien sie entfesselt durch die Gegend, daß sie es gefunden hätten und daß es *hier* is', 's Bier, und jetzt gucke mal, *das soll Bier sein?*

Klar ist das Bier, du F . . .

Du W . . .

Eine unerfreuliche Situation. Was kann das Bier dafür? Aldis Abfüllung ist nicht gerade jener Gerstensaft, mit dessen Hilfe hübsche Menschen durchs Werbefernsehen tanzen. Aldis Bier ist Bier, nichts weiter, namenlos, eine graue Maus in Dosen. Macht aber auch besoffen.

Doch während die beiden jungen Mitbürger noch anschaulich disputieren, fallen uns plötzlich die Gebrüder Albrecht ein, Theo und Karl. Die Aldis. Oft schon haben wir uns gefragt, ob zwischen ihnen alles in Ordnung ist. Oder haben sie etwa eine ähnliche Beziehung zueinander wie jene jüngeren Biertrinker, die wir belauschen?

Tatsache ist, daß sie nicht gemeinsam herrschen. Während Theo über die Filialen im Norden des Landes gebietet, lenkt Karl die Aldi-Geschicke des Südens. Das ist noch kein Grund, einen brüderlichen Zwist zu vermuten, vielmehr ist das ziemlich clever. Durch die Aufteilung ihres Unternehmens nicht nur in eine Süd- und eine Nordgruppe, sondern darüber hinaus noch in regionale Gesellschaften, gilt Aldi nicht als Konzern. Eine Bilanz muß daher nicht veröffentlicht werden.

Das ist die geschäftliche Seite. Auf der persönlichen vermuten wir Unstimmigkeiten. Das Logo variiert, zeigt mehr Orange im Süden und ist etwas blauer im Norden. Karl scheint Nichtraucher zu sein, in Aldis Süden gibt es keine Zigaretten. Im Norden hingegen dealt Theo ungerührt mit der Alltagsdroge. Überhaupt gibt es im Norden eine Menge mehr zu kaufen, Tiefkühlprodukte etwa, im Süden heiß ersehnt. Der Albrecht des Südens, Karl, besteht auf einem Sortiment von präzise 450 Artikeln (ohne Sonderposten) und ist überhaupt ein ziemlicher Pedant. Obst und Gemüse belaufen sich auf 20 Produkte, und wenn er 20 sagt, meint Karl nicht 21. Theo, dessen Entführung 1971 Schlagzeilen machte, scheint das Leben gelassener zu nehmen; büschen mehr darf's schon sein.

Bisweilen scheinen beide Brüder sich auch zu sagen: Das Zeug heißt so, wie *ich* es will! Bei der Taufe einer Körperpflegeserie etwa wird man auf keinen grünen Zweig gekommen sein. »Olana« hieß die Body Lotion im Süden, während dieselben Ingredienzen im Norden als »Eldana« unters Volk kamen.

All das tangiert die beiden jungen Kunden hier aber nur peripher, die noch immer herzhaft streiten, ob Aldis Bier die volle Dröhnung gibt oder nicht. Mal angenommen, sie machen blau für nichts? Hängen herum, trinken das Zeug und nichts passiert?

Oh, leck mich.
Uiuiui.

Dann kannste alles vergessen.
Genau.

11. Hamburger Royal

*500 g Lammhackfleisch vom Metzger
des Vertrauens*
1 Zwiebel
200 g magerer Bauchspeck (Gelderländer Delikateß Bauchspeck)
1 Bd. großblättrige Petersilie
2 frische Eier (Gewichtsklasse 4)
2 EL Senf
weißer Pfeffer
Salz
4 EL kaltgepresstes Olivenöl,
extra vergine (Lorena)
1 EL Chilli-Powder
1 EL Weinbrand (z.B. Comté de
St. Maurice, Fine Brandy)
4 Mehrkornbrötchen

Remouladensauce, Ketchup,
Mayonnaise (Fertigprodukte von Kim)
8 Salatblätter
8 Tomatenscheiben
8 Zwiebelringe

Lammhackfleisch mit Zwiebel- und Speckwürfeln, kleingehackter Petersilie, Eiern, Pfeffer, Chilli-Powder und Senf zu einer kompakten Masse verarbeiten. Mit Weinbrand würzen und mit feuchten Händen jeweils 4 Frikadellen formen. Im heißen Öl von beiden Seiten scharf anbraten. Brötchen halbieren, toasten und mit Remoulade bestreichen. Frikadelle auf je 2 Salatblätter und Tomatenscheiben legen, mit Zwiebelringen garnieren. Nach Lust und Laune mit Tomaten-Ketchup und Mayonnaise würzen und getoasteten Brötchendeckel auflegen.

☞ Tip: Falls die Lammfrikadellen-Masse zu feucht gerät, 2-4 EL Semmelbrösel unterrühren, damit die Klopse auch in der Pfanne ihre Form wahren.

Dazu paßt: Büchsenbier von Karlskrone (Edel-Pils).

Summa summarum mit Bier: 18,20 Mark

12. Tag, Donnerstag. Ist dem Paul egal!

»Essig«, sagt Frau Zuber.

Essig?

Genau. So schwungvoll wie ungebeten entnimmt sie unserem Wagen den Allzweckreiniger und legt ihn in seine Kiste zurück.

Nun gibt es hilfsbereite Menschen, zweifellos. Häufig trifft man sie in einem Aldi-Laden. Zum Beispiel Helga Zuber. »Die Wanne!« sagt sie nachdrücklich.

Die Wanne.

Richtig, die Badewanne. Es gibt ja Leut, die sprühen. Verwenden so ein Spray, besprühen die Wanne, zählen bis zehn, duschen alles wieder weg, und die Wanne glänzt.

Faul wie die Nacht! Glänzt es auch, so muß es doch nicht sauber sein, man bedenke die Bakterien! Bakterien sind tückisch, die lassen sich doch nicht einfach abduschen, die gehören schon ordentlich geschrubbt, also gescheuert. Mit einem Lappen und mit Körperkraft.

Das stimmt, finden wir.

Und mit Essig! erklärt Frau Zuber. Essig setzt den Bakterien zu, Essig frißt den Kalk.

»Riecht«, geben wir zu bedenken.

Gibt ja Mundschutz. Hauptsache sauber, also hygienisch rein. Sie legt uns einen Essigreiniger in den Wagen. Da erspähen wir ein von der Decke baumelndes Schild: »Jeder Artikel, den Sie bei uns kaufen, ist mit der umfassendsten Garantie ausgestattet, die denkbar ist.«

Denkbar ist alles, also auch, daß so ein Essigreiniger uns die Bakterien vom Halse hält. Wird er das tun? Doch Aldi meint etwas ganz anderes mit diesem Schild, Aldi weist damit dezent auf seine Unerbittlichkeit hin. Wir können ganz sicher sein: sollten Dämpfe dieses Essigreinigers uns vergiften, wird er sofort aus dem Programm genommen. Anders formuliert: Heute eine kleine Salmonelle in der Wurst, morgen bettlägerig, übermorgen und für immer ist diese Wurst aus Aldis Sortiment verschwunden. Bloß nicht anecken; wie oft schon hat man Artikel aus dem Programm genommen, schlich sich auch nur der Hauch einer Beanstandung ein?

Eigentlich immer. Raus mit dem Zeug! Raus aber nicht nur, wenn etwas faul ist, da kennen Karl und Theo nix. Raus damit, wenn es nicht *geht*; da ist mancher Lieferant schon auf der Strecke geblieben. In St. Louis, USA, mußte ein deutsches Kulturgut daran glauben: Gummibärchen. Zwar haben sich die Amerikaner daran gewöhnt, daß die Brüder Albrecht mit ihren Kartons bis zu ihnen vorgedrungen sind, doch beißen sie nicht in alles hinein. Beispielsweise lustlos in die Gummibärchen, zumindest in St. Louis. Da fackelten die Albrechts nicht lange: keine Gummibärchen mehr in St. Louis, USA.

Aber wenigstens Essig in Deutschland – ja und nein. Womit wir wieder bei Frau Zuber wären. Bedauern liegt in ihrem Blick, jetzt kommen wir nämlich vom Essig als Putz- zum Essig als Lebensmittel. Seit sie denken konnte, zog es Helga Zuber die Schuhe aus, wenn sie mit Essig würzte. Sie vertrug das nicht: die Galle. Doch was ihr Mann ist, der Herr Zuber, dem war das egal. Dem Paul. Der hat darauf bestanden. Essig in den Salat, Essig in die Linsensuppe. Was kümmerte Paul Zuber die Galle seiner Gattin Helga? Er schert sich ja auch nicht darum, wenn sie manches Mal am Abend nett weggehen möchte, ins Kino vielleicht und dann ins Restaurant. Sieht er nicht ein. Alle Kinofilme kommen ins Fernsehen, sagt er, und Essen ist zu Hause viel billiger. Braucht er auch den Anzug nicht

anzuziehen. Dabei fällt ihr manches Mal die Decke auf den Kopf, es ist so still. Liefe der Fernseher nicht, sie würde sich an den Kopf greifen. Er, der Paul, der sagt ja nichts. Kriegt das Maul kaum auf, der Kerl. Zumindest nicht zu Hause.

Jedenfalls: Seit sie bei Aldi diesen Essig gefunden hat, macht ihr die Galle keinen Kummer mehr. Der Mann natürlich immer noch, aber die Galle kommt mit dem Aldi-Essig prima zurecht, und zwar *ausschließlich* mit diesem Essig. Der *heißt* auch schon so, daß man ihn schier vertragen *muß:* Aceto Balsamico, also Balsamessig. Tadellos. Ganz feiner Geschmack. Dunkelbraun, das Zeug, darf man sich nicht irritieren lassen. Selbst der Kartoffelsalat sah bräunlich aus, doch nie im Leben hat sie besseren Kartoffelsalat gegessen. Gibt's woanders auch, den Balsamico, aber nicht so erschwinglich.

Da läuft uns doch gleich das Wasser

– »Pech«, sagt Helga Zuber. Zur Zeit gibt es ihn nicht. Jedenfalls nicht bei Aldi.

Hat sich da am Ende eine kleine Beanstandung –

Nie und nimmer! Sonderposten! Frau Zuber zeigt uns einen Vogel: Essig! Sonderposten! Was die sich so denken. Für jeden Sonderposten gelbe Unterhosen hätte sie Verständnis, das ist ja was für eine kleine Minderheit, aber Essig? Jetzt guckt sie jedesmal, ob er wieder da ist, der gute Balsamico, aber der *kommt und kommt* nicht rein. Ein-, zweimal im Jahr, öfter nicht. Na ja, wartet sie eben. Muß die Galle sich gedulden. Dem Mann ist es ja egal, der verträgt jeden Essig. Vor lauter Empörung hat Frau Zuber letztens so ein Radio gekauft, war halt auch ein Sonderposten. Konnte sie doch nicht stehen lassen: Radio-Recorder, so einer wie die Buben ihn durch die Stadt tragen, so ein lautes Ding. 49,90, ein Jahr Garantie. Bis der kaputt geht, ist vielleicht auch Aldis Essig wieder da.

12. Quiche Lorraine (mit Salat)

200 g Weizenmehl (Sonnenstrahl), Type 405
1 Ei
Salz
100 g Butter

Mehl zum Ausrollen
Für den Belag:
150 g magerer Bauchspeck
(Gelderländer Delikateß Bauchspeck)
250 g geriebener Emmentaler Käse

3 Eier
Salz
weißer Pfeffer
geriebene Muskatnuß

Für den Salat:
1 Kopfsalat
3 EL reines Sonnenblumenöl (Bellasan)
2 EL Zitronensaft
Salz
frisch gemahlener schwarzer Pfeffer
1 Knoblauchzehe

Aus Mehl, kalten Butterstückchen, Ei und Salz rasch einen Mürbeteig kneten und zu einer Kugel formen. In Pergamentpapier wickeln und ca. 30 Minuten im Kühlschrank ruhen lassen.

In der Zwischenzeit Schinkenspeck fein schneiden, in eine Schüssel geben, mit heißem Wasser übergießen und 3 Minuten ziehen lassen. Speck abtropfen lassen und mit Küchenkrepp trockentupfen.

Auf der mehlbestäubten Arbeitsfläche $2/3$ des Teigs 1 cm dick ausrollen. In eine mit Backpapier ausgelegte Springform geben und den restlichen Teig zu einer Rolle formen. Als Rand an den Bogen legen und mit einer Gabel rundherum hochdrücken. Den Boden mehrmals mit einer Gabel einstechen. Tortenboden abwechselnd mit Speck und geriebenem Emmentaler schichten. Eier, Salz, Pfeffer und Muskat verquirlen und über den Belag gießen. Im vorgeheizten Backofen bei 200 Grad ca. 25 Minuten knusprig braun backen. Noch warm in Stücke schneiden.

Salatschüssel mit einer halbierten Knoblauchzehe ausreiben, darin aus Öl und Zitronensaft, Salz und Pfeffer eine Vinaigrette anrühren und die gewaschenen, halbierten und von den Mittelrippen befreiten Salatblätter untermischen.

Tip: Die Quiche läßt sich auch auf einem Blech backen. Im Häppchenformat der leckerste Zeitvertreib für wartende Gäste. Der Sonderposten Balsamico-Essig, (Aceto Balsamico di Modena, Gärungsessig aus Traubenmost, 6% Säure, zweimal jährlich im Angebot) gibt dem Dressing Toskana-Touch (3 Teile Olivenöl und 1 Teil Balsamico), Salz und Pfeffer.

Dazu paßt: trockener Chianti Classico, DOCG, 1995.

Summa summarum mit Wein: 10 Mark

13. Tag, Freitag. Die Aldítüte (2)

Siegfried sagt, er sei wählerisch. Fast schon heikel. Nahezu empfindlich, was den Schlafplatz betrifft. Nie in der Nähe von Mülltonnen. Auf keinen Fall in Vorgärten. Schon gar nicht, wenn beides zusammenkommt. Morgens um fünf ist er mal von einem Bewohner mit Müll geweckt worden, »muß man sich vorstellen.« Also, der Bewohner, so ein Aas, war auf dem Weg zur Abfalltonne und kippte die volle Mülltüte über ihm aus. »So sind se.«

Siegfried trägt sein Leben in zwei Aldítüten durch die Stadt. Gut behandelt, übersteht so eine Tüte bald ein ganzes Jahr. Zwei Tüten mit seinen Siebensachen: paar Wäschestücke sind drin, zwei Pullover und eine zu weit gewordene Hose, die er vielleicht noch brauchen kann. Wegwerfen wäre eine Sünde. Schlafanzug braucht er nicht; »Schlafanzug is was fürs Bett.« Bett hat er keins, schläft im Park, wenn es warm ist und im Winter, wenn er

Glück hat, findet sich ein Platz im Wohnheim.

Wenn er Glück hat. Letzten Winter ist er fast erfroren. Da haben die Tüten auch nicht mehr gewärmt.

Manchmal ist ja auch was Gutes in der Tüte. Weißwein aus Italien, schöne schlanke Flasche. Sieht edel aus. Riecht gut, schmeckt gut, macht nicht besoffen. *Viel* zu edel zum Besoffenmachen. Kann man natürlich nicht drauflos saufen, ex und hopp. Muß man genießen. Schluck für Schluck, übern Tag verteilt, darum macht der auch nicht blau. Kauft er bei Aldi, geht schon frühmorgens hin, dann ist es noch nicht so voll. Er hat ja Zeit. Denn wenn's voll ist, gaffen die Leut. Gehen sie ein Schrittchen zurück, selbst im Gedränge, als hätte er was Ansteckendes. Oder tät stinken, aber er stinkt ja auch nicht mehr als die anderen. Paßt doch ziemlich auf seine Sachen auf, daß sie nicht fleckig werden, nicht allzu verlaust. Darum ist seine Alditüte mit den Sachen zum Wechseln auch immer zugebunden, kommt nicht soviel Dreck rein.

Rotwein haben sie auch bei Aldi, aber der ist teuer. Sieben, acht Mark die Flasche. Geht nicht. Zu viel Geld. Die Heringsfilets ißt er gern, bißchen über eine Mark. Leckere Saucen. Haben sie aber auch nicht immer.

Ja, wie gesagt, wenn's nicht so voll ist, kann man in Ruhe gucken. Die Kassiererinnen lassen ihn gewähren, er macht ja nichts. Klaut nicht, blökt nicht rum. Sein Kumpel, der Erwin, ist schon mal extrabreit da rein, den haben sie rausgeschmissen, aber hochkant! Selber schuld.

Viel Platz hat die Alditüte. Wenn's Sommer wird, kriegt er sogar die Winterjacke rein, und wenn die Winterjacke drin ist, gibt so eine Tüte ein schönes Kissen für die Nacht.

13. Kartoffelsuppe mit Pfefferlingen

4 große Kartoffeln
1 Bund Frühlingszwiebeln
1,5 l Klare Brühe Instant (Dr. Lange)
$^1/_4$ l Schlagsahne (milfina)
3 EL kaltgepresstes Olivenöl,
extra vergine (Lorena)
300 g Schinken-Pfefferlinge nach
Mettwurst-Art (Schulte)
Salz
weißer Pfeffer

Pfefferlingwürstchen in 1 cm große Stücke schneiden und mit 3 EL Olivenöl langsam schön goldbraun anbraten. Die Pfefferlingstücke herausnehmen und auf Küchenpapier abtropfen lassen, beiseite stellen. Das Fett bis auf 3 EL abgießen. Frühlingszwiebeln schneiden, etwa $^3/_4$ der Menge im Fett anbraten. Die geschälten, gewaschenen und gevierteltelten Kartoffeln in den Topf geben, mit Brühe aufgießen. Etwa 20 Minuten bei kleiner Flamme garen lassen. Mit dem Mixstab oder in der Küchenmaschine pürieren. Das Püree in den Topf zurückgeben, Sahne einrühren und die Hälfte der Pfefferlingstücke unterrühren. Noch einmal kurz erhitzen, jedoch nicht mehr kochen lassen. Mit Salz und weißem Pfeffer abschmecken. Die restlichen Pfefferlinge hinzufügen, mit den verbliebenen Frühlingszwiebeln garnieren.

Tip: Kartoffeln haben die Eigenschaft alles wunderbar zu verbinden: also, was noch im Kühlschrank auf seine Bestimmung wartet, hinein in die gute Supp: Karotten, Tomaten, Lauch, Salami, Reibekäse oder *Hühnerfleisch*.

Dazu paßt gut gekühlter Weißwein wie: Heuriger Veltliner, 1996.

Summa summarum mit Wein: 13,50 Mark

14. Tag, Samstag. Das Kassenwunder

Auf jetzt! Pack's Brot ein. Müllbeutel (extra stark) und Rotwein, was noch? Joghurt. Ja, da hinten leuchtet der Joghurt, winkt schüchtern herüber, doch wir können zueinander nicht kommen. Wir müßten uns den Weg freischießen, doch das möchten wir nicht. Damit würden wir die merkwürdige Ruhe stören, die hier herrscht. Es geht nicht vor und nicht zurück, dennoch wirken die Menschen seltsam entspannt. Die Hölle ist ja auch beim Nudelsortiment ausgebrochen, und von dem Kartoffel-Auflauf möchten wir gar nicht erst berichten.

Und wir sind doch *so* früh dagewesen. Hat wieder nix genutzt. Haben sich nämlich alle gedacht: sind wir früh da, gibt's ein Durchkommen.

Es gibt aber kein Durchkommen bei Aldi an einem Samstagvormittag. Häuserblöcke, ganze Stadtviertel, Kontinente scheinen sich hier verabredet zu haben. Viele könnten ausschlafen, was tun sie? Gehen zu Aldi.

Auf jetzt! Beweg dich, wir brauchen

54 noch Tomaten. Wir brauchen Platz! Die Tomaten sind vergriffen, und ein unverschämter Mensch packt die letzte Mortadella ein. Er lächelt; Montag gibt's neue. Wenn ihr Glück habt. Da kann sie sicher sein, sagt Frau Zuber, daß das Haltbarkeitsdatum hier niemals überschritten wird, so fix, wie die Sachen immer weg sind.

Manche Leute decken sich mit Brot- und Butterbergen ein, denn morgen ist Sonntag, und da könnte der Notstand ausbrechen. Überhaupt will und will es nicht weitergehen. Manche Leute, scheint uns, halten ein Schwätzchen mit dem Magerquark, bevor sie ihn einladen, in ihrem Einkaufswagen Platz zu nehmen. Vor uns kratzt sich einer am Kopf, geht zwei Schritte vor und einen zurück. Bleibt stehen, grübelt. Hat wohl etwas vergessen, aber was? Draußen wird es ihm einfallen, das ist der Lauf der Welt. Waschlotion (Louschn), dermatologisch getestet, hat Aldi um 39

Pfennig herabgesetzt – also, da *nicht* zuzugreifen, wäre eine Sünde. Frau Zuber kriegt einen Wagen ins Kreuz gerammt, und ein Mensch flüstert ganz erschrocken: »Oh, das wollte ich nicht!«

»Wenn Sie's gewollt hätten«, sagt Frau Zuber, »wär's ja auch ein starkes Stück.«

Und dann ist die Kasse in Sicht. Von nun an werden wir Zeugen eines Wunders. Zuerst fällt uns gar nichts Ungewöhnliches auf; Schrittchen für Schrittchen. Wippen und tippeln und tänzeln, immer in Bewegung bleiben, sonst fällt der Blutdruck ab. Stückchen vor. Noch eins. Kleiner Ruck: noch'n Stückchen. Keiner meckert, wie das? Die meisten vertreiben sich ihre Zeit damit, liebevoll in den Wagen zu gucken. Gut gefüllt, der Wagen, das ist das Aldi-Gefühl: Für soviel Zeug zahlste woanders glatt das Doppelte.

Und dann sind wir dran.

Wir sind dran? Eben war die Schlange doch noch schier endlos.

Richtig, wir sind dran und stimmen ein kleines Hallelujah an: Aldi, Deine Kassiererinnen, wir wollen sie loben und preisen! Aldi, deine Kassiererinnen, sie öffnen unser Herz. Wer bei Aldi in der Kassenschlange steht, wird kaum aggressiv werden *können*, denn das Wesen der Aldi-Schlange besteht darin, sich umgehend wieder aufzulösen. Dafür sorgen die Kassiererinnen. Im Süden schlagen sie jede Scanner-Kasse, im Norden scannen sie in der Regel selbst, aber auch das recht fix.

Pianistenfinger! Und alle Preise im Kopf! Das Sortiment und die wechselnden Sonderposten! Kein »FRAU NEUMEISTER, WAT MACHT DENN DER EMMENTALER?« Sie wissen, was der macht. Sie wissen alles. 2,29, 1,59, 19,98, 0,39: Sie hauen die Preise rein und verhauen sich nicht. In allen anderen Läden, sagt Frau Zuber, rechnet sie

vorher aus, was es kostet, will sich gleichsam wappnen gegen Beschiß und Patzer aller Art, denn was *hat* sie dergleichen nicht schon alles erlebt! (Man macht sich ja keine Vorstellungen!)

Nicht bei Aldi. Wenn die Kassiererin sagt: »Macht 45 Mark und drei«, dann *macht* es das auch, da ist nichts dran zu rütteln. Wer dankt es ihnen? Nach Informationen der *Wirtschaftswoche* erhalten Aldis Angestellte im Süden 2,5 Prozent vom dortigen 15-Milliarden-Umsatz – Durchschnitt im Lebensmittelhandel, zitiert die Zeitung den Hauptverband des Deutschen Einzelhandels, seien Personalkosten zwischen 7,6 und 9,7 Prozent.

»Zettelchen?« ruft die Kassiererin uns nach. Sogar die Kraft zu lächeln hat sie noch.

Zettelchen brauchen wir nicht. Wir glauben ihr blind.

14. Gazpacho (mit Knoblauchbaguette)

500 g frische Tomaten
1 große Salatgurke
2 Zwiebeln
1 rote Paprikaschote
1 l klare Instant-Brühe (Lachende Köchin)
2 EL kalt gepreßtes Olivenöl,
extra vergine (Lorena)
1 TL Zitronensaft
frisch gemahlener schwarzer Pfeffer
2 Knoblauchzehen
1/2 Bund Petersilie
1/2 Bund Schnittlauch
Eiswürfel
6 Baguettebrötchen zum Selbstbacken
60 g Butter
2 Knoblauchzehen
2 EL geriebener Emmentaler

Tomaten kurz in kochendes Wasser geben und häuten, Stengelansätze entfernen. Gurke waschen und schälen. Einige Gurkenscheiben zum Garnieren zurücklassen. Restliche Gurke grob würfeln. Zwiebeln schälen, vierteln, Knoblauchzehen schälen und mit Salz zerdrücken. Paprikaschote halbieren, putzen, entkernen und würfeln. Alles bis auf die Gurkenscheiben im Mixer fein pürieren. Hühnerbrühe, Öl und Zitronensaft unter das Püree rühren. Mit Pfeffer abschmecken und zwei Stunden im Kühlschrank kalt werden lassen. Petersilie und Schnittlauch waschen, trockentupfen und grob hacken. Einige Eiswürfel in das Gazpacho geben. Durchkühlen lassen. Auf Teller oder in Tassen füllen. Kräuter darüberstreuen und Gurkenscheiben obendrauf schwimmen lassen.

In der Zwischenzeit Baguettebrötchen mit einer Schale Wasser in der Röhre nach Vorschrift aufbacken. Auskühlen lassen und schräg einschneiden. Butter geschmeidig rühren und mit in Salz zerdrückten Knoblauchzehen mischen. Mit Salz und Rosenpaprika abschmekken und auf den Schnittflächen verteilen. Kurz in der Backröhre (3 Minuten) erwärmen und zur eiskalten Gazpacho servieren.

Tip: Anstelle frischer Tomaten eignen sich auch Dosentomaten und andere Gemüsesorten wie: Zucchini oder Gemüsezwiebeln.

Dazu passen Rotweine wie trockener Rioja, Denominación de Origen calificada, Viña Lombas, Cosecha 1996 oder fruchtiger Grove Hill California Cabernet Sauvignon, Vintage 1996

Summa summarum mit Wein: 18,50 Mark

15. Tag, Sonntag. Aldi dichtet

Innehalten. Zeitung lesen. Lange Zeit hatte Aldi nur im kostenlosen Anzeigenblättchen eine ganze Seite für sich. Tageszeitung war wahrscheinlich zu teuer. Dann aber, es muß so im Lauf des Jahres 1997 gewesen sein, ging ein Ruck durch das Milliardenunternehmen. Anzeigen, vierfarbig, zum Beispiel in der FAZ! Desgleichen: Anzeigen, vierfarbig, richtige Prospekte, die in den Läden ausliegen, auf daß die Kundschaft sie an sich raffe, um pünktlich zum Beginn einer jeden Sonderposten-Aktion in der Poleposition zu starten. Es ist im Prinzip immer der gleiche Streich: »Aldi informiert«, ordentlich unterstrichen, und dann geht es los. Die Bekanntgabe der wöchentlichen Sonderposten ist eine wichtige Sache, macht Aldi mit der »Aktionsware« doch ordentlich Gewinn. Auf 3 Milliarden Mark beläuft sich der Sonderposten-Umsatz etwa im Süden, im Vergleich zu einem Anteil von 1,5 Milliarden an Obst und Gemüse.

Abgebildet ist ein Nudelpaket. »Spaghetti«, erfahren wir, »aus 100% Hartweizengrieß mit hohem Eigehalt (4 Eier pro Kilo!), 250 g, 0,59«. So geht das seitenweise. Es sind die nüchternsten Anzeigen, die sich denken lassen, selbst vierfarbig! Kein Schnick, schon gar kein Schnack. Richtig uncool. Aber korrekt. Bei Aldi kann kein Werbetexter außer sich geraten, Schlichtheit regiert (auch

vierfarbig). Matratzen-Auflagen? »Mit Eckgummis für sicheren Halt«, Schluß. Herren-Slips? »Ausgezeichnete Paßform – auch nach vielen Wäschen«, Ende der Durchsage. So wird jeder Artikel penibel beschrieben und mit Abbildungen versehen; selbst die Fußmatte wird fotografiert und wir erkennen: genau! Zweifellos eine Fußmatte. Siehste, so sieht eine Fußmatte aus. So haben wir sie uns immer vorgestellt.

Pragmatismus überflügelt Werbepoesie. Damen-Kasacks sind nicht nur einfach Damen-Kasacks, es sind »praktische Damen-Kasacks«. Die Auflaufform – oval (spülmaschinenfest) ist eine »praktische Auflaufform – oval«, und der Milchtopf wird zwar durchaus als »formschön« annonciert, hat jedoch, bitte beachten Sie das, eine »praktische Meßskala«.

Doch bisweilen geraten wir ins Staunen. Dann und wann geschieht das Unfaßbare: Aldi dichtet. Aldi findet verblüffende Slogans. Dann leisten sich die Bekanntmachungen kleine Sprünge, als wolle man zeigen, daß man, wenn man bloß wollte, die gesamte Werbetexter-Garde aus dem Rennen werfen könnte. Bei Mischgemüse ist dergleichen passiert: »Junge Erbsen fein mit jungen ganzen Karotten klein«. Interpunktionslos eindrucksvoll. Man leistet sich sogar das Vergnügen, in den Reklame-Charme der Fünfziger zurückzufallen, etwa bei einem Satz Edelstahl-Töpfe für 25,90: »Eine Glanzleistung – und so preiswert!« Ja, nicht? Seitdem ist auch die Ehe besser. Gewöhnlich bleibt Aldi mit der Werbung auf dem Boden. Wie ausgefuchst ließe sich doch der Sonderposten »Tropengold Trinkschokolade« pushen! Vom hocherotischen Gaumenkitzel ließe sich erzählen, von den Vorzügen eines kakaohaltigen Pulvers, das wir sinnlichst mit kochend Wasser übergießen, auf daß es endlich und für immer mit dem netten Nachbarn klappt – macht Aldi nicht.

Aldi schreibt: »Schmeckt richtig lecker«. Glaubwürdig formuliert ist auch die Feststellung, daß die offerierten Kurzgardinen »für Fenster« sind, »die von drinnen wie draußen freundlich wirken sollen«. Doch dann geschieht es wieder. Aldi zeigt: Wir können auch anders. Mit atemberaubender Raffinesse beweist man, daß der springende Punkt oftmals in drei kleinen Auslassungspünktchen liegen kann. Anhand einer 500-ml-Flasche Vorwaschspray (3,98) ließ Aldi sich nicht lumpen: »Entfernt mühelos Öl, Make-up, Rotwein, Blut, Tee . . . « Diese Pünktchen und ihr verborgener Sinn setzen ein kleines Glanzlicht, zweifellos. Da nehmen wir auch in Kauf, daß die Feinstrumpfhose mit Zwickel (1,29) »faltenfrei am Bein« ist und verkneifen uns die Nachfrage: Wo denn sonst? Nein, soviel Häme hätte Aldi nicht verdient.

15. Kaiserschmarren

6 frische Eier (Gewichtsklasse 4)
50 g Zucker
1 Pkch. Vanillinzucker (Remiga)
Salz
60 g Weizenmehl (Sonnenstrahl),
Type 405

2 EL Schlagsahne (milfina)
1 TL dünn abgeriebene Schale einer
unbehandelten Zitrone
80 g Süßrahmbutter
50 g Rosinen
10 g Puderzucker

Die Eier trennen. Zucker und Vanillinzucker mischen. Eiweiß mit einer Prise Salz unter langsamer Zugabe des Zuckergemischs zu steifem Schnee schlagen. Gesiebtes Mehl, Schlagsahne, Zitronenschale und Eigelb unterheben.
Die Butter (50 g) in einer großen Pfanne schmelzen. Die Masse einfüllen. Gebrühte Rosinen zufügen. (Wasser vorher abgießen). Den Schmarren auf der Herdplatte bei mittlerer Hitze ca. 4-5 Minuten anbacken. Mit 2 Gabeln in große Stücke zerreißen. Restliche Butter und Zucker in der Pfanne leicht karamelisieren lassen. Schmarrenstücke darin schwenken. Mit Puderzucker bestäuben.

Tip: Rosinen über ein paar Stunden in Grand Marnier Orangenlikör oder Petite fleur, Pfirsich-Likör marinieren. Sie geben dem Schmarren einen zusätzlichen Gusto-Kick.

Dazu paßt Trinkschokolade (Tropengold, Sonderposten zweimal pro Jahr im Angebot) mit Schlagobers (eine Mega-Portion geschlagene Sahne).

Summa summarum:
4 Mark

16. Tag, Montag. Abenteuerland

Eine stumme kleine Prozession zieht durch den Laden und packt das Wesentliche ein. Handgriffe wie im Schlaf, Margarine, Käse, Vorwaschspray.

»Vorsehen«, sagt der Kunde, als er mit seinem Wagen eine Kundin streift, »achtgeben.«

»Na na«, sagt die Kundin gütig. Sie steht nun schon eine ganze Weile jedem im Weg, guckt und guckt und entscheidet sich für nichts. Die Argusaugen hat sie leicht zusammengekniffen, doch nun ist sie bei Aldi, nun muß sie da durch.

Ihr halber Bekanntenkreis kauft schon hier. Na ja, zumindest »die frugalen Dinge«.

Wie sehen die aus, die frugalen Dinge, und wo führen sie die?

Also Watte, Seife, Klopapier.

Ach so.

Ja, sie ist doch nicht blöd! In ihrem todschicken Mantel sieht die neue Kundin zwar aus, als könne sie ein ganzes Einkaufsparadies leerkaufen, doch warum soll sie für ein Paket Waschmittel mehr bezahlen als sie muß?

Es sind natürlich viele einfache Menschen hier. Aber die Zeiten sind hart. Die Rezession lauert immer und überall.

Wenn sie bloß wüßte, wo anfangen –

»Wollen's vorwärts oder wollen's z'ruck?« Böse Miene einer jungen Mutter, die zwei plärrende Kleinkinder hinter sich herzieht. Also, der Ausländer eben war höflicher. Überhaupt sind die meisten Ausländer ganz reizende Menschen, da mache man sich nichts vor! Um auf die Frage der rüden jungen Mutter zu antworten: Sie möchte vorwärts, nicht z'ruck. Sie findet das ganz amüsant, das WC-Papier ist erschwinglich, das nimmt sie doch mit. Bloß, na ja: daß bei Aldi alles so herumsteht! Wollen mal so sagen: Die Ware wird nicht dekorativ präsentiert. Aufgetürmte Weinflaschen, Schleifchen drum, Knabberspaß auf Marmorbökken, rotierende Hähnchenhälften tanzen Wiener Walzer, dergleichen läßt der Handel sich doch heutzutage einfallen. Der Kunde will umworben sein. Was wollen Aldi-Kunden? Sind *sie* die wirklich mündigen Kunden? Bedient euch! Sucht's euch z'sammen. Dann kommt zur Kasse und bezahlt.

Nur ist es bis dahin ein dornenvoller Weg. Immer wieder gerät die Aldi-Prozession ins Stocken. Vor dem Obst und dem Gemüse ballt sich eine kleine Welt. Griechen greifen nach Zucchinis, Türken nach Lauch, Afrikaner nach Äpfeln. Polen nehmen sich Orangen, Türken auch, Griechen packen Lauch ein, Deutsche die Tomaten. Die neue Kundin kann sich nicht entscheiden. Soll sie Bananen nehmen? Du lieber Himmel, da fallen ihr doch glatt die hübschesten Geschichten ein, Geschichten von Deutschen und Bananen. Historisch verbürgte Geschichten vom Fall *der Mauer*, als sie und ihr Gatte seinerzeit durch die Stadt spazierten und vor dem Aldi-Laden deutsch-deutsches Gedränge sahen.

Tatsächlich vermögen die Welt und ihr Lauf sich bisweilen anschaulich bei Aldi einzufinden. Als 1989 *die Mauer* fiel und das deutsche Volk sich bei Aldi vereinte, gab es an der Kasse ein Problem. Denn da stand bereits eine Schlange aus lauter Ausländern, und ein paar ehemalige DDR-Bürger moserten tüchtig und fanden, sie müßten zuerst bedient werden. Da wurden wiederum die ausländischen Mitbürgerinnen und Mitbürger ziemlich fuchtig und gifteten, *sie* kauften schon seit Jahren hier und stellten sich immer ordnungsgemäß an und überhaupt solle doch jeder bleiben, wo er hingehöre.

Die neue Kundin nimmt Bananen und fragt einen italienischen Stammkunden, der lauthals auf italienisch mit seiner italienischen Gattin parliert: »Wie! sind denn! Tomaten! hier? Schmecken?« Dazu fuchtelt sie wie wild, um sich dem ausländischen Mitbürger verständlich zu machen: Sie meint den Laden hier. Aldi im allgemeinen. Und die Tomaten im besonderen.

Der Ausländer ist ganz reizend, sagt: »Die Tomaten aus der Büchse sind meines Erachtens aromatischer. Die lassen sich auch besser durchpassieren.«

Sie nickt eine Weile vor sich hin, bis der Ausländer und seine ausländische Gattin ihres Weges gehen, dann greift sie wie in Trance nach einem Apfel und läßt ihn wieder fallen. Apfelsaft! Das könnte man doch versuchen. Einmal Apfelsaft und viermal Joghurt macht zusammen 4 Mark 34. Das war zumindest kein herausgeschmissenes Geld. Sie läßt sich aber keine Tüte geben, das nun nicht. Vorsichtig jongliert sie das Zeug zur Tür. Aldis Türen gehen automatisch auf.

16. Lachs-Geldbeutel (mit Bananen-Füllung)

500 g Doppelrahmfrischkäse
$^1/_8$ l Milch (milfina)
1 Zweig Rosmarin
weißer Pfeffer
Salz
16 Scheiben Räucherlachs (Salmo salar)
2 mittelgroße Bananen
1 Bd. Schnittlauch

Den Doppelrahmfrischkäse mit der Milch glattrühren. Rosmarinnadeln abzupfen und kleinhacken. Daruntergeben. Die Masse mit Pfeffer, Salz und Muskat abschmecken. Die Lachsscheiben ausbreiten und vorsichtig mit jeweils einem Löffel Käsefarce versehen. Bananen schneiden und jeweils 1-2 Scheiben dazusetzen. Die Lachsscheiben an den Enden hochnehmen, über der Farce vorsichtig mit je einem Schnittlauchstengel schließen. Zum Aperitif reichen.

Tip: Anstelle von Räucherlachs läßt sich auch dünn geschnittener Parmaschinken verwenden.

Dazu passen Champagner wie Vve. Monsigny, brut oder rassiger Chablis, Félix Ravinet, A.C., 1995.

Summa summarum mit Champagner: 19,20 Mark

17. Tag, Dienstag. Von Hosen und Jeans

Jeans bei Aldi? Ein kleines Drama müssen wir erleben, eine Mutter inklusive Tochter (schätzen wir mal: aufgerundet 14 Jahre) sowie zwei Welten, welche aufeinanderprallen. Jeans bei Aldi. Ja, warum denn nicht? Die Mutter findet nichts dabei; 19.98! Sonderposten.

Mit dem Preis geht es aber schon los. Zwanzisch Makk! Den Betrag spuckt die Tochter schier mit Abscheu aus. Zwanzisch Makk, das *kann* nix taugen! Kriegste keine Jeans für, weil: *richtige* Jeans, die kosten keine zwanzisch Makk, die sinn halt teurer. Also, echte Jeans. Die wo der Jeans-Store hat. Keine Jeans von Aldi.

Was will das Kind? Die Mutter wird es nie begreifen. Da steht's doch: »Basic-Jeans im klassischen 5-Pocket-Style«, dat sind doch echte, oder nicht?

Nee. Jesus, die *Farben!* Kind kriegt die Krise; das sollen *Jeans* sein? Lacht sie sich doch gleich was ab.

Dabei wurden die Farben doch ganz besonders hervorgehoben. »In verschiedenen modischen Uni-Farben«, hatte Aldi inseriert, und so zartgrün, zartrosa und bläulich liegen sie nun da.

Mama gefällt's. Sind doch nett, oder?

Falsch, ganz falsch. Jeans *haben* keine Farbe, Jeans sind jeansblau! Bissi gebleicht, allenfalls noch schwarz.

Jeans sind Jeans, bloß woanders sind

se teurer – so pragmatisch sieht die Mutter das.

Das sin' *Hosen*. Allenfalls. Jeans sin' des net.

Jeanshosen, assistiert die Mutter. Die Tochter verdreht die Augen.

Aber gucke mal! Mama tippt aufs Inserat: »Herrlich bequem, aus Baumwoll-Denim oder Baumwoll-Twill.« Das ist doch was, oder nicht?

Was ist jetzt Twill? Egal, ne echte Basic hat auch keinen Reißverschluß. Die hat Knöpfe.

Wat denn – Mutter deutet auf ihren Bauch. *Ihre* Jeans hat doch auch einen Reißverschluß.

Deine – voller Verachtung dieses Kind. Was Mama Jeans nennt – na ja, ihr Zeug halt. Was se so trägt. Wo se bei C & A kauft. Oder hier bei Aldi, wenn se's im Angebot haben.

Reißverschluß ist doch viel praktischer, wendet Mama ein. Wennde schnell aufs Klo mußt –

Kind wendet sich ab, doch Mama gibt keine Ruhe. Jetzt stell dir mal vor, du hast den Durchfall. Biste da die Knöppe auf hast, isset passiert.

Mensch, Mama!

Dat Gefummel mit die Knöppe.

Mußte halt können. Mach ich dir mit einer Hand auf. Mit links.

Ist doch eh die Klappe drüber. Siehste doch gar nicht, die Knöppe. Inzwischen hat die Mutter so ein Aldi-Teil in die Hand genommen. Tadellos. Kannste nix sagen.

Erbarmen.

Sieht doch nett aus.

Überhaupt, stellt die Tochter klar, haben Jeans auch andere Größen. Was haben die denn hier? Jesses, da rasteste doch aus: 36 bis 44! *Ihre* Jeansgröße ist 32.

Komm, jetzt gib nicht an. 40 haste!

32! Weil: die echten Jeans, also die Levis und so und die Diesel, die haben amerikanische Größen. Da hat sie dann also 32. Tochter schlägt sich auf die Schenkel: Ihre Jeans fühlt sich eh ganz anders an, die is ja auch korrekt. Wenn de bei Aldi Jeans kaufst, haste Hosen, aber nix Korrektes.

Hose is Hose.

Kannste so nicht sagen. Jeans sind Jeans. Aldi hat Hosen. Eine Hose ist eine Hose, eine Jeans –

Dat is mir zu hoch!

Vergiß es.

Aber hier, was liegt denn da? »Lässigchic, mit Hemdkragen und jeweils 2 Brusttaschen«. Ach, die sind aber süß. Guckemal, Manuela, die haben hier auch noch Westen. Jeanswesten.

Manuela!

Manuela??

17. Chicken-Wings à la King

16 Hähnchenflügel
1 grüne Paprikaschote
1 rote Paprikaschote
20 g Süßrahmbutter
200 g frische Champignons
Salz
weißer Pfeffer
200 g Schlagsahne (milfina)
Paprika edelsüß

3 Eigelb
4 Gläschen Spanischer Sherry, Amontillado, medium dry

Hähnchenflügel waschen und trockentupfen. In heißer Butter 5 Minuten in einer großen Pfanne goldbraun anbraten. Geputzte, blättrig geschnittene Champignons und in Streifen geschnittene Paprikaschoten hinzufügen, mit Salz und Pfeffer würzen und öfter wenden. In 15-20 Minuten gardünsten. Sahne angießen und etwas einkochen lassen. Mit Paprika abschmecken. Pfanne von der Kochstelle nehmen. Eigelb und Sherry verquirlen. In die heiße Pfanne mit den Chicken-Wings geben, aber nicht mehr kochen.

Tip: Anstelle von Hähnchenflügel läßt sich auch *Puten- oder Hühnerbrust* verwenden. Dann wird der USA-Schmaus wahrhaft »königlich«.

Dazu passen: Kaiser Pilsener (im 6-Pack) und eisgekühltes *Coke*.

Summa summarum mit Bier:
9,60 Mark

18. Tag, Mittwoch. Kein Gedöns

Was macht unser Pärchen? Am späten Vormittag sind sie wieder da, und inzwischen gehört *sie* zu jenen Verfechtern des Unternehmens Aldi, die imstande sind, eine Ideologie daraus zu machen (*er* ja nun nicht). *Sie* findet nämlich, es sei Pflicht in diesen Zeiten, bei Aldi einzukaufen.

Er sieht es nicht ein; warum gerade hier? Penny ist auch nicht teuer. Jaaa, sagt sie, aber Aldi hat dieses Konzept erfunden.

Aldi hat ein *Konzept?*

Das mit der schnörkellos präsentierten Ware und so. Aldi ist das Original. Aldi repräsentiert einen neuen städtischen Lebensstil.

Donnerwetter!

Ja, genau. Ist doch klar: Einerseits haben wir uns mit Rezession und Flauten aller Art auseinanderzusetzen. Andererseits mögen wir nicht auf gute Produkte verzichten.

Natürlich nicht –

Eben! Früher war das ja so eine Sache, man konnte sich bei Aldi nicht recht sehen lassen. Wir dachten, diese Läden seien für Arme. Dabei repräsentieren sie nur eine andere Einkaufskultur. Das hat Aldis Stammkundschaft uns nämlich immer schon voraus gehabt: nicht auf den schönen Schein der Verpackung hereinzufallen.

Na also! Schlichtheit bringt auch was ein. Sicher singen Karl und Theo Albrecht jeden Morgen: »I do it my way!« Daß ihre Kunden sparen, nehmen sie gerne in Kauf, doch zuerst einmal rechnen sie selbst. Aus Liebe zur Kundschaft lassen sie gewiß keine Lieferanten hängen, die es wagen, moderat die Kosten zu erhöhen.

Klar, sagt sie, alles ist knallhart kalkuliert. Damit beweisen die aber bloß, wie billig man die Ware wirklich abgeben kann. Aldi ist Rezessionskultur, die jeden Aufschwung überlebt. Im übrigen ist Aldi Multikulturalität –

– ist *was?*

Also multikulti.

Ach so. Gehen die Türken hin und die Griechen und der freie Osten. Die Exilanten und die Emigranten und die Asylanten und Frau Zuber auch.

Ja, genau. Die Welt in ihrer Gänze. Ein Querschnitt. Ein repräsentatives Profil.

Also, *er* fragt doch zuerst und zuletzt nach der Qualität. Er fragt sich also, wieviel Chemie im billigen Rotwein ist, wieviel Farbstoff im Vitaminsaft und ob der Joghurt nicht am Ende –

Nein, das glaubt sie nicht. Sie glaubt ja ohnehin nicht mehr an den Öko-Weihnachtsmann, der im Naturkostladen »Sanfte Gerste« das schier Unverfälschte aus dem Sack holt. Bescheißen tut uns doch zu jeder Zeit ein jeder.

Billig, beharrt er. Billig kann nicht gut sein. Billig ist halt billig.

Mehrfach ausgezeichnet, wirft sie ein, Aldis Produkte! Von der Stiftung Warentest, jawohl! Denn die Ware ist die Ware, bloß läuft sie unter Aldis Etikett. Und Aldis Kundschaft hat es nicht nötig, ihr Selbstwertgefühl aus dem Etikett zu beziehen. Aldis Kundschaft ist autark. Aldis Kundschaft kauft Aldis Kaffee, spart 4 Mark und singt sich den Slogan halt selbst dazu.

Er kriegt Magendrücken von Aldis Kaffee!

Er sei ein Hypochonder, stellt sie ihn endlich einmal vor. Dann legt sie genügsam ein Spaghetti-Fertiggericht für 1,49 in den Wagen (»Jetzt 40% mehr Tomatensauce!«) und krönt das Ganze trendbewußt mit einer Literflasche französischem Landrotwein für 1,99.

Oh, das gibt Kopfweh.

Sie aber rechnet: Dies ist ein Abendessen für 3,48. Besser noch: Dies ist ein Abendessen für 1,74 pro Person. Da ist selbst die Suppe in der Bahnhofsmission teurer.

Er möchte aber lieber thailändisch heute abend –

Nix, sagt sie und schüttelt das Fertiggericht, 1,74 und obligat verköstigt –

Aber beim Thai –

Und das alles nur, weil Aldi kein Gedöns macht.

Das notieren wir: Aldi macht kein Gedöns. Ist dies das Geheimnis des Erfolges?

18. Feuriger Thai-Topf

¹/₄ l klare Brühe (Instant)
1 Karotte
1 Kartoffel
¹/₄ Stange Lauch
jeweils ¹/₂ rote und grüne Paprika
1 Prise Chilli-Powder
2 Dosen Feurige Thai-Suppe (Primana)
mit exotischen Gemüsen,
Hühnerfleisch und Glasnudeln

Karotte und Kartoffel waschen, schälen
und würfeln. Lauch und grüne Paprika
waschen und in feine Steifen schneiden. In der Fleischbrühe alles rasch in
ca. 10-15 Minuten garen. Den Inhalt
von 2 Dosen Feuriger Thai-Suppe zusetzen, langsam heiß werden lassen.

Aber nicht mehr kochen.
Fertig!

Tip: Zum Nachrüsten der Dosen-
suppen eignen sich *frischgeriebener
Ingwer,* Broccoliröschen, *frische Spinatblät-
ter* und authentische Thai-Würze wie
Horapa (unserem Basilikum ähnlich), *Zi-
tronengras* oder frische *Zitronenblätter.*

Dazu passen am besten halbtrockene
Weißweine wie Frankenberger Schloßstück, Müller-Thurgau Kabinett, 10%,
1996 Qualitätswein oder Kraichtaler
Mannaberg, Müller-Thurgau, 11%,
1996.

Summa summarum mit Wein:
8,50 Mark

19. Tag, Donnerstag. Lorenz

Eine Albrecht-Filiale im Nordrhein-Westfälischen. Eine Frau, ein Mann und ein kräftiges Kleinkind mittlerer Größe. Das Kind heißt Lorenz.

Lorenz, laß dat.

Lorenz, hör auf.

Lorenz!

Lorenz, ich sach dir dat *einmal*, hörste?

Das Kind heißt wohl Lorenz, doch hört es nicht auf diesen Namen.

Lorenz! Du sollst nix in de Mund stecke!

Lorenz, dat darfste nit!

Doch ist es allen Kindesmüttern und -vätern eine große Beruhigung, wenn Aldi seinen Sonderposten bunte Holz-spielwaren als »speichelecht« deklariert. Kann der Nachkomme sabbern und hat trotzdem keine Farbe im Mund. Lorenz lutscht an einem fremden Sonderposten-Klötzchen.

Sie, mischt sich da eine weitere Kundin ein, *Sie*, das können Sie jetzt aber nicht mehr zurücklegen. Das hat der jetzt im Mund gehabt. Sowas unhygienisches.

Dat Kind is hüjenischer wie Sie!

Der Mund der sich einmischenden Kundin verzieht sich. Das sieht man ja, findet sie frech und deutet auf des Kindes T-Shirt. An diesem leicht fleckigen Hemdchen reibt der gescholtene Lorenz gerade das zuvor von ihm besabberte Klötzchen trocken. »Schweiß-echt«, informiert Aldi, ist sein Spielzeug auch. Lorenz schwitzt nicht.

Da, sagt die Kindesmutter zufrieden, derweil ihr Gatte interessiert einen Packen Toilettenpapier in den Armen wiegt, *sehen Se?* Wat der naß macht, dat macht der auch widder trocken, rejen Se sich bloß nit auf!

Die andere ist kleinkariert. *Meine* Kinder, erzählt sie, die sind so erzogen, daß sie nicht an fremden Sachen lecken. Meine Kinder lecken nirgendwo.

Der hat nit jeleckt, der hat bloß – *Lorenz!* Ohjottohjott . . .

Unglücklicherweise lag ein Joghurt-becher im Einkaufswagen der geplagten Mutter. Bedauerlicherweise hat sich des Kindes erstaunlich kräftiger Daumen in den Deckel gebohrt. Und da hat es nun den Salat, respektive den Joghurt auf dem Hemd. Gleich mal probieren – Erdbeer! Geil! Noch ein bißchen ins Gesicht geschmiert und auf den Ärm-chen verteilt – jau, mag Lorenz sich denken, so läßt sich's leben bei Aldi.

Augenbrauen schnellen empor. Dar-unter ein vielsagender Blick. *Ihre* Kin-der, will dieser Blick uns wohl sagen, ih-re Kinder sind schon mit Messer und Gabel auf die Welt gekommen.

Gehetzt blickt die Kindesmutter um sich und siehe da: »Kinderbad Familie Feuerstein. PH-neutral. 500-ml-Flasche 2,59.« Dieser Sonderposten kam nun wirklich wie gerufen. Indes hat Lorenz ein Päckchen Schokowaffeln entdeckt und streckt sich ihnen entgegen.

Nein, Lorenz!

Unerreichbar? Das wäre doch ge-lacht; ein Ruck geht durch das Kind.

Lorenz, nu is Feierabend! Et reicht!

Der Nachkomme brüllt.

Die Mutter haßt die ganze Welt; *bloß ein einziges Mal* möchte sie in Ruhe ein-kaufen können, wo steckt der Erzeuger dieses Kindes? Seine ganze Aufmerk-samkeit auf eine Packung Gebäckmischung »Wien« konzentrierend, steht er zehn Schritte von seinen Lieben entfernt. Lorenz plärrt.

Du könntest dich auch emal um dat Jör kümmern, schießt die Gattin auf ihn zu. Immer hab *ich* de janze Ärjer am Hals!

Der is müd, findet Papa. Dat is hier nix für so'n Kind.

Und du bes blöd.

Sach dat noch ens!

Ich hab jesacht – *Lorenz!*
Jesusmaria!

Sechs lange, edle Jahre war der Mirabellenbrand gereift. In einer schönen Flasche stand er im Regal. Bis Lorenz kam. Sollten wir die nun völlig verstörten Kindeseltern sanft zwei Ecken weiterführen? Da wird ein Spiele-Sortiment sonderangeboten, lustige Brettspiele für Jung und Alt: »Jetzt schlägt's 13!«

19. Kinderfete (Kalter Hund, Süße Pizza, Würstchen im Schlafrock)

Kalter Hund (8 Portionen)
250-300g rechteckige Butterkekse nach Flämischem Original Rezept (Parein)
1 Ei
150 g Zucker
1 Pkch. Vanillinzucker

60 g Trinkschokolade oder *Kakao*
150 g Kokosfett (Palmin)
1 TL Rum

Ei, Zucker und Vanillezucker schaumig rühren. Kokosfett schmelzen und wieder erkalten lassen. In das flüssige, abgekühlte Fett nach und nach Kakao, Rum und die schaumige Ei-Zucker-Mischung einrühren. Eckige Butterkekse lagenweise abwechselnd mit der Kakaomasse in eine mit Pergamentpapier ausgelegte Kastenform (etwa 20x11 cm) füllen, die unterste Schicht muß aus Kakao, die oberste aus Keksen bestehen. Den kalten Hund am besten über Nacht kalt stellen und in dünne Scheiben schneiden.

Süße Pizza (4 Portionen)
Teig:
2 Eier Gewichtsklasse 4
80 g Zucker
40 g Weizenmehl (Sonnenstrahl)
Type 405
40 g Speisestärke
1/2 TL Backpulver
Fett und Mehl für die Form
Belag:
300 g frische Erdbeeren

3 Blatt rote Gelatine
1 EL Zucker
1 Kiwi
50 g Melone
100 Weintrauben (weiß und rot)
50 g Bananen
100 g Schmand (milfina)

Eiweiß mit 2 EL kaltem Wasser steif schlagen. Nach und nach Zucker dazugeben. Eigelb unterziehen. Mehl, Speisestärke und Backpulver gemischt unterziehen. Teig in eine gefettete, bemehlte Pizza- oder Springform (24 cm) füllen und in den kalten Backofen schieben. Bei 140 Grad/Gas Stufe 2, 20-25 Minuten backen. Aus der Form lösen und abkühlen lassen. Erdbeeren pürieren. Gelatine nach Vorschrift auflösen und unter das Püree rühren. Den »Pizzaboden« damit bestreichen. Mit restlichem Obst auslegen. Schmand glattrühren und als Kleckse auf die »Pizza« geben.

Würstchen im Schlafrock

2 Pakete Blätterteig
1 Dose (10 Stück) Wienerle im Saitling
(Gut Oestergaard)
8 Scheiben Käseaufschnitt
1 TL Senf
Mehl zum Ausrollen
Eigelb zum Bestreichen

Blätterteig nach Vorschrift auftauen lassen. Würstchen abspülen und abtrocknen. Jeweils in eine Scheibe Käse wickeln. Mit Senf bestreichen. Blätterteig 3 mm dick ausrollen und in 10 Rechtecke schneiden. Würstchen einrollen, Teigenden umschlagen. Auf ein mit kaltem Wasser abgespültes Backblech legen und die Oberseiten jeweils mit verquirltem Eigelb bestreichen. Blech in den vorgeheizten Ofen auf die mittlere Schiene schieben und 20 Minuten bei 220 Grad (Stufe 5) knusprig braun backen.

Tip: Unerläßliche Begleiter von Kinderfesten: Farmer Erdnüsse gesalzen, Pistazien, Pittjes Cashews, Salzstangen, Erdnuß-Flips und Tuc-Vollkornkekse.

Dazu passen Orangen-Fruchtsaftgetränk (10er Pack) und *Coke*, Eistee mit Zitrone oder Pfirsich (Westcliff), Mineralwasser (Wilsberg Quelle) im 6-Pack und Orangen-Limonade (Flirt) in der Dose.

Summa summarum mit Getränken: 25 Mark

20. Tag, Freitag. Gemma mal!

Zwei Frauen vor einem Aldi-Laden im Hessischen, Nachbarinnen, ei, wie geht's dann?

Na ja.

Mer braucht halt doch immer widder was, gell?

Also, ich will mal gugge, ob se die Beddücher noch habbe, wisse Se? Gibt die Woch Spannbeddücher.

Ja, die sin praktisch.

Genau. Kaa Gekrumbel.

Habbe Sie mal gsehe, was der Krüger für'n Bettzeuch hat?

Nee, wieso?

Na, wenn der sei Zeuch lüftet und ich nebbean's Staubtuch ausschüttel, seh ich des doch. Also, komisch, sach ich Ihne. Als tät der im Sarsch schlafe, als wärer scho halbdot, alles in Schwarz. Is doch'n junger Kerl. Schwarzes Bettzeuch, könnte Sie da schlafe? Ich net. Mein Mann aach net.

Der is eh so komisch. Also, der Krüger, net Ihne Ihr'n Mann.

Ja, genau. Grüßt net. Und wann der mal die Trepp putze dut, könne Se's rot anstreiche.

Der putzt die Trepp net?

Alle Jubeljahr.

Naaa!

Doch.

Is ja'n starkes Stück. Also, ich bräucht die Salami, so'n großes Stück für sechs Makk.

Naa, ich mag die net.

Och.

So'n Ring Fleischworscht könnt ich hole.

Gescheite Käs habbe die hier gar net.

Finde Se? Ich hatt letztens so'n Dings, na Sie wisse scho –

Naa.

Ach, so'n weiche Käs.

Brie.

Brie heißt der, genau. Also, was soll ich Ihne sage – der war gut.

Die stinke halt so, die Dinger, gell?

Ach, wisse Se, wenn's Wetter net so heiß is, leje mir den immer uff die Fensterbank.

Ach, deshalb. Ich hab mich schon gefragt, ob da jemand sei Käsfüß aus'm Fenster hänge läßt. Des is also Ihne Ihr'n Briekäs.

Na ja, so oft hammer den ja net. Naa, mir habbe kaa Käsfüß, die ganz Famillje net. Früher hat mein Mann emal – aber seit der sich die Fieß zwei-

mal täschlisch wäscht, is des weg. Mojens un abends, wisse Se? Die Fieß. Aber habbe Sie mal die Freundinne von dem Krüger – also, wie soll ich Ihne sage, was Festes hat der ja net. Und die, wo den besuche komme, also, wisse Se – sauber sehe die net aus.

Ich dacht, der wär annersrum.

Annersrum? Der Krüger?

Na ja –

Eijeijeijeijei.

Gell?

Ach wisse Se, die Körpermilch, die bräucht ich heut. Die is mir ausgange, was soll ich Ihne sage, ich hab ja so troggene Haut.

Sieht mer gar net.

Doch, doch, die spannt an alle Ecke un Kande. Die Hautmilch, die wo se hier habbe, also die is echt gut. Glänzt mer hinnerher net wie so ne Speckschwart, wisse Se? Kost auch net die Welt.

Was ja gut sein soll, is Melkfett.

Melkfett?

Genau. Is innem Dösje, habbe die manchmal. Aber net immer.

Melkfett?

Ja, ja. Wenn Sie rauhe Händ habbe, soll des es Beste sein.

Also, wisse Se – naa. Tät's mich schüttele. *Melkfett.* Also – ohjeohjeohje. Nee.

Na ja, die Körpermilch is natürlich preiswerter. Riecht auch net. Mer will ja net wie so'n Freudehaus –

Naa, des will mer net.

Also, dann gemma doch emal nei.

20. Frankfurter Grüne Soße

2 Päckchen Grüne Soße
2 Becher Schmand
2 Becher Joghurt Natur
1 Zitrone
2 EL Bellasan
Sonnenblumenöl
4 Eier
1 EL Senf
1 TL Salz
frisch gemahlener schwarzer Pfeffer
500 g Kartoffeln

Kräuter waschen und mit dem Wiegemesser feinschneiden. Aus Zitronensaft, Öl, Salz und Senf rasch eine Mayonnaise aufschlagen mit Schmand und Joghurt zu einer sämigen Soße verrühren. Eier hartkochen und kleinhacken. Eine Handvoll Kräuter zum Garnieren zurückbehalten, den Rest unter die Soße geben. Nochmals abschmecken, bei Bedarf etwas frisch gemahlenen Pfeffer zusetzen und mit Pellkartoffeln servieren.

Tip: Einmal pro Woche genossen, macht Grüne Soße schlank und rank. Nur: Erst schnippeln, dann schlemmen, auch wenn der Mixer noch so lockt. Die glorreichen 7 Gartenkräuter Petersilie, Schnittlauch, Kerbel, Gartenkresse, Pimpinelle, Borretsch und Sauerampfer wollen von Hand gewiegt sein, um ihr volles Aroma zu entfalten. Außerdem sind modische Varianten mit Basilikum, Dill oder Knoblauch dem Gusto-Klassiker eher abträglich.

Dazu passen: Heuriger Veltliner, trocken, 1996, Müller-Thurgau-trocken, 1996, für Diät-Hardliner auch Mineralwasser wie Wildsberg Quelle im 6-Pack.

Summa summarum mit Wein oder Wasser: 15 Mark

21. Tag, Samstag. Heim und Garten

Darf dergleichen verkauft werden? Was mag sich hinter dem grauenerregenden Sonderposten »Skelett-Auspreßpistolen« verbergen, rot lackiert, »mit Schubstange«? Wir wissen es nicht. Herr Zuber weiß es auch nicht. Doch gibt es Dinge, über die will er gar nichts wissen. Wahnsinnige Rinder, verpestete Schweine, darmquälende Eier – Gottes willen. Kommt ihm alles nicht mehr auf den Tisch.

Damit nicht genug; atmen Se durch, draußen vorm Haus, und sind sofort verpestet. Pfuideibel. Frische Luft findet Herr Zuber allenfalls in seinem Vorgarten, der liegt hinten raus. Also nicht vorne raus, zur lauten Straße – hinten. Wo's ruhiger ist. Darum werkelt er auch so gerne da herum.

Zubers Frau, Frau Helga Zuber, geht ja viel lieber alleine zum Aldi, da hat sie ihre Ruhe, da quasselt er ihr nicht dauernd rein. Im Laden quasselt er, daheim kriegt er's Maul kaum auf. Doch samstags gibt es keine Ruhe; nicht beim Aldi. Samstags sind in den Läden häufig Ehepaare zu sehen, denn samstags lassen die Männer sich nicht lumpen. Da schlurfen sie hinter ihren wagenschiebenden Frauen her und tragen die Verantwortung, daß diese sich nicht heillos und auf ewig verschulden; laß sein, Helga, ist doch viel zu teuer. Was brauchste Pralinen für drei Mark?

Er selbst, Paul Zuber, ist ja ganz auf das heute dargebotene Heim- und Gartenwerkersortiment fixiert. Schöne Sachen dabei; ja, wie gesagt, der Garten. Klein, aber sein. Nach hinten raus.

Sein Schwager hat einen Garten nach vorne raus, da ist es nicht nur laut, da schmeißt das Gesindel, das vorübergeht, auch noch jeden Dreck herein. Nicht zu glauben, wie die Leute sich benehmen. Ob Paul Zuber weiß, daß Aldi diesbezüglich mit ihm fühlt? »Halte Dein Land sauber!« beschloß das Unternehmen seine Kundschaft zu mahnen, wobei wir gern gewußt hätten, ob man auf Du und Du steht zwischen Theo, Karl und Millionen Menschen draußen im Land. Die Zubers duzen die Albrechts jedenfalls nicht. Wissen gar nicht, wie die aussehen, noch nicht mal eine Vorstellung. Jedenfalls möchte Aldi sich an einem »ökologischen Bündnis« beteiligen, welches blindlings weggeworfene Verpackungen, die zuvor vom Unternehmen blindlings in die Läden geschleudert wurden, zu ächten trachtet. Lieber wieder nachfüllen, ist die vertraute Devise.

Halte Dein Land sauber – *er* schon wieder? Zuber schnauft; was ist mit den

82

LKW, die unter seinem Fenster vorbei donnern und ihn, wenn's Fenster offen ist, schier ersticken lassen? In der eigenen Wohnung ersticken, das muß man sich mal vorstellen. Lieber klettert er draußen über weggeworfene Dosen hinweg, als daß er in der eigenen Wohnung erstickt.

Aber so wird's kommen. Darum liegt ihm ja auch soviel an seinem kleinen Garten, der ja eigentlich, also von der Größe her, nur ein *Vor*garten ist, obwohl er ja, wie gesagt, nach *hinten* raus geht. Ein Hintergarten also, da ist so eine Gartenschere für 3,98 gar nicht zu verachten. Dazu braucht's natürlich Handschuhe, stabile Dinger, wie Aldi sie gerade hat, mit »Fingerspitzen aus kräftigem, strapazierfähigem Schweinsspaltleder«. 1,59. Nimmt er mit.

Inzwischen hat sich die Helga, was die Frau ist, den Wagen wieder mit Zeugs vollgeladen; mißtrauisch späht Zuber hinein – du *lieber* Gott, Helga!

Delikateß Cocktail-Würstchen hat Frau Zuber eingepackt, »extra knackig – Spitzenqualität – im zarten Saitling, an der Kette.«

An der Kette? Ja also, diese »Ast- und Durchforstungsschere« für knappe 10 Märker, die könnte Zuber auch noch brauchen. Schneidet alles. Mühelos.

Er tät ja gerade so, wendet Gattin Helga ein, als hätte er zehn Hektar Forst zu versorgen. Ist doch bloß dieser Vorgarten – nach hinten raus, also ein Vorgarten, den man vorne noch nicht einmal sieht. Strengt er sich an für nichts.

Geseich! Er strengt sich doch lieber sinnvoll an als sinnlos gutes Geld zu verplempern. Würstchen an der Kette! Jesses!

Sind aber 44 Stück (extra knackig) und kosten 2,98. Das sind, kannste rechnen, sind nur 6 Pfennig für ein Cocktailwürstchen, *so* mußte das sehen!

Ach was. Viel nützlicher findet Herr

Zuber dieses Garten-Kleingeräte-Set für 1,99 je Gerät. Kleingeräte für den Kleingarten, das ist eine sinnvolle Geschichte. Also beispielsweise ist ein kleiner Rechen dabei, siehste, ein kleiner Feger, ein – was steht da – ein Grubber.

Ein Grubber?

Genau.

Meinst wohl Schrubber. Zum Schrubben.

Nein, ein Grubber. Zum –

na ja.

Frau Zuber hält sich lieber an die entzückenden Terracotta-Figürchen, Sonderposten, 17,98 pro Stück. Ein Gänschen ist dabei, ein Hündchen – sie könnte auch das Nilpferdchen nehmen, obwohl: zu Nilpferden hat sie keinen rechten Bezug.

Das Häschen vielleicht?

Allmächtiger, stöhnt Zuber. Wäre er nicht mitgekommen, würde sie glatt – aber hier, der Gartenschlauch! Keine 20 Mark! Knickfest!

Das Schildkrötchen ist auch ganz putzig.

15 Jahre Garantie, der Schlauch!

So ein Terracotta-Krötchen neben das Telefon gestellt –

Zug- und druckfest, dieser Schlauch. Man weiß ja nie, wie trocken der Sommer wieder wird.

Andererseits macht sich das Hündchen natürlich auch gut auf dem Fernseher.

Wasserstop hat er auch, der Schlauch. Ganz wichtig, falls ihm der mal aus der Hand fällt.

Oder doch ein Nilpferdchen – wir wissen es nicht. Bald Ladenschluß, doch das Leben der Zubers geht seinen Gang.

21. Crazy Cocktails (mit Chips und Dips)

Cherry-Lady
2 cl Wodka (Czerwi) 40%
2 cl Kirschlikör
2 cl frisch gepreßter Zitronensaft
Champagne Vve. Monsigny, brut
1 Cocktailkirsche

Alle Zutaten im Shaker oder Mixer vermengen, ins Glas geben und mit Champagner auffüllen. Mit einer Cocktailkirsche garnieren.

Peach-Line
4 cl italienischer Grappa
(Grappa di Chardonnay)

2 cl Pfirsichlikör (Petite fleur)
2 cl frischgepreßter Zitronensaft
1 Zitronenscheibe

Alle Zutaten im Shaker oder Mixer mischen. In ein Glas füllen und mit einer
Zitronenscheibe garnieren.

Terracotta
4 cl Rum 40%
40 % (Silverstone)
2 cl Pfirsichlikör (Petite fleur)
2 cl frischgepreßter Zitronensaft
3 cl frisch püriertes Erdbeermark
$1/2$ Orangenscheibe

Alle Zutaten im Shaker oder Mixer vermengen, ins Glas füllen und mit einer halben Orangenscheibe garnieren.

Strawberry-Fever (ohne Alkohol)
2 cl frischgepreßter Zitronensaft
4 cl Fruchtmix-Nektar (Ranjo)
12 cl frischgepreßter Orangensaft
3 cl frischgepreßtes Erdbeerpürree
1 frische Erdbeere

Alle Zutaten im Shaker oder Mixer vermischen, ins Glas füllen und mit einer frischen Erdbeere garnieren.

Helga & Paul
2 cl Wodka (Czerwi)
2 cl Grand Marnier (Cordon Jaune) 40 %
2 cl frischgepreßter Zitronensaft
Champagner Vve. Monsigny
1 Cocktailkirsche

Alle Zutaten im Shaker oder Mixer vermengen, ins Glas füllen und mit Champagner auffüllen.

Guacamole
3 große Avocados
2 Tomaten, geschält und kleingeschnitten
1 kleine Zwiebel, feingehackt
1/2 TL Chilli-Powder
1 TL frischgepreßter Zitronensaft
1 El feingehackter Koriander oder Petersilie
150 g Kartoffel- oder *Tortilla-Chips*

Avocados schälen und mit einer Gabel zerdrücken. Alle anderen Zutaten zusammenmischen und in die zerdrückten Avocados einrühren. Die Avocadokerne bis zum Servieren in der Masse lassen, um eine Verfärbung des Dips zu vermeiden.

Tomaten-Dip
250g Tomaten
1 kleine Zwiebel
1 *Knoblauchzehe*
1 rote Paprika
2 EL Tomatenmark

Chilli-Powder
Salz
frisch gemahlener schwarzer Pfeffer
1 EL *frische Petersilie, feingehackt*
150 g Kartoffel- oder *Tortilla-Chips*

Tomaten brühen, häuten, Stengelansätze ausschneiden, vierteln und entkernen. Kleinhacken. Zwiebeln und Knoblauchzehen schälen und fein würfeln. Paprikaschote mit dem Kartoffelschäler schälen, halbieren und entkernen. Die Hälften in kleine Stücke schneiden. Alle Zutaten gut vermengen und leicht mit einer Gabel zerdrücken. Tomatenmark zusetzen. Salzen, pfeffern und mit Chilli-Powder abschmecken. Petersilie zusetzen. Vor dem Servieren gut kühlen.

Tip: Für alle Cocktail-Profis gilt: Shake the shaker not yourself!

Summa summarum mit Chips und Dips: 25,50 Mark

22. Tag, Sonntag. Aldi für Waldi

Früher war das ja ganz anders. Da hat man den Hundchen das gegeben, was vom eigenen Essen übrigblieb. Sogar Kartoffelschalen haben sie gefressen. Heute sind sie verwöhnt. Was der ihre ist, der kleine Strolch, der Alex, der geht ja an ein Stück Graubrot schon gar nicht mehr ran. Schnuppert er und läßt es liegen. Dasselbe mit Schwarzbrot. Alles, was Frau Kowalski ißt, verschmäht er. Also ist sie ja gezwungen, dem Alex ein eigenes Futter zu besorgen; Bohnen frißt er auch nicht.

Vielleicht sind sie ja bloß vom vielen

Fernsehen verdorben; soll keiner sagen, Tiere bekämen nichts mit. Wenn Frau Kowalski fernsieht, sitzt der Hund immer neben ihr. Dann schwätzen sie ein bißchen oder wärmen einander. Sie erzählt ihm ja alles, und manchmal nickt der Alex, als hätte er sie verstanden.

Werbung möchte sie im Fernsehen am liebsten wegdrehen. Weil's blöd ist und wegen dem Hund. Im Werbefernsehen muß der Alex mit ansehen, was seine Artgenossen alles zu fressen kriegen, Happi für Hundi mit Filetstückchen! Filigrane Putenhäppchen an Sherrysößchen. Das merkt sich so ein Tier. Das will es dann auch. Da ist der Alex bei seinem Frauchen aber schief gewickelt; ein drei-Gang-Menü ist viel zu teuer. Ordinäres Futter kriegt er, kauft sie bei Aldi, da wird er auch von satt.

Jeden Sonntag schreibt Frau Kowalski einen Einkaufszettel. Kommt das Anzeigenblatt mit Aldis Sonderangebo-ten, guckt sie immer nach, ob was dabei ist. Zum Beispiel hatten sie letztens den Schmelzkäse im Angebot, statt 1,79 gab's den für 1,59. Kam dann gleich auf die Liste. Ja, sie muß sich alles aufschreiben und sich dann eisern daran halten, sonst wird's zu teuer. Ohne Zettel wird sie leichtsinnig, und dann ist schon wieder Geld ausgegeben!

Was immer zuoberst auf dem Zettel steht, ist halt das Futter für den Hund. Das Essen für den Alex. Ist ja kostspielig, so ein Tier, aber was will sie machen. Die Vorteile sind doch immens. Dreimal täglich um den Block mit ihm; sie hat schwere Beine, da täte sie sich bestimmt nicht aufraffen, müßte der Alex nicht raus.

Alex ist so alt wie das Frauchen, das er mit sich zieht. An jedem dritten Hauseingang müssen sie verschnaufen. Aber egal, wie müde sie selber ist, der Alex hat seinen Auslauf. Frau Kowalski hat ihn seit 13 Jahren und ist bei Regen,

Wind und Wetter mit ihm raus gegangen, ob sie krank war oder nicht. Da hat er natürlich Hunger, wenn er heim kommt. Auch wenn's bloß ein Aldi-Menü ist, ihr Alex ist noch immer satt geworden.

Wild mit Geflügel kriegt er, oder Geflügel mit Rind. »Premium-Qualität« haben sie mal dazu geschrieben, davon geht Frau Kowalski doch aus. Nicht auszudenken, hätte sich ein wahnsinniges Rind ins Hundefutter geschlichen. Er ist ja ihr bestes Stück, der Alex, den gibt sie freiwillig gar nicht her, auch nicht, wenn er bellt. Eigentlich darf der gar nicht so oft bellen, das mag der Hausbesitzer nicht. Wenn der Hund ständig Lärm macht, muß er weg, das hat er ihr schriftlich gegeben, aber bevor sie den Alex weggibt, bringt sie sich um.

Sie versucht es jetzt mit Hundesnacks. Die hat sie letztens beim Aldi entdeckt, so kleine Leckereien für den Hund. »Die tägliche Belohnung« haben sie dazugeschrieben, ja, das stimmt schon. So ein Snack ist für den Hund schon etwas besonderes, allein, weil's zwischendurch kommt. Außer der Reihe sozusagen. 12 Snacks sind in der Packung, und der Alex kriegt jetzt seinen Snack, wenn er mal ein paar Stunden nicht gekläfft hat. Andersrum: Bellt er zuviel, kriegt er keinen. So alt er auch ist, der Hund, das muß er sich doch merken können! Sie haben halt immer wieder Einfälle, die Leute von Aldi. Früher gab's nur Dosen. Jetzt gibt es Snacks. So sind die Zeiten.

22. Kirschenmichel

5 Brötchen
100 g Süßrahmbutter
3/8 l Milch (milfina 3,5%)
125 g Zucker
4 frische Eier, Gewichtsklasse 4
Zimt
1 unbehandelte Zitrone
1 kg Süßkirschen
100 g Mandelblätter

Die Brötchen in dünne Scheiben schneiden und in 30 g Süßrahmbutter anrösten, mit der Milch übergießen und durchziehen lassen. Die restliche Butter mit Zucker, 4 Eigelb etwas Zimt und abgeriebener Zitronenschale schaumig rühren. Die Brötchenmasse nach und nach untermischen. Eiweiß zu Schnee schlagen, mit den entsteinten Kirschen vermengen und vorsichtig unter den Teig heben. In eine gut gefettete, mit Mandeln ausgestreute Auflaufform geben und bei 180 Grad im Backofen 50 Minuten backen.

Dazu paßt: 1996er Frankenberger Schloßstück, Müller-Thurgau Kabinett, 10%, Qualitätswein mit Prädikat, halbtrocken.

Tip: Eischnee gelingt leichter, wenn man eine Prise Salz zusetzt.

Summa summarum
mit Wein: 9,80 Mark

23. Tag, Montag. Stoff

Können wir es wagen, zu einem kleinen Empfang Aldi-Sekt zu reichen? Ratlos stehen wir vor den Regalen.

Es gibt große Fans von Aldi-Sekt, die finden ihn *echt klasse*. Andere finden später ihren Kopf nicht mehr. Das ist ein süßes Zeug, wendet jemand ein, von verkrachten Winzern billig aufgekaufte Brause.

Nie und nimmer! Scharf ist der Protest des bekennenden Aldi-Sekttrinkers, scharf und laut. Ganz im Gegenteil holt Aldi sich Produkte von besten Lieferanten, bloß bleiben sie manchmal anonym, die Lieferanten. Die segeln dann gleichsam unter fremder Flagge.

Aha, das C & A-Prinzip –

Nein, das C & A-Prinzip ist in Wirklichkeit das Aldi-Prinzip.

Ah so. Also, wenn Karl Lagerfeld, wie das Gerücht geht, bei C & A der Marke »Incognito« vorangeht –

– ist Aldis Kaffee, geht das Gerücht, mindestens von der Sorte Krönung Wunderbar!

Sach bloß!

Mindestens! Oder so ähnlich. Heißt nur anders.

Echt?

Mer waas es net. Mer munkelt's nur. Nix bewiesen.

Und der Sekt? Der Sekt ist klasse,

wiederholt der Bekenner, spritzig, witzig, trocken. Wahrscheinlich eine Marke, bei der du sonst das Doppelte –

– aber mindestens!

Wir könnten natürlich auch den Wodka –

Wir grübeln, haben wir doch letztens den Kollegen F. so wunderbar beschwipst erlebt, so heiter reflektierend über Land und Leute, haben wir doch insgesamt die ganze Fete des Kollegen F. als gelungen empfunden –

Wodka, sagt F. Und kalifornischer Rotwein dazu. Von Aldi. 7,99. Bestes Stöffche!

Sibbe-neununneunzich? Vor uns eine Pensionärin mit einem kleinen Karton in der Hand. Multivitaminsaft. Von Aldi, 99 Pfennig. Sie sagt, wenn sie den morgens nüchtern trinkt, kann sie gleich aufs Klo. Wichtig in ihrem Alter. Und der schmeckt! Kauft sie sibbe Stick uff aane Schlach, für jeden Tag so'n Kartönnche Multivitaminsaft. Sie zeigt uns ihren Wagen: tatsächlich voller Multivitaminsaft. Gesund und munter wirkt sie, mobil und dynamisch! Multivitaminsaft für 99 Pfennig. Den nehmen wir jetzt! Aber locker. Und nehmen den Wodka auch noch mit.

23. Wodkapfanne mit Reis

750 g Putenfleisch ohne Knochen
60 g Süßrahmbutter
2 Zwiebeln

2 große (3 kleine) Bananen
$1/4$ l Wodka
Salz

frisch gemahlener schwarzer Pfeffer
Curry
400 g Schlagsahne (milfina)
200 g Langkorn Parboiled USA-Reis
1/4 TL Kreuzkümmel (Cumin)

Das Putenfleisch in 1/2 cm dicke Streifen schneiden und mit 3/4 der Buttermenge anbraten und in einer ausgebutterten Auflaufform verteilen. Mit dem Rest Butter die kleingehackten Zwiebeln anbraten, und mit Wodka ablöschen. Bananenscheiben dazugeben, mit Gewürzen und Sahne abschmecken. Das Ge-

misch über das Putenfleisch geben und bei 150 Grad 45 Minuten im Backofen garen. Reis nach Packungsvorschrift kochen. Anschließend Kreuzkümmel untermengen.

Tip: Kreuzkümmel (Cumin) schmeckt noch intensiver, wenn man ihn im Mörser leicht anreibt!

Dazu paßt: Bourgogne Blanc, Appellation Bourgogne Controlée, 12,5%, 1995.

Summa summarum mit Wein: 15,90 Mark

24. Tag, Dienstag. Schlimm, schlimm

Im Aldi-Reich geht es friedlich zu. Selten, daß sich die Kundschaft dort die Köpfe einschlägt, einander meuchelt oder gar gehässige Botschaften ausgetauscht. Auch drängeln, schubsen, treten und ähnliche Varianten deutscher Einkaufsrituale haben wir kaum je erlebt. Hier und da jedoch bricht Verdrossenheit sich Bahn, dann gibt es Stunk. Der Anlaß liegt im Lauf der Welt; »die Ausländer«, mosert ein Kunde, »schleppen das Zeug in Kisten weg!«

Wie das? Ein junger Mann mit dunklen Locken wurde beobachtet, wie er sich den Einkaufswagen mit O-Saft belud. Viel Saft, viel Kraft. Das ist zweckmäßig, nährt aber bisweilen den Verdacht, das deutsche Volk werde ausgeplündert.

»Was mache die mit all dem Zeug?« begehrt der Kunde zu wissen. Diese Frage stellt er gewissermaßen in den Raum, in den karg ausstaffierten Verkaufsraum der Firma Albrecht GmbH & Co KG.

Keine Antwort. Doch hat der Kunde inzwischen Polen entdeckt, ganze Haufen Polen. Da macht er plötzlich einen Satz, sonst kriegt er kein Brot mehr beim Aldi und dereinst wird in der Bildzeitung stehen: »Deutscher (48) elend verhungert! Polen nahmen ihm das Brot! Seine letzten Worte: ›War hoffentlich verschimmelt!‹« Oder aber er kommt mit dem Leben davon, dann geht er zu Pastor Fliege in die Talkshow und sagt: »Es ist immer das Rosinenbrot für 2 Mark 79, wo die Polen sich holen. Polen! Das muß doch mal gesagt werden!«

»Wir sollten drüber reden«, wird Pastor Fliege dann antworten und einen anderen Gast zu Rate ziehen, der darüber talkt, wie die Griechen immer das ganze Büchsenfleisch – und was machen die damit?

Na, und dann die Jugend. Das ist auch so ein trauriges Kapitel. Hat die Jugend ihren Lauf, gerät die alte Dame, Stammkundin seit Menschengedenken, in betrübliche Stimmung. Hat die Jugend ihren Lauf, also beispielsweise radelnd auf der Fußgängerzone, ist die alte Dame manches Mal nur knapp am Herzanfall vorbeigeschrammt; erzählt mir also nix über junge Leut'!

Rücksichtslos, ungehobelt und jetzt auch noch beim Aldi. Nicht zu fassen. Jugend! Gleich im Doppelpack.

Nun ja, Aldi hat diese Woche Inline-Skater.

Aldi hat *was?*

Hier sind sie, fixe Dinger. »Gut belüftet«, informiert Aldi, »anatomisch geformter Schalenstiefel mit drei Schnallen.«

Was wollen zwei Buben mit drei Schnallen?

Na, hören Sie mal! »Innenschuh mit gepolsterter Zunge. Abgedichtete Kugellager.« 49,90.

Was wollen die mit Kugellagern? Da kann doch kein Mensch drauf laufen.

Lärmend prüft die Jugend das Gewicht der Skater, und die alte Dame zürnt ob der Geräuschkulisse. Noch nicht einmal beim Aldi hat man seinen Frieden. Sie weiß immer noch nicht recht – sind das Rollschuhe? Nein, früher ist sie selber Rollschuh gelaufen, mit

diesen Dingern könnte sie keinen Schritt – aha, Schlittschuhe sind das! Nein, Schlittschuhe haben nur Kufen. Diese Dinge haben die Rollen von den Rollschuhen unter den Kufen von den Schlittschuhen, da soll ein Mensch sich auskennen.

Na, und dann diese Jungjugend, noch schlimmer als die eigentliche Jugend. Die Kinner, die Bälger, die Pänz! Gelegentlich gibt es kleine Zusammenstöße, wenn auf den Einkaufswagen geparkte, quengelnde, jaulende und tobende Kinderchen ihrer Langeweile Ausdruck verleihen, indem sie quengeln, jaulen oder toben. Kann man doch in Ruhe nicht – »also, stellen Sie doch mal Ihr Kind ab!«

Ganz zu schweigen von manchen Mitbürgerinnen, die das Gesicht so arg verschleiern – also, finden die, was die suchen? Die sehen doch nix. Die müßten doch theoretisch – müßten ihr Dings da wegziehen, um die Preise zu erkennen. Praktisch lupfen. Aber, ach was, die wissen blind, wo's was für billig gibt. Siehste? Langen die hin. Aber ordentlich.

Ja, unser stänkernder Kunde ist noch immer da, während die alte Dame aussieht, als würde sie gern einmal so einen Inline Skater ausprobieren. Ist sie vielleicht schneller daheim. Zwei Gören auf'm Wagen, mosert indes der quengelnde Kunde, und's dritte im Bauch.

»Meinen Sie mich?« fragt indigniert die alte Dame.

»Ach, hör'n Se uff!«

24. Brownies (mit Eiskaffee)

400 g edel-herbe Schokolade (Choceur)
400 g Zucker
400 g Süßrahmbutter
6 Eier
5 EL Qualitätsweizenmehl (Sonnenstrahl) Typ 405
4 Espressoportionen Kaffee (Albrecht extra)
8 Eiswürfel, Zucker
200 g Schlagsahne (milfina)
150 g Cashewkerne

Schokoladentafeln grob zerstückeln und mit einem Schuß Wasser im Topf schmelzen lassen. Angegebene Menge Butter dazugeben, und ebenfalls langsam zergehen lassen. In der Zwischenzeit Eier trennen und Eiweiß mit dem Elektroquirl steifschlagen. Eigelb mit Zucker schaumig schlagen. Nacheinander Mehl und steifgeschlagenes Eiweiß in die Eigelb-Zucker-Masse rühren und locker unter die warme Schokomasse heben. Cashewkerne grob mit der Hand zerkleinern und ebenfalls unterheben. Backblech mit Backpapier auslegen und die Masse gleichmäßig darauf verteilen. 30 bis 40 Minuten bei 200 Grad im vorgewärmten Backofen backen. Nach 20 Minuten den Streichholztest machen: Sind die Brownies gar, klebt keine Schokomasse mehr am Streichholz. Nach Ende der Backzeit gleich mit einem feuchten Messer in Quadrate oder Rhomben schneiden, auskühlen lassen und vom Backpapier heben.

In der Zwischenzeit 4 frischgebrühte Espresso-Portionen Kaffee mit den Eis-würfeln, einem halben Glas Sahne und etwas Zucker im Mixer zu Schaum aufschlagen. Gleichmäßig auf Gläser verteilen.

Tip: Besser als Amaroy-Kaffee extra schmeckt italienischer Espresso aus der Maschine. Und die Deluxe-Version des Eiskaffees erhält man durch Aufgießen des Espressoschaums auf jeweils eine Kugel Vanilleeis unter Verzicht von Zucker und Sahne.

Summa summarum mit Eiskaffee: 10,80 Mark

25. Tag, Mittwoch. Wie peinlich!

Es ist erstaunlich. Immer wieder entdecken wir unter Aldis Kunden solche, die den Gang der Dinge stören. Nicht daß sie es mit Absicht täten; es geschieht einfach. Sorgfältig eingekleidete Menschen gehören mitunter dazu, die zu jener Spezies gehören, welche der Volksmund Besserverdienende heißt. Nicht daß sie böswillig wären. Nach Jahren bei Feinkost-Käfer, Plöger oder Dallmayr stehen sie jetzt fest auf dem Standpunkt, daß es ganz witzig ist, sich durch Kisten und Kartons zu wühlen, um gewisse Produkte, die ja nicht die schlechtesten sind, gleichsam für'n Appel und'n Ei – jedenfalls, sie schlendern. Sie lustwandeln geradezu. Als faßten sie nicht, was sie zu sehen bekommen, bleiben sie hin und wieder stehen, gucken lange auf einen Butterberg, bevor sie sich ein Pfündchen davon nehmen. Überhöflich springen sie zur Seite, wenn Stammkundschaft ihren Einkaufswagen mit resolutem Schritt des Weges rollt; bloß nicht anecken.

»Sagen Sie, wo ist denn die Nutella?« will so ein Aldi-fremder Mensch von der Kassiererin wissen.

»Im Supermarkt.«

»Jaaa –« Gehetzter Blick von links nach rechts; wo bin ich? Aldi ist kein Supermarkt. Das darf man nicht vergessen.

»Nutoka«, hilft eine freundliche Stammkundin weiter.

Der neue Kunde lächelt mild; die gute Frau ist in Dutzende fremder Gewänder gehüllt und mit deutschen Sitten und Gebräuchen nicht so recht – »Nutella«, korrigiert er nachsichtig.

»Nutoka!« Die Stammkundin deutet auf eine Kiste, und siehe: Nutoka. Nuß-Nougat-Creme, 400-Gramm-Glas. Billiger als N . . .

»Ach«, sagt der Neue. Na, sieh mal an. Das ist ja toll.

Das ist doch Scheiße! Ja, es gibt auch jene. Es passiert ihnen ein Mißgeschick, und die ganze Welt hat es verschuldet. Jener Mitbürger, welcher in einer innerstädtischen Filiale zur Stoßzeit sieben sonderangebotene Packungen Pizza mit knusprig-dünnem Boden an sich nahm, noch schnell ein halbes Pfund Margarine und ein bißchen abgepackten Aufschnitt draufpackte, alles zur Kasse balancierte und kurz vor dem Ziel eine unbedachte Bewegung machte, wird es hinterher bereut haben. Denn plötzlich hat es *bumm* gemacht. Ein dumpfer Schlag, und da steht er nun, hält eine Pizza-Packung noch in Händen (»Außen kross und innen zart«) und guckt so empört, als hätte ihm ein gehässiger Mitmensch mutwillig die Naturalien aus den Händen gerissen.

Hinter ihm stockt die Masse. »Tja«, sagt einer vielsagend.

»Das ist jetzt Pech«, ist ebenfalls zu hören.

»Sind doch Wagen da«, gibt eine andere zu bedenken.

Der verhinderte Jongleur sammelt alles wieder auf, und als es ihm dann erneut ins Rutschen gerät, werden die Kinder aufmerksam, die, von rücksichtslosen Erzeugern zum Einkauf mitgeschleppt, Kurzweil aller Art ersehnen. Manchmal sorgen sie auch selbst dafür.

So machte sich so ein gelangweiltes Balg an die Arbeit, von Aldis 100-Stück-Packung ungebleichter Filtertüten eine Ecke abzureißen. Es tat das mit Bedacht. Es war nicht irgendeine Ecke. Diese Ecke war beschriftet. Und mit großer Umsicht plazierte dieses aufgeweckte Kind sie auf die Hutkrempe einer sich bückenden Dame, die daraufhin eine kleine Botschaft mit sich trug:

Flachgelegt gehöre ich zum Altpapier. Danke.

Das Kind lächelte zufrieden. Keine Ursache.

25. Lauch-Omelett mit Lachs

8 Eier, Gewichtsklasse 4
4 EL kaltgepresstes Olivenöl,
extra vergine (Lorena)
200 g Räucherlachs (Salmo salar)
1 Bund Frühlingszwiebeln
2 EL Süßrahmbutter
4 EL Mineralwasser
Salz
frisch gemahlener schwarzer Pfeffer
1 Stangenweißbrot

Frühlingszwiebeln waschen, putzen und in schräge Streifen schneiden. Olivenöl in der Pfanne erhitzen und die Frühlingszwiebeln leicht anbräunen (4 Minuten). Salzen, Pfeffern und aus der Pfanne nehmen.

Die Eier mit 4 EL Mineralwasser, Salz und Pfeffer im Mixer verquirlen. Butter in der Pfanne erhitzen und aus der Menge vier Omelettes beidseitig knusprig braun backen. Die gedünsteten Frühlingszwiebeln und die Lachsscheiben auf den Omeletts verteilen und mit getoasteten Weißbrotscheiben servieren.

Dazu passen: Gutgekühlter Pino Grigio D.O.C., 1996 oder Bourgogne Blanc, Appellation Bourgogne Controlée, 12,5%, 1996.

Tip: Handfester, aber nicht weniger schmackhaft wird das Omelett durch Hinzufügen von Kartoffelscheiben. Zu diesem Zweck werden 2 Kartoffeln geschält, gewaschen, in sehr feine

Scheiben geschnitten und mit den Frühlingszwiebeln (eine kleine Menge zum Garnieren zurückbehalten) angebraten und in ca. 15 Minuten in der Pfanne weichgegart. Auf jeweils $^1/_4$ der Kartoffel – Zwiebelmenge wird der Eierschaum gegeben und daraus vier kräftige Tortillas gebacken. Mit Lachs und den restlichen Frühlingszwiebeln anrichten.

Summa summarum: 12,80 Mark

26. Tag, Donnerstag. Dreizehnfuffzig

Also, das sind jetzt 13,50. Müßte reichen. War bißchen mehr heut morgen, aber paar Pfennige sind für die Bildzeitung draufgegangen, na ja. Kommt man auf andere Gedanken. Jetzt gucken; der alte Mann hat die Brille schon auf der Nase, nimmt sie aber noch einmal ab, um sie zu putzen. Woll'n doch mal sehen, ob sie wieder was billiger haben.

Haben sie. Aldi bereitet uns ja nicht nur mit seinen Sonderposten einen wöchentlich wechselnden Spaß. Auch ausgewählte Produkte aus dem normalen Sortiment setzen sie herunter. Diesmal ist es die Margarine; zehn Pfennig billiger als letzte Woche. Na also. Um eine Mark herabgesetzt der Kalk-Stop Ultra, aber so was braucht er nicht, wäscht alle zwei Tage mit der Hand, hat gar keine Maschine, die am Kalk zugrunde gehen könnte. Er selbst vielleicht, na ja. Er selbst, wollen mal *so* sagen, wird mit der Zeit ja eine Kleinigkeit vergeßlich.

Margarine packt er ein und Brot für 2,79, das sind schon mal gut vier Mark.

Büchsenfleisch. Nein, lieber nicht. Wird ihm dann doch zu teuer. Na ja, die Rente. Die Rente könnte wirklich höher sein, das stimmt. Doch namentlich sein Vermieter könnte sich mäßigen, die Miete frißt ja praktisch alles auf. Macht man also keine großen Sprünge, läßt das Büchsenfleisch doch besser liegen.

So billig sind sie ja nun auch nicht. Likör-Pralinen 3,98, was sagt man dazu? Er ist ja froh, noch seine eigene Wohnung zu haben, da nimmt man auch die Miete gern in Kauf. Niemals ins Heim, da dreht er vorher das Gas auf. Oder vielmehr nimmt er, weil sie ja ungiftiges Gas jetzt haben, nimmt er lieber den Strick. Jedenfalls niemals ins Heim, denn so ein Altersheim macht blöd.

Was soll er im Heim? Zu Hause hat er nette Nachbarn, die grüßen freundlich, alles junge Leute. Einmal wöchentlich kommt der Sohn, und wenn er nicht kann, ruft er doch wenigstens an.

Rotkohl! Ja, das ist was Feines. »Küchenfertig«, also richtig gewürzt. Damit hat er Schwierigkeiten, mit dem Würzen, hat ja nie gekocht, bis die liebe Frau ihm weggestorben ist nach 45 Jahren. Rotkohl, 79 Pfennig. Könnte man Würstchen zu machen, Würstchen im Glas, 2,98. Orangensaft für die Gesundheit und Reis zum Sattwerden, vielleicht noch für abends vor dem Fernseher ein Glas eingelegte Gurken. Jetzt sind es 11 Mark 62, jetzt muß er vorsichtig sein.

Die Preise tippt er verstohlen in einen kleinen Taschenrechner, weil er sich an der Kasse nicht blamieren will. Wer ist schon gut im Kopfrechnen? Steht man dann da, hat sich verrechnet und muß sagen, daß man *soviel* nun gar nicht bei sich hat. Lieber gewappnet sein. Dreizehnfuffzig. Muß reichen.

Ja, das Einkaufsgeld teilt er sich ein. Muß er. Von der Miete gehen Strom und Gas und Telefon ab, Telefon wird ja auch immer teurer. Wenn er streng spart, kommt er gut über die Runden. Da kann man sich dreimal die Woche die Bildzeitung gönnen oder beim Aldi die Quarkcreme, sein Lieblingsessen gewissermaßen.

Vanillegeschmack, er nimmt nur die Quarkcreme mit Vanillegeschmack, die für 99 Pfennig. Der Thunfisch ist aber auch ziemlich lecker. Na ja, wenn man so daheim sitzt und wenig Ansprache hat, kriegt man schon mal die Fresseritis, stopft man Zeug in sich herein, wovon's einem hinterher bissi schlecht wird. Futtert man und guckt aus'm Fenster dabei. Na gut, Thunfisch in der Dose kostet bloß 1,29 und hält ziemlich lange vor. So ein Fisch –

Obacht, jetzt ist er drüber! Herrjeh, jetzt sind es 13,90! Wie gut, daß er den Taschenrechner hat! Das ist jetzt dumm: 40 Pfennig zuviel. So, na ja, dann muß halt wieder was raus. Der Thunfisch? Aber der macht so lange satt, wenn er den mittags ißt, reicht es bis zum nächsten Morgen. Die Vanillecreme? Nix, man soll sich auch was gönnen. Na gut, dann halt der Orangensaft. Wer braucht in seinem Alter Vitamine?

»Moin«, sagt die Kassiererin, »was hammer denn?« Mit fliegenden Fingern tippt sie alles ein: »Macht 12 Mark 61.«

Siehste. Sogar noch was gespart.

26. Heringssalat (mit Bratkartoffeln)

400 g Sahne-Heringsfilets (Almare),
fertig zubereitet
300 g Heringsfilets ohne Haut (Almare)
$^1/_2$ Gemüsezwiebel oder
2 kleine Zwiebeln
2 säuerliche Äpfel, (amerikanischer
Braeburn)
2 Essiggurken (Gartenkrone)
Salz
weißer Pfeffer gemahlen
1 Prise Zucker
1 Zitrone
200 g Schmand (Rote Kuh)
Butter zum Braten
500 g Kartoffeln vom Vortag

Zwiebeln und Äpfel schälen. Zwiebeln in feine Ringe schneiden. Äpfel vierteln, entkernen und in dünne Scheiben schneiden. Gurken kleinschneiden.

Heringsfilets kurz unter kaltem Wasser abspülen, in mundgerechte Stücke schneiden. Zitronensaft, Schmand, Salz, Pfeffer unter den fertigen Sahne-Filets-Mix mischen. Alle anderen Beigaben untermengen.

Kartoffeln vom Vortag in Scheiben schneiden und goldbraun in Butter braten.

Wein: Grüner Veltliner, 1996 trocken, gut gekühlt (7 Grad)

Tip: Noch zarter werden Matjes-Filets im Geschmack, wenn sie mindestens 30 Minuten in zwei Drittel Wasser und ein Drittel Milch marinieren. Frischer Schnittlauch gibt den rohen Fischfilets noch einen zusätzlich Gusto-Kick. Übrigens: Rest-Heringe bleiben bedenkenlos zwei weitere Tage im Kühlschrank frisch und knackig.

Summa summarum mit Wein: 12,50 Mark

27. Tag, Freitag. Das Schnäppchen als solches

So gehen die Aldi-Tage dahin und werden nur selten durch Zerwürfnisse verdunkelt. Woran liegt das? Besonnen schieben die Leute ihre Wagen, ganz gefangen von dem Unternehmen, Sonderposten auszuspähen oder solche Lebensmittel zu erbeuten, welche »herabgesetzt« eine ganz neue Qualität erhalten.

Herabgesetzt – ein magisches Wort. Ein herabgesetzter Damenhüftslip (Feinripp, kochfest) ist kein Hüftslip, welcher im Ansehen der Kundinnenschaft gesunken wäre. Desgleichen wird eine herabgesetzte Edelsalami nun nicht plötzlich in einen unedlen Zustand der Fäulnis übergegangen sein. Gibt Aldi den Preis für die Edelsalami mit 5,98 an, um diesen Betrag sogleich energisch durchzustreichen und 5,59 danebenzuschreiben, dann haben wir das klassische Beispiel einer herabgesetzten Wurst. 39 Pfennig! Ergattert man herabgesetzte Ware, welche edel ist, hat man ein Schnäppchen gemacht.

So ein Schnäppchen wiederum hat

eine besondere Bedeutung. Frau Zuber beispielsweise findet gar keinen Gefallen an einer Dose zarter Heringsfilets in Mango-Pfeffer-Creme »für anspruchsvolle Genießer«. Erst wenn sich diese Dose in einem herabgesetzten Zustand befindet, wird sie für Frau Zuber interessant. Erst dann greift sie zu, beschert ihr doch ein *herabgesetztes* Heringsfilet in Mango-Pfeffer-Creme das warme Triumphgefühl, Geld gespart zu haben. Derart bevölkert von Menschen, die das eine oder andere Schnäppchen machen, überwiegt im Aldi-Reich die Harmonie.

Mit Schnäppchen lassen sich Dinge des Lebens lösen, Einrichtungsfragen beispielsweise. Selbstredend braucht es dazu das *richtige* Schnäppchen. Kosten die Mini-Dickmanns 2,98 statt 3,29, ist das nicht halb so ein Schnäppchen wie der Sonderposten Farbfernseher für 398 Mark (incl. Bedienungsanleitung). Der Fernseher wiederum läßt sich auf einem Massivholz-Servierwagen unterbringen

(incl. Montageanleitung), der nicht nur für 49,90 das Rennen macht (Massivholz!), sondern auch noch platzsparend zusammenklappt – hoffentlich nicht unterm Fernseher. Unsere Videosammlung können wir auf das Wohnregal »Luis« wuchten, das wir für nicht einmal 50 Mark erwerben, und stellen wir daneben noch einen Rhododendron-Busch für schlappe 15,98 (incl. Pflegeanleitung) auf, macht sich das ganz allerliebst. Das ist das Schnäppchen in Reinkultur.

Karl Albrecht, unser Aldi-Mann des Südens, wird im Badischen, wo er auf einer Million Quadratmeter (incl. Golfplatz) wohnt, mit dem Regal »Luis« sicher nicht auskommen (88 x 70 x 38 cm). Ein echtes Schnäppchen aber hat er möglicherweise mit den zehn Öltanks gemacht, die er, nach Enthüllungen der *Wirtschaftswoche* bei sich daheim verbaggern ließ. Rund eine Million Liter Volumen: die nächste Ölkrise kommt so

106 sicher wie jene Krise, die Helga Zuber immer zum Monatsende befällt, wenn die Haushaltskasse ihr die Zunge zeigt.

Dank einem Schnäppchen gilt es dann, der bösen Welt ein Schnippchen zu schlagen. Karl macht das genauso.

27. Dickmann's aus der Mikrowelle (mit englischer Crème)

4 Dickmänner mit dunkler Schokolade (oder 8 Minis)
4 frische Eigelb
1/4 l H-Vollmilch
1 Vanillestange
125 g Puderzucker

Für die Crème:
Aufgeschlitzte Vanillestange in der erhitzten Milch ziehen lassen. Vanillemark mit einem spitzen Messer auslösen, in der Milch auflösen und Schote entfernen. Eigelb und Zucker mit einem Rührbesen gut vermengen. Milch langsam mit einem Holzlöffel unterrühren und weiter erwärmen. Unter keinen Umständen kochen lassen, da sonst die Crème sofort gerinnt. Solange rühren bis am Holzspatel die Creme eine dünne Haut bildet. Sofort vom Feuer nehmen und kaltrühren, damit sich keine Haut bildet. Im Kühlschrank aufbewahren.

Pro Person 1 Dickmann (bzw. 2 Minis) in die Mitte eines kleinen microwellentauglichen Desserttellers plazieren. Ca. 10-15 Sek. in der Microwelle leicht aufgehen lassen, bis sie sich etwa im Volumen verdoppelt haben und die Schokolade zu schmelzen beginnt.

Herausnehmen und die kalte englische Crème rundherum angießen.

🌱 Tip: Rezept an einem Dickmann ausprobieren, denn die Microwellengeräte haben unterschiedliche Einstellungen.

Keine Vanillestange zur Hand? Einfach durch 2 Tütchen Vanillezucker (möglichst mit echter Bourbonvanille) ersetzen. Kein Puderzucker im Haus? Der Haushaltsmixer bekommt auch normalen Zucker klein.

Digestif: Italienischer Grappa Cavone

Summa summarum mit Digestif: 10,20 Mark

28. Tag, Samstag. Platz! Die Berufstätigen

Und dann gibt es doch ein bißchen Stunk. Stunk (Unbill, Scherereien) gibt es im deutschen Lebensmittelhandel einmal wöchentlich, das ist bei Aldi genauso wie bei Tengelmann. Also, was so ein Rentner ist, der könnte doch –

Hausfrauen auch!

Stimmt. Hausfrauen und Rentner – also, nichts gegen Hausfrauen und Rentner – aber die haben doch die ganze Woche lang Zeit, nicht wahr?

Richtig.

Hausfrauen und Rentner müssen nicht am Samstag kommen, wenn die Berufstätigen –

Müssen sie nicht.

Korrekt.

Samstags kommen also die Berufstätigen. Der Samstag gehört ihnen. Die Berufstätigen stellen jenen quengelnden

Anteil an der Gesamtbevölkerung, welcher pausenlos betont, daß er zu den Berufstätigen gehört. Ein Völkchen ohne Raum. Immer schon welche da, die nix schaffe. Zur selben Zeit unterwegs! Sehen die Berufstätigen jemanden, der allem Anschein nach nicht berufstätig ist und trotzdem draußen, kriegen sie das Kribbeln unterm Haaransatz.

Denn es ist ja eine Bodenlosigkeit! Die Berufstätigen brauchen Gemüse aller Art, Reis und Räucherlachs (diese Woche 61 Pfennig billiger!). Sie brauchen Müllbeutel und Kirsch-Pralinen in feiner Zartbitter-Schokolade. Sonnenblumen-Margarine! Kalk-Stop ultra! All das müssen sie sich am Samstag beschaffen, und dann haben sie im Laden so ein Frauchen vor sich – guter Gott! Frauchen mit Gesundheitsschuhen. Am Samstag! Viel zu langsam auf diesen Schuhen unterwegs, greift in einem Tempo nach den Waren, als müsse alles gründlich durchdacht werden, bissi

Brot! Halben Liter Milch, Büchsje Himbeeren, gezuckert, paar Äppelche (viel braucht mer ja net), bissi zu trinke – hinter ihr Berufstätige. Vor ihr auch; siehste das? Kommt nicht vom Fleck, die Oma, kriegt's nicht auf die Reihe. Hat jeden Tag der Woche Zeit, wann kommt se?

Samstags! Zur Stoßzeit.

Braucht vielleicht Gesellschaft.

Ja, du *lieber* Gott, so'n Laden ist doch keine Sozialstation.

Die Berufstätigen empören sich den halben Samstag lang. Sie empören sich dergestalt, daß sie die Hälfte schon wieder vergessen haben. An der Kasse fällt es ihnen ein, ach du Schreck, da war doch noch – richtig, da war der Wein.

Doch welcher war es gleich?

»Ein Momentchen noch«, beruhigen sie die gequälte Kassiererin (sie ist den ganzen Samstag lang berufstätig!), lassen sie mit den halb eingetippten Waren sitzen und huschen zu den Spirituosen zurück. 1993er Château? Doch ein wenig teuer, wenn man bedenkt – aber immerhin: Bordeaux A.C. Cru Bourgeois!

Aha, aha – du sagemal, was heißt'n das?

Egal. Wie wär's denn mit mazedonischem Rotwein?

Zu süß.

Ah, da ist er ja, 96er Rioja, knappe vier Mark, na, da kannste doch nix – drei Flaschen oder vier?

Als sie japsend mit den Flaschen zur Kasse zurückkommen, mault die Rentnerin: »Na, das wird ja auch mal Zeit. Sie halten ja'n ganzen Betrieb auf.«

Auch noch frech werden! Darauf haben die Berufstätigen jetzt aber gewartet. Die ganze knüppelharte Woche lang sind sie berufstätig, ja, sie *haben* ja praktisch nur den Samstag, während diese Rentner, diese Hausfrauen aller Art (desgleichen diese merkwürdigen Hausmänner), während mithin diese Stellungslosen sich gehässigerweise diesen einen Tag aussuchen, um alle Läden zu verstopfen – also, das geht denn doch entschieden zu weit. Jetzt haben sie (Himmelarschundzwirn) vergessen, nach dem Sonderposten »Oma Martha's Backmischungen« zu gucken, so sehr nervt sie dieses pensionierte Gesindel, das nun ausgerechnet am Samstag –

»Akzeptieren Sie Kreditkarten?« fragen sie die Kassiererin.

»Samstag«, erzählt die schwergeprüfte Kassenfrau, »ist der allerschlimmste Tag.«

28. Salat Surprise (mit Sourcream)

500 g frischer Spargel (nach Saison)
500 g Erdbeeren
1 Kopf grüner Salat
1 Zitrone
200 g Schmand (Rote Kuh)
100 g Schlagsahne (milfina)
1 Bd großblättrige Petersilie
Salz
eine Prise Zucker
frisch gemahlener schwarzer Pfeffer
4 Scheiben Toastbrot
4 TL Pflanzenmargarine (Bellasan)

Spargel waschen, vom Kopf her schälen. In einem großen, flachen Topf Wasser mit Salz, einer Prise Zucker und Butter zum Kochen bringen. Spargel reingeben, sprudelnd aufkochen und weitere 15-20 Minuten bei kleiner Flamme garen lassen. Erdbeeren waschen, putzen und halbieren. Salat waschen, Mittelrippen rausschneiden und in mundgerechte Stücke zerpflücken. Spargel abgießen und auskühlen lassen. Die Stangen in 3 cm lange Stücke schneiden. Salat, Spargel und Erdbeeren locker mischen und auf Teller verteilen. Aus Zitronensaft, Joghurt und Sahne ein sämiges Dressing herstellen, salzen, pfeffern und feingewiegte Petersilie unterrühren. Über den Salat geben. Toastscheiben rösten, buttern und dazu servieren.

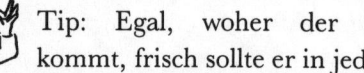 Tip: Egal, woher der Spargel kommt, frisch sollte er in jedem Fall

sein. Die Schnittenden dürfen weder ausgedörrt noch brüchig sein, sondern saftig! Der Blick unter die Verpackung lohnt, denn je frischer der Spargel, umso dünner läßt er sich schälen, am besten mit einem scharfen Küchenmesser.

Dazu passen gut gekühlte Weißweine wie Gavi, D.O.C. 1996 oder Pinot Grigio, D.O.C., 1996.

Summa summarum mit Wein: 21,50 Mark

29. Tag, Sonntag. Mit Hochdruck

Wie geht's Frau Zuber? Gestern ging's noch. Geht halt immer so weiter. Große Wäsche gemacht, alle sieben Sachen verfärbt. Also, da ist ihr so was Dunkelblaues in die Maschine geraten, das sollte da gar nicht hinein. Aber wie das halt so ist: Das Dunkelblaue hat dann gehässigerweise Zubers weiße Unterhemden verfärbt. Aber immerhin: gleichmäßig verfärbt, schön großflächig und ohne Flecken. Jetzt hat er hellblaue Unterhemden, der Paul, jetzt sagt er natürlich, die zieht er nicht mehr an.

Als würde *ein* Mensch darauf achten, was der Paul für Unterwäsche trägt!

Sonntags könnte sie ja ausschlafen. Sie könnte – aber sie kann nicht. Offen gesagt, ist es dieses Gebimmel! Wenn sich am frühen Sonntagmorgen alle Pfarrer an die Kirchenglocken hängen, um das Stadtviertel mit einem Höllenlärm zu überziehen, ist es um Helga Zubers Sonntagsschlaf geschehen. Sollen doch mal am eigenen Gebimmel spielen, die Herren Pastoren, täte ihnen vielleicht ganz gut. Aber sie will ja nichts gesagt haben.

Paul Zuber erwägt derweil die Argumente, welche für die Anschaffung eines Hochdruckreinigers sprechen. Aldi hat so ein Ding inseriert, 199 Mark. Also keine 200! Nur für kurze Zeit. 1,75 KW Motorleistung, Fördermenge 7 Liter die Minute.

»Jesus«, sagt Frau Zuber. »Du bohrst doch net in Texas nach Erdöl!«

So ein Hochdruckreiniger ist aktive Hygiene. Seit Zuber gelesen hat, daß ein Millionenheer tückischer Hausstaubmilben einen durchschnittlichen Haushalt bewohnt, kribbelt es ihm am ganzen Körper. Diese Milben halten sich ja nicht nur im Teppich auf, dort aber besonders gern. Und da gewöhnliches Saugen die Biester schon gar nicht mehr schreckt, könnte ein Hochdruckreiniger ihnen Dampf machen. Auf 60 Grad erhitzt der das Wasser, das müßte den Hausstaubmilben doch zu denken geben!

Ja, wie gesagt, nicht nur im Teppich halten sich die Milben auf. Auch – Paul Zuber schließt kurz die Augen – auch im Bett.

»Mit nem Hochdruckreiniger ins Bett!« Helga Zuber hat gerade des Gatten neue hellblaue Unterwäsche einer letzten Prüfung unterzogen und sie für durchaus tragbar befunden – jetzt hebt sie ruckartig den Kopf. »Das kannste doch net mache!«

Hunderttausende, gibt Zuber zu bedenken. Hunderttausend Milben in der Matratze!

»Ja, aber du kannst doch net mit nem Hochdruckreiniger – nachher hammer kaa Matratz' mehr!«

»Spritzpistole mit Stahlrohr!« zitiert Zuber Aldis Inserat. »Fahrgestell mit abnehmbarem Handgriff!«

Helga Zuber reißt dem Gatten die Zeitung aus der Hand und wird umgehend fündig. Denn da gibt es auch noch einen Arbeits-Overall aus reiner Baumwolle, mit Gummizug, 19,98. Das ist doch ein echtes Angebot! Denn, mal ehrlich: wenn der Paul schon mit so einem gigantischen Kraftprotz von Hochdruckreiniger zugange ist, muß er das stilgerecht im festgezurrten Overall tun. Vielleicht noch Mund- und Augenschutz, dann käm sie glatt auf die Idee, das Strahlenkommando sei da.

Überhaupt, findet Paul, ist so ein Hochdruckreiniger universell einsetzbar, also wollen mal so sagen: diese Unterwäsche hier, welche die Helga in ihrer schieren Schusseligkeit –

»Allmächtiger!«

– versaut hat, jawohl. Einmal mit Hochdruck übers Unterhemd: Das wird dann sicher wieder weiß.

»Hellblau is' auch nett«, findet Helga Zuber. »Macht dich jünger.«

Zuber guckt noch einmal nach; Aldi über seinen Hochdruckreiniger: »Kolbenpumpe aus Edelstahl.« Das ist nun wirklich nicht zu verachten.

29. Das Festessen

Geräucherte Forellenfilets im Gemüsesud, Lammkeule mit Bobbybohnen und Semmelknödel, Zitronenschaum

250 g wacholdergeräucherte Forellenfilets
2 Karotten
1 kl. Sellerieknolle
1 Petersilienwurzel
50 g Süßrahmbutter

114

3 EL reines Sonnenblumenöl (Bellasan)
Saft einer Zitrone
4 EL Schmand (Rote Kuh)
Salz
weißer Pfeffer

1 Lammkeule für 4 Personen
6 EL kaltgepreßtes Olivenöl,
extra vergine (Lorena)
1/4 l klare Instant-Brühe
Salz
Weißer Pfeffer
1 Knoblauchzehe
1 frischer Zweig Rosmarin
1/8 l Rotwein (Médoc, Château
La Verdasse A.C., 1993)
200 g Schlagsahne (milfina)

500 g spanische Bobbybohnen
Süßrahmbutter
frisch geriebene Muskatnuß
12 Knödel halb und halb (Hatras)
50 g geröstete Toastbrotwürfel
2 unbehandelte Zitronen

300 g Schlagsahne (milfina)
150 g Zucker
4 Eier Handelsklasse A
Minze

Forellenfilets kurz im Backofen lauwarm werden lassen. In der Zwischenzeit Gemüse waschen, putzen, in Streifen schneiden und in Butter anschwitzen, in 5-8 Minuten garen. Das noch lauwarme Gemüse in einer Mischung aus 1 EL frisch gepreßtem Zitronensaft, 3 EL Sonnenblumenöl, Salz und Pfeffer einige Minuten marinieren. Lauwarme Forellenfilets auf Teller anrichten, mit Gemüsesud und jeweils einem TL Schmand pro Teller garnieren.

Lammkeule: Lammkeule waschen und trockentupfen. Öl im Bräter erhitzen und Lammkeule 15 Minuten von allen Seiten braun anbraten. 1/8 l Fleischbrühe angießen. Mit Salz, Pfeffer und mit in Salz zerdrückter Knoblauchzehe würzen. Rosmarinzweig beilegen. Im vorgeheizten Ofen 30 Minuten bei 220 Grad, weitere 60 Minuten bei 180 Grad garen. Nach Ende der Bratzeit Keule etwa 15 Minuten in Alufolie ruhen lassen. Dann in 1 cm dicke Scheiben schneiden und warmstellen. Inzwischen mit Rotwein und restlicher Fleischbrühe den Bratfond loskochen und auf die Hälfte der Flüssigkeit reduzieren. Zum Schluß einen halben Becher süße Sahne zusetzen, jedoch nicht mehr kochen. Bohnen: Während der Braten in der Röhre gart, Bohnen fädeln, waschen und in 15 Minuten im Salzwasser auf kleiner Flamme beißfest garen. Abtropfen lassen und in Butter schwenken. Mit frisch geriebener Muskatnuß und Salz abschmecken. Knödel nach Packungsaufschrift mit gerösteten Weißbrotwürfeln in 20 Minuten zubereiten.

Zitronenschaum: Eigelb und Eiweiß trennen. Zitronen abreiben und auspressen. Eigelb und Zucker im Wasserbad verrühren und unter Beimischung von Zitronenschale und Saft langsam eindicken lassen. Nicht kochen, sonst fällt die Crème auseinander. Gekühlte Sahne und Eiweiß getrennt steifschlagen, unter die abgekühlte Crème heben (zuerst die Sahne, dann das Eiweiß) und kühl stellen. Mit Minzeblättern servieren.

Tip: Um sein volles Beeren-Bukett zu entfalten, braucht der Rotwein aus dem Médoc Sauerstoff. Am besten 1 Stunde vor dem Ausschenken entkorken!

Dazu passen: Champagne Vve. Monsigny, brut mit einem Schuß (1 TL) Petite Fleur-Pfirsich Likör, (Apéro), fruchtiger Bourgogne Blanc, A.C., 12,5%, 1996 (Vorspeise), beeriger Médoc, Château La Verdasse, A.C., 12,5%, 1995 (Hauptgericht), weiniger Müller-Thurgau Kabinett, halbtrocken, 10% (Deutsches Weinsiegel, im Bocksbeutel).
Summa summarum mit Wein:
83,50 Mark

30. Tag, Montag. Aldi ist Aldi

Neue Woche, neues Glück, es gibt Stichsägen! Es gibt auch unwirsche Menschen, die fragen: Was soll ich mit einer Stichsäge? Diese Frage ist schlüssig nicht zu beantworten.

Basketbälle vielleicht? Der Sonderposten Basketbälle ist schon wieder für'n Appel und'n Ei zu haben, wie die Äppel und die Eier auch. Es gibt Latschenkiefer-Massage-Fluid, und die Margarine ist jetzt eine heruntergesetzte Margarine: zehn Pfennig billiger! Das ist das Aldi-Leben. Es gibt einen Tintenstrahldrucker für 398 Mark (das sind keine 400!) und die unwirschen Menschen sagen, nee, ich geh da nicht hin! Irgendwie unfroh, sagen sie, alles so düster. Aldi ist halt Aldi. Kleine Preise, kleine Leute. Unfroh? Manche kleinen Leute rebellieren. Auf einem Einkaufswagen hockt quengelnd ein Kind. Um seiner miesen Laune Nachdruck zu verleihen, tastet es sich ins Wageninnere vor und schmeißt einen Suppen-Trockenpack »Lachende Köchin« auf den Boden. Der künftigen lachenden Köchin, der Kindesmutter, gefrieren die Gesichtszüge. Sie entgleiten ihr schier, als sie, in Hockstellung das Suppenpäckchen auflesend, die nächste Ladung abbekommt. Diesmal hat der Nachkomme einen dänischen Doppelrahm-Frischkäse geworfen. Solche Vorfälle halten zwar den ganzen Betrieb auf, sind aber doch keineswegs unfroh.

Aber alles so trist hier, geben die Querulanten zu bedenken. Irgendwie niederschmetternd, findste nicht? Kein Pomp, das geht ja noch an, das ist vernünftig. Doch noch nicht einmal *Aufwand!* Also, ich weiß nicht – hier sieht's doch aus wie in meinem Kartoffelkeller.

Aldi wird seinen Ruf nicht los. In vermeintlich guten wie in ziemlich schlechten Zeiten scheint das Milliardenunternehmen die Talsohle zu repräsentieren, die Flaute, die immerwährende Rezession. Aldi ist das Raum gewordene Sparpaket. Wer sich hier schüttelt, hat mit dem Verweis auf Kisten und Kartons nur ein behelfsmäßiges Argument, denn Aldi ist auch ein Fall für Psychologen. Was diese beflissen »verborgene Ängste« nennen würden, funktioniert so: Aldi feindlich Gesinnte sehen dem schwarzen Loch ins Auge, dem Sturz in den Abgrund. In diesen mit Produkten aller Art vollgestopften

und dennoch kargen Räumen glauben sie einen Hauch von Armut zu spüren, und das ist ein ziemlich ungemütlicher Gedanke. Was, wenn man eines Tages hier einkaufen *muß?* Die *Frankfurter Rundschau* zitiert eine Werbetexterin: »Ich find's zum Kotzen, wenn ich das Zeug aus dem Karton grabbeln muß wie der Penner aus der Mülltonne, mit dem Unterschied, daß ich auch noch dafür bezahle.« Frau Zuber sagt, das stört sie nicht. Sie, Helga Zuber, ist ja auch da.

Vitamin C-Brausetabletten (Zitronengeschmack) für 1,99; wer weiß, wofür's gut ist. Aldis Stammkundschaft kauft in dem stoischen Bewußtsein ein, Ausgaben für Lebensmittel aller Art zu rationieren und ansonsten zu sehen, wo man bleibt. Im Hintergrund flötende Hintergrundmusik würde sie glatt überhören. Aldi, war in der *Frankfurter Rundschau* zu lesen, ist weniger eine Frage des Geldbeutels, »sondern eine des

118 Glaubens. An Aldi scheiden sich die Materialisten von den Bourgeois.«

Es gibt »Früchtelinchen Fruchtaufstrich«, und die Dose »Mandarin-Orangen« (leicht gezuckert) besteht aus lauter »kernlosen Segmenten«. Keine 80 Pfennig, also 79. Geld gespart. Manchmal erscheint Aldi selbst wie so ein kernloses Segment des ganzen Landes; beim Albrecht-Clan klingeln die Kassen, weil der Kundenstamm das Geld zusammenhält. Augen zu und durch? »Grandessa« gibt es auch bei Aldi. Ein Glas Konfitüre für 1,59. Erdbeere, Sauerkirsch oder Aprikose.

30. King-Size Ravioli mit Spinat

Für den Teig:
500 g Weizenmehl (Sonnenstrahl),
Type 405
2 frische Eier, Gewichtsklasse 4
1 EL kaltgepreßtes Olivenöl,
extra vergine (Lorena)
Spinatfüllung:
800 g junger Spinat
1 Bund großblättrige Petersilie
1 kleine Zwiebel

40 g Süßrahmbutter
1 EL Weizenmehl (Sonnenstrahl)
200 g Schlagsahne (milfina)
1 EL Parmesan
Salz
frisch gemahlener Pfeffer
Muskatnuß
80 g Süßrahmbutter
60 g Parmesan

Aus den Zutaten einen nicht zu festen Teig kneten. Zugedeckt eine Stunde ruhen lassen. Spinat gut waschen, in Salzwasser kurz garen, abtropfen lassen und trockentupfen. Mit 4 EL gehackter, großblättriger Petersilie mischen, beides zusammen fein wiegen. Kleingehackte Zwiebeln in Butter anrösten, mit Mehl überstäuben, heiße Milch zugießen, verrühren und etwas einkochen lassen. Feingewiege Petersilien-Spinat-Mischung dazugeben, mit Salz, Pfeffer, Muskat und Parmesankäse würzen. Erkalten lassen. Den Teig sehr dünn ausrollen und schnell arbeiten, damit er nicht austrocknet. Mit einem bemehlten Glasrand runde Flecken (Mindestdurchmesser 8 cm) ausstechen. Mit einem kleinen Löffel Füllung daraufgeben, zusammenklappen und mit den Fingern die Ränder »festpitschen«. Die fertigen Ravioli im Salzwasser 5 Minuten sieden, abseihen und mit Parmesankäse und etwas brauner Butter abschmelzen.

🥄 Tip: Beim »Zusammenpitschen« ist Eile angesagt. Denn wenn die obere Teighälfte austrocknet, während die untere noch feucht ist, lassen sich die Ravioli nicht zusammendrücken. Außerdem: Fingerabdrücke am Rand soll man ruhig sehen können. Sie sind das Homemade-Siegel.

Dazu paßt: Pinot Grigio, Valdadige, D.O.C., 1996.

Summa summarum: 14,70 Mark

Köchelverzeichnis

Regina Schneider

Aldidente
Leser
kochen

Die *100* besten Rezepte

Neues aus dem Aldi-Abenteuerland

Danke für die viele Fan-Post zum Kultbuch »Aldidente«: Begeisterte Erfahrungsberichte kamen aus der ganzen Republik. Leserinnen und Leser aus Berlin, Dortmund, Hamburg, Dresden, Leipzig, München, Frankfurt und Köln schickten Lob und Tadel, Tips und Tricks zum Thema »Aldi« ein. Discounter-Nachrichten aus der Provinz erreichten den Verlag gleich kiloweise aus Weitnau, Ohlsbach, Kaarst, Unteriflingen und so weiter.

Danke auch für die Zuschriften aus entfernten Kontinenten: Heimaterinnerungen an Shopping-Erlebnisse kamen aus Südamerika, Afrika und Australien.

Besonderer Dank gilt den vier Aldi-Fans, die dem Discounter in Ägypten auf der Spur waren. Sie fanden ein Original-Aldi-Logo über der Ladentür eines Schmuckhändlers. Kein orientalisches Märchen, wie sie erst glaubten, sondern clevere morgenländische Schnäppchen-Werbung. Der Beweis lag bei: ein gestochen scharfes Urlaubsfoto!

Tausende haben in ihren Kochkladden geblättert und ihre Lieblingsrezepte eingeschickt. Am heimischen Herd – das zeigt die Leserpost ganz deutlich – halten sich Männer wie üblich eher bedeckt, während kundige Aldianerinnen wortreich aus dem Küchendunst berichten: Aldianer kochen zu Hause einfach, gut und ohne Schnickschnack. Sie speisen überwie-

3

gend gesund und munter, lieben Pizza und Pasta über alles, genießen Fisch & Fleisch dagegen eher in Maßen. Dafür laben sie sich an feinen Suppen und herzhaften Eintöpfen, tischen dann und wann einen deftigen deutschen Klassiker auf und brauchen sonntags ein Stück hausgemachte Torte.

Die Auswahl der 100 besten eingesandten Kochrezepte findet sich im vorliegenden Band: 100 goldene Schlemmertips für den kulinarischen Aldianer-Alltag. Kompromißlos einfach, umwerfend gut und immer ihren Preis wert. Gerichte, die richtig schmecken, sich rasch zubereiten lassen und bei anwesenden Gästen tüchtig Eindruck schinden. Kurz: Leckere Rezepte von der heimischen Küchenfront, für kulinarische Exzesse ebenso geeignet wie für Engpässe am Herd, Expreß-Mahlzeiten und Schlemmerparties. Und das Schönste: der Griff zur Dose ist erlaubt! Dazu gibt es Tips, Tricks und gute Weinempfehlungen. Denn wer gerne kocht und ißt, der weiß: Ohne Wein ist alles Essig.

In diesem Sinn:
Viel Spaß und guten Appetit!

Suppen und Eintöpfe
Suppe hält Leib und Seele zusammen

Suppen und Eintöpfe sind leckere Allroundgerichte. Ob feine Karottensuppe mit Ingwer oder Badischer Kohltopf: Suppen stillen den kleinen Hunger zwischendurch, veredeln jedes 3-Gänge-Menü und sättigen hungrige Partygäste nach Mitternacht.

Suppen sind gesund und machen satt. Viele davon schmecken warm und kalt, wie zum Beispiel das leckere »Sonntagsgurkensüppchen« oder die »Herzhafte Tomatensuppe«. Wo hört die Suppe auf, wo fängt der Eintopf an? Der Übergang ist fließend. Während Hühnerbrühe eher den Appetit weckt, geht ein »Allgäuer Kässüpple« schon fast als ausgewachsene Mahlzeit  durch. Samstags ist Eintopf-Tag – schon allein aus praktischen Gründen. Eintöpfe lassen sich vorbereiten und schmekken wieder aufgewärmt bekanntlich doppelt gut. Bei einem kräftigen Weiße-Bohnen-Eintopf werden selbst Erbsenzähler schwach: Unwiderstehlich im Geschmack, so wertvoll wie ein kleines Steak (denkt man an die Proteine) – und, was die Kosten angeht, fast geschenkt.

Allgäuer Kässüpple

50 g Butter
50 g Mehl
1 l Fleischbrühe (Instant)
250 g Allgäuer Emmentaler
1 Eigelb
2 EL Sahne
frisch gemahlener schwarzer Pfeffer
2 Scheiben Toastbrot
1 Zwiebel
3 TL Butter

Die Butter im Topf schmelzen, Mehl einstreuen und anschwitzen. Brühe langsam zugeben und mit dem Schneebesen kräftig rühren. Ca. 15 Minuten köcheln lassen. Nach und nach den Käse hinzufügen, kurz aufkochen lassen und von der Kochstelle nehmen. Eigelb und Sahne verquirlen und die Suppe damit legieren.

Mit schwarzem Pfeffer würzen. Toastbrot in Würfel schneiden und rösten. Zwiebel schälen, in Ringe schneiden und in Butter goldbraun braten. Suppe auf vier Teller verteilen und mit den Zwiebelringen dekorieren.

Henriette Möhrle
Stuttgart

Heilig's Blechle! Das ist aber eine ausgewachsene Mahlzeit!

Scharfe Bohnensuppe

800 g weiße Bohnen mit Suppengrün
(Stella)
2 Zwiebeln
1 Stange Lauch
1 Karotte
2 EL Margarine (Bellasan)
1/8 l klare Instant-Brühe
1/4 l Schlagsahne (milfina)
Salz
Paprikapulver

Zwiebeln schälen und würfeln, Lauchstange waschen und in Scheiben schneiden. Karotten schälen und ebenfalls in dünne Scheiben schneiden. Margarine im Topf zerlassen. Zwiebeln, Lauch- und Karottenscheiben ca. 5 Minuten darin andünsten. Weiße Bohnen hinzufügen, Brühe und Sahne angießen. Langsam im Topf erhitzen und mit Salz und Paprika abschmecken.

Rosemarie Züfle, Unteriflingen

Mit Baguettebrötchen servieren.

7

Rote Bohnensuppe

100 g geräucherter Speck
1 große Zwiebel
1 EL Sonnenblumenöl (Bellasan)
1 Dose weiße Bohnen mit Suppengrün
1/8 l Ketchup (Kim)
1 Becher Schmand
1 TL klare Brühe
1 TL Zucker
Paprika edelsüß
frisch gemahlener schwarzer Pfeffer
1 TL Zitronensaft
300 g Cabanossi oder 3-4 Wiener
Würstchen
1/4 l Chianti (Le Casine)

Speck und Zwiebeln würfeln und im Sonnenblumenöl anbraten. Bohnen, Ketchup, Rotwein, Schmand und klare Brühe hinzufügen, umrühren und mit Zitronensaft, Salz, Pfeffer, Paprika und Zucker würzen und ca. 30 Minuten köcheln lassen. Cabanossi oder Wiener Würstchen zugeben und weitere 15-20 Minuten in der Suppe ziehen lassen. Auf kleinster Flamme warmhalten und gelegentlich umrühren, damit sich nichts am Topfboden festsetzt.

Beatrix Oppelz, Worms

informiert:

Die Rote Bohnensuppe macht vier Leute auf leckerste Weise pappsatt. Wer Lust hat, kann noch Knoblauchbaguette dazu reichen. Und alles ist viel preiswerter als mittags in der Mensa!

Herzhafte Tomatensuppe

1 Dose geschälte Tomaten
1 große Zwiebel
1 Knoblauchzehe
3 EL Olivenöl (Lorena)
1 TL Salz
1 TL frisch gemahlener schwarzer Pfeffer
1 TL Oregano
1/2 TL Thymian
etwas klare Brühe (Instant)
4 EL Gin
4 EL Schmand

Zwiebel und Knoblauch schälen und feinhacken.
Olivenöl in einem schweren Topf erhitzen und beides darin kurz anbraten. Bei geschlossenem Deckel weitere 5 Minuten dünsten. Dosentomaten dazugeben und mit einem Holzlöffel zerdrücken. Tomatenflüssigkeit angießen. Gewürze einstreuen und die Suppe bei leicht geöffnetem Deckel köcheln lassen. Je nach Saftmenge etwas klare Brühe auffüllen.

Kurz vor dem Servieren Gin dazugeben und nicht mehr kochen. Die fertige Suppe in vier große Suppentassen füllen und jeweils mit 1 EL Schmand dekorieren.

Regine Petzold, Bonn

Anstelle von Schmand lassen sich auch schon mal in Butter geröstete Toastbrotwürfel dazu servieren!

9

Kartoffelsuppe mit Forellenfilets

500 g Kartoffeln
1 Möhre
1 Stange Lauch
1 kleines Stück Sellerie
50 g Süßrahmbutter
frisch gemahlener schwarzer Pfeffer
1 Lorbeerblatt
3 EL Sahne
1 l klare Instantbrühe
125 g wacholdergeräucherte
Forellenfilets
feingehackte Petersilie oder Schnittlauch

Kartoffeln waschen, schälen, vierteln und in kleine Würfel schneiden. Butter im Topf schmelzen lassen und die Kartoffelwürfel darin anrösten, bis sie goldgelb sind. Brühe angießen, Lorbeerblatt hinzufügen und die Kartoffeln in der Brühe in ca. 20 Minuten garen. Lorbeerblatt entfernen und den Topfinhalt mit dem Pürierstab zu einer sämigen Suppe zerkleinern. Mit Salz, frisch gemahlenem schwarzen Pfeffer und Sahne abschmecken. Die Forellenfilets in kleine Stücke zerlegen und in die heiße Suppe geben. Vor dem Servieren feingehackte Petersilie oder Schnittlauch zugeben.

Dö V. V., Frankfurt am Main

Liebe Dö! Ein wirklich kreatives Rezept. Und dazu ein fruchtiger Müller-Thurgau, trocken, Rheinhessen, 1997. Er hebt Geschmack und Laune! Prost!

Sonntagsgurkensüppchen

2 Schlangengurken
3-4 Zwiebeln
1/4 l klare Brühe (Instant)
200 g Sahne (milfina)
200 g Schmand
Salz
frisch gemahlener schwarzer Pfeffer
200 g Riesengarnelen
3 EL Sonnenblumenöl

Zwiebeln schälen und in feine Würfel schneiden. In Sonnenblumenöl an-dünsten. Die geschälten und entkern-ten Gurken raspeln, dazugeben und ca. 20 Minuten sanft köcheln lassen. Brühe angießen. Sahne, Schmand und Riesengarnelen hinzufügen. Mit Salz und Pfeffer abschmecken. Einige Mi-nuten auf kleinster Flamme ziehen lassen. Auf vorgewärmten Tellern ser-vieren!

Britta Scharfenberg, Leverkusen

Britta – das ist aber vom Feinsten!

Feine Zwiebelsuppe

400 g Zwiebeln
3 EL Butter
2 EL Mehl
1 l Rindsbouillon
1 Eigelb
2 EL Schmand
3 EL geriebener Gouda (jung)
Salz
frisch gemahlener schwarzer Pfeffer
etwas Zitronensaft

Zwiebeln schälen und in feine Ringe schneiden. Butter schmelzen lassen und die Zwiebelringe darin 2-3 Minuten dünsten. Mehl darüberstreuen, kurz umrühren, mit Brühe auffüllen und aufkochen lassen. Schmand unterziehen und mit Eigelb legieren. Den geriebenen Käse unterrühren. Mit Salz, Pfeffer und Zitronensaft abschmecken.
Dazu paßt geröstetes Toastbrot.

Monika Teriet, Stadtlohn

Die Franzosen machen mit ihrer »soupe à l'oignon« noch weniger Umstände: Geröstete Weißbrotscheiben und hauchdünne Käsescheiben einfach in Suppentassen legen und mit heißer Zwiebelsuppe übergießen. Etwa 5 Minuten bedeckt beiseite stellen und anschließend servieren. Oder gratinieren: Dazu die Zwiebelsuppe in feuerfeste Suppentassen füllen, dick mit geriebenem Emmentaler bestreuen, kräftig pfeffern und unter dem Backofengrill 10 Minuten überkrusten.

Kartoffelcremesuppe mit Krabben
(Zutaten für 2 Personen)
600 g Kartoffeln
1 Bund Frühlingszwiebeln
200 g Sahne
1/2 l Instantbrühe
1 Eigelb
1 Stück Süßrahmbutter (walnußgroß)
Salz
frisch gemahlener weißer Pfeffer
Worcestersauce
100 g Krabbenfleisch

Kartoffeln schälen und waschen, anschließend in kleine Würfel schneiden. Frühlingszwiebeln putzen, waschen und in schmale Ringe schneiden.
Kartoffelwürfel in der Brühe aufsetzen. Sobald sie kochen, Frühlingszwiebeln zugeben und in 20 Minuten garen. 2 EL Kartoffelwürfel abnehmen, die restliche Kartoffelbrühe pürieren. Sahne und Eigelb verrühren. Zusammen mit den Kartoffelwürfeln zur pürierten Suppe geben.
Mit Salz, Pfeffer und einem Schuß Worcestersauce abschmecken. Kurz erhitzen, Krabben und Butter dazugeben. Nicht mehr kochen!
Regine Petzold
Bonn

Ein Glas trockener Weißwein,
z B. »Soave Classico«, 1997, oder
»Bourgogne Blanc«, 1996, machen
die Kartoffelsuppe rund!

Badischer Kohltopf

500 g Schwarzwälder Schinken
125 g Gelderländer Bauchspeck
300 g Schinken-Pfefferlinge
oder andere Kochwurst
200 g Karotten
200 g Lauch
4-5 große Kartoffeln
1,5 kg Weißkraut

Das Schinkenstück gut waschen. Wenn es sehr salzig sein sollte, vorher kurz wässern. Zusammen mit dem Bauchspeck in 1,5 l kaltem Wasser (großen Topf benutzen) aufsetzen und zum Siedepunkt bringen. Abschäumen, geputzte halbe Lauchstangen und geschälte, halbierte Karotten zugeben. Nicht salzen!

Etwa 60 Minuten langsam kochen lassen. Dann den geviertelten, von den gröbsten Rippen und dem Strunk befreiten Krautkopf hinzufügen und weiter kochen lassen. 30 Minuten später geschälte ganze Kartoffeln und Schinken-Pfefferlinge zugeben. Noch weitere 25-30 Minuten kochen und anschließend servieren. Das Fleisch kann mit allen Gemüsen aufgetragen werden!

Karl Rösel
Freiburg

Bravo! Dieser süddeutsche Kohl-Klassiker hat kulinarisches Profil und wirft jede Pfälzer Kohlpfanne aus dem Rennen!

Karottensuppe mit Ingwer

500 g Karotten
1 l Gemüsebrühe (Instant)
1 große Zwiebel
2 Knoblauchzehen
1 kleines Stück Ingwer
1 EL Currypulver
100 g Sahne
1 Glas Orangensaft (frisch gepreßt)
2 EL Süßrahmbutter

Knoblauch, Ingwer und Zwiebel schälen und in kleine Stücke schneiden. In der geschmolzenen Butter anbraten, mit Currypulver bestreuen und verrühren. Die geschälten und in dünne Scheiben geschnittenen Karotten zugeben, kurz andünsten, mit Brühe ablöschen und anschließend auffüllen. In 20 Minuten garen, pürieren. Mit Sahne und Orangensaft abschmecken. Nach Bedarf salzen.

Dö V.V.
Frankfurt am Main

Aufgepaßt! Beim Ingwer gibt es verschiedene Schärfen. Deswegen ist es ratsam, ihn nach und nach der Suppe zuzusetzen, damit beim Essen keine Tränen fließen.

Hühnerbrühe
mit dreierlei Klößchen

750 g Hühnerbrust
2 EL kaltgeschlagenes Olivenöl
2 Zwiebeln
2 Karotten
1,5 Liter Gemüsebrühe (Instant)
Salz
frisch gemahlener schwarzer Pfeffer
frisch geriebene Muskatnuß
35 g Butter
70 g Mehl
2 Eier
1/2 Bund glatte Petersilie
30 g geriebener Emmentaler
1 EL Tomatenmark oder Ketchup

Zwiebeln und Karotten schälen und grob zerkleinern. Olivenöl in großem Topf erhitzen und Gemüse darin scharf anbraten. Hühnerbrust klein-schneiden und zugeben und mit 2 Litern kalter Gemüsebrühe aufgießen. Die Brühe bei milder Hitze 1 1/2 Stunden köcheln lassen. Zwischendurch mehrmals abschäumen.

Für die Klößchen 1/8 l Wasser mit Butter, Salz und frisch geriebener Muskatnuß zum Kochen bringen und das Mehl einstreuen. Auf der Kochstelle weiterrühren, bis sich der Kloß vom Topfrand löst. Nach und nach die Eier unter die noch heiße Masse rühren. Die Menge dritteln. Petersilie sehr fein hacken. Jeweils ein Drittel mit Petersilie, mit geriebenem Emmentaler und Tomatenmark oder

Ketchup verrühren. Mit zwei nassen Teelöffeln von jeder Masse 8 Klößchen abstechen und auf gefettete Alufolie setzen. Die Brühe durch ein feines Sieb geben, entfetten und abschmecken. Die Klößchen in kochendem Salzwasser 10 Minuten garziehen lassen. Auf vier Teller verteilen und die fertige Hühnerbrühe vorsichtig angießen.

Petra Lauffenberger, Berlin

Westfälischer Bohneneintopf

250 g Gelderländer Bauchspeck
1 l klare Brühe (Instant)
4 Möhren
4 kleine Kartoffeln
2 kleine Äpfel
2 Birnen
1 Dose weiße Bohnen (Stella)
300 g frische grüne Bohnen
(oder 1 kleine Dose grüne Bohnen)
2 frische Zweige Bohnenkraut
(oder 1,5 TL getrocknetes Bohnenkraut)
3 EL frische Petersilie, gehackt

Gelderländer Bauchspeck in mundgerechte Würfel schneiden. Fleischbrühe erhitzen und die Speckwürfel 20 Minuten darin kochen. In der Zwischenzeit Möhren schälen, waschen und in Scheiben schneiden. Kartoffeln schälen, waschen und vierteln. Äpfel und Birnen schälen, vom Kerngehäuse befreien und vierteln. Bohnen waschen, fädeln und zusammen mit allen kleingeschnittenen Zutaten und dem Bohnenkraut zur Brühe geben. Bei milder Hitze ca. 20 Minuten garen. Dann die weißen Bohnen dazugeben und 10 Minuten bei milder Hitze ziehen lassen.

Zum Schluß mit Salz und Pfeffer abschmecken und mit gehackter Petersilie bestreuen.

Dö V.V., Frankfurt am Main

informiert:

Dazu passen kräftiges Bauernbrot und kühles Bier.

Pizza & Pasta & Risotto
Fastfood vom Feinsten aus Italien

Nudeln gehen fix und machen glücklich. Doch damit ist für Pasta-Fans das Italien-Thema noch längst nicht abgenudelt: leckere, hausgemachte Pizza und aromatisches Risotto rangieren ganz oben in den Charts der Leckerbissen. Nur wenige Zutaten sind nötig, und die kann man auf Vorrat kaufen. Darf es ein leckeres Risotto sein? Kein Problem: Olivenöl und Zwiebel, etwas Rosmarin, ein Glas Weißwein, Reis, Gemüsebrühe, geriebener Käse und ein Stückchen Butter: im Handumdrehen ist alles fertig.

Pasta ist »Fastfood« vom Feinsten: in der Regel brauchen Nudeln 9-11, hausgemachte Pizza knapp 15 und ein duftendes Risotto (es muß noch Biß haben!) 15-17 Minuten Garzeit. Kreative Pizzabäcker, Pasta-Gourmets und Risotto-Köche, aufgepaßt! Das ist ein Experimentierfeld ohnegleichen! Auf der Suche nach dem ultimativen Rezept kann man richtig abheben, denn die Zahl der Geschmacks-Variationen ist unendlich. Wichtig ist und bleibt jedoch die richtige Käseauswahl: Pizza schmeckt am besten mit Mozzarella (gut bei Aldi!), Pasta und Risotto dagegen mit frisch geriebenem Parmesan. In der Not tut's auch Emmentaler, der selbstgerieben besser schmeckt als der fertige aus der Tüte!

Pizza con tutto

400 g Weizenmehl Type 405
1 Päckchen Trockenhefe
1/4 l lauwarmes Wasser
1/2 TL Salz
2 EL kaltgeschlagenes Olivenöl
frisch gemahlener schwarzer Pfeffer
Für den Belag:
1 große Dose geschälte Tomaten
1 frische grüne Paprika
1 kleine Dose Thunfisch in Stücken
100 g Salami in Scheiben
100 g Hinterschinken in Scheiben
200 g geriebener Emmentaler
Pizzagewürz

Für den Pizzateig alle Zutaten gut vermengen und an einem warmen Ort (25 Grad) zugedeckt ca. 15 Minuten gehen lassen. Danach nochmals kneten und auf einem mit Backpapier ausgelegten Backblech ausrollen und nochmals kurz zugedeckt gehen lassen.

Für den Belag die geschälten Tomaten mit einer Gabel zerpflücken und zusammen mit dem Tomatensaft auf dem ausgerollten Teig verteilen. Schinken und Salami kleinschneiden, Thunfischstücke zerkleinern und Paprika waschen und in dünne Scheiben schneiden. Alles zusammen auf der Pizza verteilen. Mit Pizzagewürz bestreuen und 15 Minuten bei 200 Grad auf mittlerer Schiene im Backofen backen. Dann den geriebenen Emmentaler darauf verteilen und nochmals 15 Minuten knusprig backen. Dazu paßt knackiger Kopf- oder Eisbergsalat.

Rosemarie Züfle, Unteriflingen

Pizza Diabetika

Für den Boden:
750 g roher Kloßteig (Fertigteig)
Für den Belag:
4 EL Tomatenketchup
150 g Salami in Scheiben
500 g frische Champignons
500 g frische Paprikaschoten
1 Glas grüne Oliven
250 g Brokkoli
250 g geriebenen Emmentaler
Pizzagewürz

Den fertigen Kartoffelteig auf ein mit Backpapier ausgelegtes Backblech drücken. Tomatenketchup auf dem Teig verstreichen. Für den Belag Champignons und Paprika waschen und in dünne Scheiben schneiden und die Pizza damit belegen. Brokkoli waschen, dicken Strunk entfernen, Röschen abpflücken und kurz in Salzwasser garen und die Pizza damit belegen. Zum Schluß Oliven verteilen und die Pizza mit geriebenem Emmentaler belegen. Mit Pizzagewürz würzen und bei 175 Grad ca. 30 Minuten auf mittlerer Schiene und mit Umluft knusprig backen.

Eva Maske, Homburg

informiert:

Der Kartoffelteig eignet sich besonders für Diabetiker. Er enthält weniger BE als herkömmlicher Pizzateig und schmeckt einfach super!

21

Pizza Napoli

Für den Teig:

400 g Weizenmehl Type 405

1/2 Würfel frische Hefe

1 EL Zucker

knapp 1/4 l lauwarmes Wasser

1/2 TL Salz

2 EL Olivenöl (Lorena)

Für den Belag:

4 EL Tomatenmark

4 frische Tomaten

4 hartgekochte Eier

100 g gekochter Hinterschinken

50 g schwarze Oliven

Salz

frisch gemahlener schwarzer Pfeffer

1 TL getrocknetes Oregano

1 TL gehacktes frisches Basilikum

200 g Mozzarella

Das Mehl in eine Schüssel geben, in der Mitte eine Mulde eindrücken und die Hefe hineinbröckeln. Den Zucker darüberstreuen und etwas Wasser angießen. Den Vorteig etwa 15 Minuten zugedeckt an einem warmen Ort gehen lassen. Danach das restliche Wasser, Salz und das Olivenöl dazugeben, alles zu einem glatten Teig verarbeiten und diesen an einem warmen Ort 30 Minuten gehen lassen.

Den Teig ausrollen und auf ein gefettetes Backblech legen. Das Tomatenmark darauf verstreichen. Den Backofen auf 180 Grad vorheizen. Die Tomaten kurz in heißes Wasser legen, häuten und in Scheiben schneiden. Eier pellen und vierteln oder auch in Scheiben schneiden. Schinkenscheiben in Streifen schneiden und zusammen mit den Oliven auf der

Pizza verteilen. Mit Salz, Oregano, Pfeffer und Basilikum würzen. Den in Scheiben geschnittenen Mozzarella auflegen und die Pizza in etwa 30 Minuten auf mittlerer Schiene im Backofen (am besten bei Umluft) knusprig backen.

Hilde Richter
Dresden

Oliven sind ein Saisonartikel bei Aldi. Da empfiehlt sich weise Vorratshaltung!

Tortellini mit Gorgonzolasauce

350 g Tortellini
200 g Gorgonzola
3 Knoblauchzehen
2 EL Olivenöl
200 g Sahne
2,5 l Fleischbrühe (Instant)

Fleischbrühe zum Kochen bringen und Tortellini nach Vorschrift »al dente« kochen. Inzwischen Olivenöl erhitzen und die geschälten, fein geschnittenen Knoblauchzehen darin anrösten. Mit Sahne ablöschen und fein köcheln lassen. Gorgonzola mit einer Gabel zerdrücken und zur Sahnesauce geben. Bei mittlerer Hitze den Käse schmelzen lassen. Tortellini abgießen und in einer Schüssel anrichten. Gorgonzolasauce darübergeben und vorsichtig vermischen. Zum Verfeinern der Sauce eignen sich entweder Eismeerkrabben oder Schinkenstreifen.

Mein persönlicher Favorit zu den Tortellini: »Beaujolais-Villages«, Appellation Beaujolais Villages Contrôlée, 1996

Frank Dufner
Ohlsbach

Lieber Frank! Wir sitzen doch nicht am Lagerfeuer! Bitte etwas mehr Gefühl beim Kochen zeigen! Sahne sollte, einmal an die Sauce gegeben, nicht mehr kochen. Sie verliert schnell an Geschmack und Gorgonzola-Käse schmilzt auch auf kleiner Flamme!

Tortellini mit Pilzsauce

500 g Tortellini
200 g frische Pfifferlinge
oder 1 kleine Dose Pfifferlinge
3 EL Sonnenblumenöl
1 Zwiebel
1/8 l trockener Weißwein
(z. B. Chardonnay)
1 Becher Schmand
Salz
frisch gemahlener schwarzer Pfeffer
Currypulver

Zwiebeln schälen und würfeln, Champignons putzen und blättrig schneiden. Frische Pfifferlinge putzen bzw. abtropfen lassen, anschließend halbieren. Sonnenblumenöl in einer tiefen Pfanne heiß werden lassen. Zwiebelwürfel darin glasig dünsten, Pilze hinzufügen und einige Minuten schmoren lassen. Mit Salz, schwarzem Pfeffer und einer Prise Currypulver würzen. Mit Weißwein ablöschen. Einige Minuten unter Rühren einkochen lassen. Zuletzt den Schmand in die Sauce einrühren und zu den in 3-4 Litern Salzwasser »al dente« gekochten Tortellini servieren.

Dazu paßt: frischer, grüner Salat und kräftige italienische Weine wie Chianti oder weißer Verdicchio.

Gabriele Gumpp
Donauwörth

Liebe Frau Gumpp, zum Essen kann man bedenkenlos auch den »Kochwein« reichen. Aldis »Bourgogne Blanc«, schmeckt leicht gekühlt (10-12 Grad) vorzüglich.

Bandnudeln in Lachssahne

500 g Bandnudeln
120 g Räucherlachs
1/10 l Olivenöl
100 ml Sahne
1 frische Tomate
1/2 Schnapsglas Cognac
Salz
schwarzer Pfeffer
Muskat

Den Räucherlachs in feine Streifen schneiden. Tomate mit heißem Wasser übergießen, häuten, entkernen und zerdrücken. Das Olivenöl im Topf erwärmen und nacheinander Lachs, Tomate, Sahne und etwas geriebene Muskatnuß dazugeben. Bei kleinster Flamme köcheln lassen, bis die Sahnesauce sämig wird. Cognac dazugeben und warmhalten. Die Bandnudeln in ausreichend Salzwasser nach Vorschrift »al dente« garen und abgießen. In einer großen Schüssel Bandnudeln anrichten, mit der Sauce übergießen, vorsichtig durchmischen und mit schwarzem Pfeffer abschmecken. Kurz durchziehen lassen und rasch auf vorgewärmten Tellern verteilen.

G. Lausch
Koblenz

Bandnudeln mit Spinat und Tomaten

250 g frischer Blattspinat
oder 1 Dose Blattspinat
1 Zwiebel
3 Knoblauchzehen
3 EL Olivenöl
Salz
Pfeffer
1 Tasse passierte Tomaten (Pak)
4 Tomaten
200 g Mozzarella
400 g Bandnudeln
50 g Butter

Spinat mehrmals waschen, Stiele entfernen und in Salzwasser 2-3 Minuten blanchieren. Dosenspinat abtropfen lassen und beiseite stellen. Zwiebel würfeln, Knoblauch schälen, hacken und im heißen Olivenöl anbraten. Die passierten Tomaten hinzufügen. Etwa 10-12 Minuten sanft köcheln. Mozzarella würfeln und zusammen mit dem Spinat in die Tomatensauce geben. Salzen und pfeffern. Die Bandnudeln in 3-4 Litern Salzwasser »al dente« kochen. In einer Schüssel anrichten und die Butterflöckchen unterheben. Zusammen mit der Tomatensauce servieren.

Katja Klose, Leipzig

Katja Klose, Kompliment! So lecker und leicht lassen sich vegetarische Gerichte zubereiten!

Makkaroni aus dem Ofen

300 g Makkaroni (oder Bandnudeln)
1 Zwiebel
1 Knoblauchzehe
800 g geschälte Tomaten (Dose)
1 kleine Aubergine
Salz
schwarzer Pfeffer
10 schwarze Oliven
5 kleine getrocknete Peperoni
1 TL frische Rosmarinnadeln
1 TL italienische Kräuter, getrocknet
1/2 TL Zucker
100 g geriebener mittelalter Gouda

Nudeln in ausreichend Salzwasser nach Anleitung bißfest kochen. Zwiebel und Knoblauch schälen und feinschneiden.

Die Tomaten abtropfen lassen und die Flüssigkeit auffangen. Tomaten grob zerkleinern. Aubergine putzen, waschen und in Würfel schneiden. Mit Salz bestreuen und 20 Minuten stehen lassen. Anschließend mit Haushaltspapier trockentupfen. In eine gefettete, feuerfeste Form abwechselnd Tomaten, Zwiebel, Knoblauch, Auberginenwürfel, Oliven, Peperoni und Makkaroni schichten. Mit Rosmarinnadeln und italienischen Kräutern, Pfeffer, Zucker und geriebenem Gouda bestreuen. Tomatenflüssigkeit angießen und den Auflauf im Backofen bei 190 Grad etwa 30 Minuten backen.

Leonie Nowak, Bonn

Spaghetti Carbonara

200 g Bauchspeck
4 EL Olivenöl
5 Eigelb
200 g Sahne
50 g geriebener Emmentaler
Salz
Pfeffer
Muskat
350 g Spaghetti

Den Speck in feine Streifen schneiden und in heißem Olivenöl ausbraten. Eigelb, Sahne und geriebenen Emmentaler verquirlen. Salzen, pfeffern und nach Geschmack mit Muskat würzen. Spaghetti in reichlich Salzwasser bißfest kochen, abgießen und kräftig mit der Carbonara-Sauce ver-mischen. Die Eier dürfen nicht stok-ken, sondern sollten eben noch flüssig sein. Sofort servieren.

Dazu paßt: am besten eine große Schüssel grüner Salat.

Hannah Kasparis, Hanau

Liebe Hannah Kasparis! Danke für das Original-Rezept dieses Pasta-Klassikers. Von einem Dutzend Pasta-Fans können höchstens zwei die genauen Zutaten benennen. Kaum zu glauben, aber wahr!

Spaghetti mit frischer Tomatensauce

350 g Spaghetti
750 g frische Tomaten
oder Dosentomaten
2 Zehen Knoblauch
1 große Zwiebel
Salz
Cayenne-Pfeffer
2 kleine Karotten
1 Bund Petersilie
50 ml Olivenöl

Tomaten mit heißem Wasser überbrühen, häuten und vierteln. Dosentomaten abtropfen lassen. Karotten waschen, schälen und würfeln. Zwiebeln und Knoblauch schälen und feinschneiden. Karotten, Zwiebeln und Knoblauch in heißem Olivenöl anschmoren. Tomaten dazugeben. Petersilie waschen, zupfen und hacken. Die Hälfte zur Tomatensauce geben und so lange bei mittlerer Hitze mitkochen, bis die Karotten weich sind. Mit dem Pürierstab zerkleinern und nochmals etwas einkochen. Die Sauce sollte eine kompakte Konsistenz haben. Mit Salz und Cayenne-Pfeffer abschmecken. Zum Schluß die verbliebene frische Petersilie über die Sauce geben. Spaghetti in Salzwasser kochen und zur Tomatensauce reichen.

Ilse Apelt, Hildesheim

Spaghetti – wie Pasta überhaupt – brauchen nicht nur Salzwasser, sondern viel Salzwasser. Am besten, man kocht sie in einem großen Topf mit 4-5 Litern Wasser und gibt das Salz (2-3 EL) erst dazu, wenn das Wasser sprudelnd kocht! Achtung, den Topf nicht zu voll machen! Das Salz schäumt kurzfristig auf, und die Nudeln brauchen natürlich auch noch Platz. Spaghetti werden grundsätzlich nicht gebrochen, sondern in ihrer vollen Länge langsam ins Salzwasser getaucht und nach und nach unter die Wasseroberfläche gebracht. Unter Rühren muß das Wasser dann erst wieder aufkochen. Ab und zu umrühren, damit sich nichts am Boden festsetzt. Ohne Deckel sanft weiterkochen bis zum Ende der Kochzeit (variiert, je nach Sorte). Kurz vor Ende die »Bißprobe« machen! Spaghetti sind »al dente«, wenn sie sich mit 2 Fingern gerade eben leicht zerteilen lassen.

Spaghetti mit Gemüsesauce

250 g Spaghetti
2 Paprikaschoten
2 Zwiebeln
4 Tomaten
1 Knoblauchzehe
1 Zucchini
1 EL Tomatenmark
1 EL Sonnenblumenöl
1/2 l Rindsbouillon (Instant)
Salz
Pfeffer
Soßenbinder
Parmesankäse

Zwiebeln schälen und würfeln, Knoblauch schälen und in feine Scheiben schneiden. Paprika, Tomaten und Zucchini waschen und würfeln. Alle Zutaten sanft in heißem Öl andünsten. Tomatenmark einrühren, Brühe angießen und sanft 15 Minuten köcheln lassen. Soßenbinder einstreuen und mit Salz und Pfeffer abschmekken. Inzwischen die Spaghetti in 3-4 Litern Salzwasser »al dente« kochen. Abtropfen lassen, auf vorgewärmten Tellern anrichten und mit reichlich Parmesan bestreuen.

Kirsten Kirschner
Hamburg

Also, den Soßenbinder würde ich eiskalt bei Aldi im Regal stehen lassen! Zum einen macht die Zubereitung »ohne« sehr viel weniger Arbeit und zweitens schmeckt Gemüse pur einfach besser! Ein paar Eßlöffel Sahne tun's doch auch, oder?

Risotto mit Austernpilzen

2 Zwiebeln
4 EL Olivenöl
1 Glas trockener Weißwein
(z. B. Bourgogne Blanc)
280 g *Risottoreis* oder Milchreis
1,5 l Fleischbrühe (Instant)
Salz, Pfeffer
250 g Austernpilze
2 EL Butter
3 EL geriebener *Parmesan*

Zwiebeln schälen, würfeln und in heißem Olivenöl anbraten. Reis dazugeben und umrühren. Mit einem Glas Weißwein ablöschen und einkochen lassen. Nach und nach die Fleischbrühe dazugeben und weiterrühren, bis der Reis noch Biß hat (ca. 14-17 Minuten). Unterdessen die Austernpilze säubern (nicht waschen), halbieren und mit einem Eßlöffel Butter in einer Pfanne anbraten. Die restliche Butter zusammen mit dem frisch geriebenen Parmesan zum Risotto geben. Mit Salz und Pfeffer abschmecken und die Austernpilze unterheben.

Anstelle von Austernpilzen schmecken auch Steinpilze, Champignons oder Pfifferlinge ausgezeichnet im Risotto.

Georg Heidelbach, Bad Nauheim
Warum so wenig Parmesan, Herr Heidelbach? Nur weil der Discounter diesen hervorragenden Würzkäse noch nicht entdeckt hat? Das ist kein Grund, damit so sparsam umzugehen! Meiner Meinung nach gehört mindestens soviel Käse wie Wein ins Risotto: 1 Glas, und zwar randvoll – als Untergrenze!

Risotto mit frischem Rosmarin

250 g *Risottoreis* oder Milchreis
1 1/2 l Hühnerbrühe (Instant)
4 EL Olivenöl
1 Zwiebel
1/2 Knoblauchzehe
15 *frische Rosmarinnadeln*
1 Glas Weißwein (z. B. Soave Classico)
50 g geriebener *Parmesan*

Öl in der Pfanne erhitzen und klein-gehackte Zwiebel, Knoblauch und Rosmarinnadeln darin anrösten. Reis bei mittlerer Hitze unterrühren und mit einem Glas Weißwein ablöschen. Etwas einkochen lassen. Nach und nach Hühnerbrühe angießen und immer wieder einkochen lassen, bis der Reis gar ist, aber noch Biß hat (zwischen 17 und 20 Minuten). Zum Schluß Butter einrühren und Parmesankäse dazugeben. Vor dem Anrichten noch etwa 5 Minuten warm stellen und anschließend in tiefe Suppenteller füllen.

Christian Raisig, Berlin

Kompliment! Diese Risotto zählt zu den einfachsten und aromatischsten! Die Zubereitung ist aldi-einfach! Lecker dazu Lammbraten und ein Schluck von einem guten Roten. Zum Beispiel vollmundiger »Château Le Monteil«, Cru Bourgeois, 1994! Ein Festessen!

Sparbrötchen

Mehr als Appetizer

Appetitlich angerichtete Baguette-brötchen, Toasts und Fladenbrote sind eine besondere Augenweide und lassen sich auch unter Zeitdruck mühelos zubereiten. Ob zum Frühstück, Brunch oder einfach mal so zwischendurch: Mit pfiffigen Ideen verwandeln sich »Sparbrötchen« rasch in warme oder kalte Vorspeisen, Zwischenmahlzeiten oder Pausensnacks. Köstliche Klassiker wie »Hawaii-Toast« oder »Croque Monsieur«, leckere Bistro-Happen wie »Heiße Aldidente-Brötchen« oder »Gefülltes Fladenbrot« schmecken zu frischen, knackigen Blatt-salaten oder einfach so. Helfen  Sie dem Geschmack nach Lust und Laune auf die Sprünge. Würzen Sie nach eigenem Gusto! Keine Angst vor exotischen Tunken, pikanter selbstgemachter Mayonnaise oder höllenscharfen Peperoni. Kochen ist – das wissen auch die Profis – Erfahrungswissen, das von Experimenten lebt. Achtung: Bevor Sie loslegen, stellen Sie schon einmal eine Flasche trockenen Rosé oder einen Sechserpack Bier ins Kühlfach.

Sardinen-Toast

4 Scheiben Toastbrot
4 kleine Tomaten
Salz
Pfeffer
frischer Thymian
4 große Basilikumblätter
8 Ölsardinen
Zitronensaft
4 Scheiben mittelalter Gouda

Toast mit Tomatenscheiben belegen, salzen, pfeffern, mit Thymianblättchen und gehacktem Basilikum bestreuen. Ölsardinen auf die Tomatenscheiben legen und mit Zitronensaft beträufeln. Auf jeden Toast eine Käsescheibe legen. Backofen vorheizen und den Toast bei 225 Grad überbacken, bis der Käse geschmolzen ist (ca. 10-15 Minuten).

Als Vorspeise die Toastscheiben halbieren.

Monika Böke, Düsseldorf

Liebe Monika Böke, das schmeckt wunderbar würzig! Dazu ein Glas kalifornischen »Cabernet Sauvignon« (1996, Burlwood Cellars) und die Zwischenmahlzeit ist perfekt!

Pizza-Brötchen
(für 8-10 Personen)

10 längliche Brötchen (Hermanns Bürli)
300 g Emmentaler
300 g Salami
300 g gekochter Hinterschinken
300 g Champignons frisch oder aus der Dose
300 g frische oder geschälte Tomaten (Dose)
1 Päckchen Sahne
Pizzagewürz

Emmentaler Käse reiben, Salami und Schinken würfeln, Champignons säubern und in feine Scheiben schneiden. Pilze aus der Dose abtropfen lassen. Frische Tomaten brühen, häuten und zerkleinern. Geschälte Tomaten aus der Dose mit einer Gabel auseinanderpflücken. Alle Zutaten in einer großen Schüssel mischen und mit der flüssigen Sahne vermischen. Die Masse gleichmäßig auf die Brötchenhälften verteilen, mit Pizzagewürz bestreuen und bei 200 Grad ca. 12-15 Minuten überbacken.

Dazu paßt ein kühler Rosé, z. B. »Castel del Monte Rosato«, 1996.

Elsbeth Zuleck
Ludwigsburg

Warme Party-Schnittchen

300 g Gouda
2 Zwiebeln
250 g Kochschinken in Scheiben
3 Eier
2 Eigelb
200 g Butter
2 Knoblauchzehen
Salz
Pfeffer
Petersilie
Weizen- oder Vollkorntoast

Die handwarme Butter mit den Eiern und dem Eigelb in einer Schüssel schaumig rühren. Salzen, pfeffern und die Petersilie dazugeben. Alle anderen Zutaten fein würfeln bzw. schneiden und unter die Buttermasse geben. Löffelweise auf Toastbrotscheiben verteilen und bei 200 Grad im vorgeheizten Backofen bei Umluft überbacken (10-12 Minuten).

Monika Teriet, Stadtlohn

Hawaii-Toast
4 Scheiben Toastbrot
2 EL Butter
2-3 kleine vollreife Tomaten
4 Scheiben gekochter Schinken
4 Scheiben Ananas
4 Scheiben Chesterkäse
Salz
Pfeffer

Toastbrot großzügig mit Butter bestreichen. Mit Tomatenscheiben belegen, salzen, pfeffern und Toastscheiben mit jeweils einer Scheibe Kochschinken belegen. Zum Schluß je eine Scheibe Ananas und Chesterkäse auf-

legen. Im Backofen bei 200 Grad 10-15 Minuten überbacken oder 5 Minuten in der Mikrowelle übergrillen.

Beate Ziegler, Bensheim
Tomaten schmecken besser, wenn sie geschält sind. Dazu die Strünke entfernen und die Tomaten kurz mit heißem Wasser überbrühen. Sie lassen sich dann leichter schälen. Nur das macht den »kleinen Unterschied« aus!

Gefüllte Baguettebrötchen

4 Baguettebrötchen
4 Eier
2 Tomaten
4 Ölsardinen
2 Zwiebeln
4 Blatt Salat
3 EL Remouladensauce
Salz
Pfeffer

Die Baguettebrötchen nach Angabe aufbacken. Die Eier 8 Minuten kochen, abschrecken und pellen, Brötchen aufschneiden und auf jeder Seite mit Remoulade bestreichen. Auf die Unterseiten je ein Blatt Salat legen. Eier in Scheiben schneiden, auf dem Salat verteilen und je eine Ölsardine auflegen. Zwiebeln schälen und in Ringe schneiden und im Wechsel mit Tomatenscheiben auf die Ölsardinen schichten. Mit Salz und Pfeffer würzen. Die Baguettebrötchen mit den restlichen Brötchenhälften bedecken und leicht andrücken.

Monika Teriet
Stadtlohn

Servieren Sie dazu einen kalifornischen »Cabernet Sauvignon« (Burlwood Cellars, 1996)! Sie werden sehen, die Baguettebrötchen gehen weg wie warme Semmel!

Heiße Brötchen »Aldidente«
(für 6-8 Personen)
24 Baguettebrötchen
2 Becher Schmand
4 EL Pflanzenmargarine (Bellasan)
1 Becher Frischkäse Doppelrahmstufe
250 g Emmentaler Käse in Scheiben
200 g Delikateß-Hinterschinken in
Scheiben
150 g junger Gouda geschnitten
200 g Salami
2 Zwiebeln

Emmentaler, Gouda, Hinterschinken und Salami so fein wie möglich kleinschneiden. In einer Schüssel Schmand verrühren und die Käse-Schinken-Salami-Masse unterziehen und einige Minuten ziehen lassen. In einer weiteren Schüssel Margarine mit dem Schneebesen schaumig schlagen und feingeschnittene Zwiebeln untermischen. Baguettebrötchen aufschneiden. Die Hälften mit der Margarine-Zwiebel-Masse bestreichen und mit der angerührten Käse-Schinken-Salamimasse belegen. Bei 180-200 Grad ca. 10-20 Minuten backen. Die Brötchen sind fertig, wenn sie eine goldbraune Farbe haben und die Masse geschmolzen ist.

Ein weiterer Spartip: Falls von der Füllung etwas übrigbleibt, läßt sie sich bis zu 3 Monaten bedenkenlos im Gefrierfach aufbewahren.

Jürgen Reinert, Bietigheim-Bissingen

Lieber Jürgen Reinert! Was halten Sie von einer großen Schüssel mit frischen Blattsalaten zu Ihren »Sparbrötchen« ? Oder haben Sie Angst vor Vitaminen?

Croque Monsieur

200 g Emmentaler, gerieben
4 Eier
Salz
frisch gemahlener weißer Pfeffer
2 TL scharfer Senf
8 Scheiben Toast
Pflanzenmargarine
4 Scheiben gekochter Schinken

Toastbrot mit Pflanzenmargarine bestreichen. Eier schaumig rühren, geriebenen Käse zugeben und mit Salz, Pfeffer und Senf pikant abschmecken. Die Eier-Käse-Masse auf 4 Scheiben Toast aufstreichen. Je eine Scheibe Schinken und eine Toastscheibe auflegen. Die Sandwiches leicht andrücken und die Oberseiten nochmals mit Margarine bestreichen. Die Sandwiches auf ein mit Backpapier ausgelegtes Backblech legen und in den vorgeheizten Backofen schieben. Etwa 15-20 Minuten goldbraun backen.

Angelika Hilpert
Celle

Zu dem französischen Bistrosnack paßt immer auch ein Schluck »Bourgogne Blanc«, Appellation Bourgogne Contrôlée, 1996 – gut gekühlt natürlich!

Mozzarella-Tomaten-Baguettes

8 Baguettebrötchen zum Aufbacken
10 Tomaten
250 g Frischkäse (mit oder ohne Knoblauch)
3 Stück Mozzarella-Käse
Salz
Pfeffer
frische Basilikumblätter

Brötchen längs halbieren und die Hälften üppig mit Frischkäse bestreichen. Tomaten und Mozzarella in Scheiben schneiden und abwechselnd auf die Baguettehälften schichten. Mit Salz und Pfeffer würzen. Mit frischen Basilikumblättern dekorieren. Die Brötchenhälften auf ein mit Backpapier ausgelegtes Backblech legen und im vorgeheizten Backofen bei 200 Grad 10-15 Minuten überbakken, bis der Käse geschmolzen ist und eine knusprige Oberfläche hat.

Dazu paßt ein trockener, kräftiger Rotwein, z. B. Rioja, Viña Lombas, 1996.

Birgit Mangold, Ries

Gefülltes Fladenbrot mit Gemüse

1 großes Fladenbrot
1 kg Tomaten
1 kg Zucchini
1 große Gemüsezwiebel oder 3 mittelgroße Zwiebeln
3-4 zerdrückte Knoblauchzehen
1 Ei
1 Becher Schmand
200 g Schafskäse
Salz

Das Fladenbrot halbieren. Tomaten und Zucchini waschen. Zwiebeln schälen. Alles in Scheiben schneiden und die Unterseite des Fladenbrotes damit belegen. Schafskäse mit einer Gabel, Knoblauch mit dem Messerrücken und etwas Salz zerdrücken. Aus Schmand, Ei, Schafskäse und Knoblauch eine satte Creme rühren und auf die Gemüsescheiben schichten. Brotdeckel auflegen und 10 Minuten im sehr heißen Backofen auf mittlerer Schiene überbacken. In vier Portionen schneiden und heiß servieren.

Christine Barthels
Braunschweig

Dazu paßt immer ein guter Rotwein, wie Chianti oder Rioja!

Gesund & Munter

Fleischlos glücklich: voll im Trend

Leichte Kost mit viel frischem Gemüse und knackige Salate dürfen auf keiner Speisekarte fehlen. Frische Gemüsegerichte machen schlank, sind unkompliziert in der Zubereitung und günstig im Preis. Ob in der schlichten Alltagsversion oder als raffinierte Hauptgerichte mit besonderen Zutaten: das beliebteste und abwechslungsreichste Gemüse ist die Kartoffel. Die große Liebe zur kleinen Knolle fällt so richtig ins Gewicht: jeder von uns beißt sich laut Statistik durch immerhin 75 Kilogramm pro Jahr! Ganz schön viel! Doch wen wundert's? Kartoffeln sind in der Küche extrem pflegeleicht: einfach waschen, schälen und zubereiten. Sie lassen sich kochen, backen, braten, grillen, überbacken oder füllen. Sie schmecken warm und kalt, als Hauptgericht ebenso köstlich wie als Beilage oder Salat. Frische Salate wie Caesarsalat oder Griechischer Salat schmecken am besten mit einer herzhaften Vinaigrette-Sauce aus Olivenöl (3 Teile), Essig/Zitronensaft (2 Teile), Senf (1 Teil) und frisch gemahlenem schwarzen Pfeffer. Es lohnt sich, mit den Mengenanteilen zu experimentieren und Mischungen verschiedenster Öle und Essige auszuprobieren. Aldi führt einmal im Jahr einen guten Balsamico-Essig. Da er intensiver schmeckt als andere Essigsorten, sollte man ihn sehr sparsam verwenden. Oder besser noch Salatsaucen nur damit »parfümieren«.

Caesar-Salat
1 Knoblauchzehe
4 EL Olivenöl
3 Scheiben Weißbrot
1 Kopf- oder Eisbergsalat
1 EL Zitronensaft
1 EL saure Sahne
100 g *Parmesan* oder Emmentaler in dünnen Scheiben

Den Backofen auf 180 Grad vorheizen. Knoblauch dünn schneiden und mit etwas Salz fein zerdrücken, in eine Schüssel geben und mit etwas Olivenöl abdecken. 10 Minuten ziehen lassen und ab und zu umrühren. Von den

Weißbrotscheiben die Rinde entfernen, in Würfel schneiden und in wenig Olivenöl in einer Pfanne knusprig braun rösten. Abkühlen lassen. Salat waschen und trockenschleudern oder -tupfen. Mit den größeren Blättern vier Salatschüsselchen auskleiden, die restlichen Blätter in mundgerechte Stücke zerteilen und ebenfalls verteilen. Aus Zitronensaft, Olivenöl, saurer Sahne und evtl. etwas Salz rasch eine Sauce zubereiten und über den

Salat träufeln. Parmesan oder Emmentalerscheiben und die gerösteten Weißbrotwürfel auf die Schüsselchen verteilen und vorsichtig unterheben.

Bärbel Crains, Bamberg

Mit einem Glas Champagner ein gesunder Appetizer für Salatfreaks! Außerdem läßt sich dieser Salat in allen Richtungen aufpeppen: mit Kochschinken, Sardinen, Forellenfilets oder Lachs!

Griechischer Salat

3 Fleischtomaten
1 grüne Paprikaschote
1 Salatgurke
3 Frühlingszwiebeln
250 g Schafskäse
4 EL schwarze Oliven
2 EL Zitronensaft
3 EL Olivenöl
Salz
frisch gemahlener schwarzer Pfeffer

Die Tomaten waschen und achteln, die Paprikaschote waschen und in 2 cm große Quadrate schneiden. Die Gurken schälen und entkernen, anschließend in 1 cm dicke Scheiben schneiden. Zwiebeln in 1 cm lange Stücke schneiden. Alle Zutaten zusammen mit dem würfelig geschnittenen Schafskäse und den Oliven in einer Schüssel anrichten. Aus Zitronensaft und Olivenöl, Salz und Pfeffer rasch eine Salatsauce rühren und den Salat damit beträufeln. Sofort servieren!

Gerda Günter, Landau

Dieser knackige Schlankmacher ist in knapp 15 Minuten fertig und schmeckt vorzüglich!

Warmer Kartoffelsalat mit Petersilie

1,2 kg Kartoffeln
2 mittelgroße Zwiebeln
1/4 l Gemüsebrühe (Instant)
3 EL Olivenöl
2 EL Weinbrandessig
1 EL Balsamico-Essig
1 EL Senf
Salz
Zucker
schwarzer Pfeffer
4 hartgekochte Eier
1 Bund Petersilie

Kartoffeln unter fließendem Wasser abbürsten. In Salzwasser garen und abkühlen lassen. Die Zwiebeln schälen und würfeln und zur warmen Fleischbrühe geben. Öl, Essig und Senf dazugeben. Mit Salz, Pfeffer und einer Prise Zucker abschmecken. Die Kartoffeln pellen und in große Scheiben schneiden, da sie beim Mischen in der Regel auseinanderbrechen. Petersilie waschen, zupfen, trockentupfen und fein wiegen. Die Kartoffelscheiben in einer Schüssel anrichten und mit der Petersilie bestreuen. Die noch warme Sauce darübergeben. Den Salat wenden und 30 Minuten ruhen lassen. Vor dem Servieren mit Eierscheiben dekorieren.

Antonia Riese, Dresden

Gefüllte Kartoffeln

4 große Kartoffeln
60 g Butter
125 g Käse am Stück (Emmentaler oder Gouda)
125 g Thunfisch aus der Dose
1 Eigelb
Salz
Pfeffer
Muskat
1 EL gehackte Kräuter

Kartoffeln unter fließendem Wasser abbürsten und auf einem Blech 45 Minuten bei 250 Grad auf mittlerer Schiene im Backofen garen. Kartoffeln kurz abkühlen lassen und längs halbieren. Kartoffeln mit einem Löffel aushöhlen. dabei einen dünnen Rand stehen lassen. Die Kartoffelmasse mit einer Gabel zerdrücken.

Mit Butter, Käsewürfeln, Thunfisch, Eigelb und Kräutern vermengen und mit Salz, Pfeffer und Muskat abschmecken. Die Masse wieder in die Kartoffeln einfüllen und im heißen Backofen nochmals 10-15 Minuten überbacken.

Dazu paßt eine große Schüssel Kopf- oder Eisbergsalat.

Rosemarie Züfle
Unteriflingen

Achtung: Nicht alle Kartoffeln eignen sich für Salate! Am besten schmecken die Salatsorten »Granola« (runde Knollen, gelbe Fleischfarbe), »Linda« (langovale Knolle, tiefgelbe Farbe) oder »Sieglinde« (festkochende Frühsorte mit gelbem Fruchtfleisch).

Kartoffelsalat mit Äpfeln

2,5 kg Kartoffeln
2 Äpfel, 2 Zwiebeln
6-8 Cornichons
2 Becher Joghurt
1 Eigelb, Sonnenblumenöl
Senf, Salz
Pfeffer, Zitronensaft

Kartoffeln kochen, pellen; Äpfel und Zwiebeln schälen und zusammen mit den Gurken in gleich große Würfel schneiden. Rasch aus einem Eigelb und Öl eine feste Mayonnaise rühren und 2 Becher Joghurt dazugeben. Mit Senf, Salz und Pfeffer abschmecken. Die Sauce über die Kartoffeln geben und alles sanft miteinander vermischen.

Christine Barthels, Braunschweig

Handgerührte Mayonnaise erfordert einiges Training oder die peinliche Einhaltung der Zubereitungsvorschrift. Damit sie auf Anhieb gelingt, hier das Erfolgsrezept: Alle Zutaten müssen Zimmertemperatur haben. Ei und Eiweiß säuberlich trennen und in eine runde Schüssel geben. Das Öl mit einem Holzlöffel tropfenweise einrühren. Sowie die Eigelb-Öl-Verbindung eine kompakte Konsistenz hat, den Zitronensaft in kleinen Mengen zugeben. Im Wechsel Öl, Zitronensaft, Senf und Gewürze unterrühren. Falls sie dennoch gerinnt, bleiben Reparaturmaßnahmen wie eingerührtes heißes Wasser, eine Schockbehandlung durch den Pürierstab oder ähnliche Manöver in der Regel erfolglos. Da hilft nur eines: Zurück auf Start und eine neue Mayonnaise ansetzen!

Käsemürbchen

150 g Butter
180 g Emmentaler, gerieben
1/8 l Sahne
1/2 TL Salz
1 TL Paprikagewürz
250 g Mehl
1/2 TL Backpulver

Butter (Zimmertemperatur), geriebenen Käse und Sahne mit dem Knetha-
ken der Küchenmaschine verrühren.
Nach und nach die restlichen Zutaten
dazugeben und zu Mürbeteig verarbeiten.

Den Teig 2-3 Stunden (oder über
Nacht) im Kühlschrank ruhen lassen.
Er läßt sich dann besser verarbeiten.
Den Teig 5-6 mm stark ausrollen, mit
beliebigen Förmchen ausstechen oder
einfach nur mit dem Messer kleine

Rauten oder Quadrate ausschneiden.
Mit Eigelb bestreichen und auf ein
mit Backpapier ausgelegtes Backblech
legen. Bei 150 Grad (Umluft) etwa
10-15 Minuten backen.

Iris Hermann
March

*Bravo! Das Käsegebäck schmeckt
wunderbar zu Wein, z. B. zu 1996er
»Frankenberger Schloßstück«, Müller-
Thurgau Kabinett, 10%, Qualitätswein mit Prädikat, Deutsches Weinsiegel, halbtrocken.*

Champignon-Omeletts
(2 Stück)

400 g frische Champignons
2 EL Öl
1 Zwiebel
Salz
Pfeffer
2 TL gehackte glatte Petersilie
6 Eier
2 EL Milch
2 EL Butter

Champignons putzen, waschen und in Scheiben schneiden. Zwiebel schälen und in Würfel schneiden. Öl in der Pfanne erhitzen und Zwiebelwürfel darin glasig dünsten. Champignons zugeben und 15 Minuten garen. Salzen, pfeffern und 2 TL gehackte Petersilie zugeben. Eier mit 2 EL Milch und 2 EL Wasser verquirlen, salzen und pfeffern. 1 EL Butter in der Pfanne heiß werden lassen. Die Hälfte der Eiermasse (für 1 Omelett) mit einer Schöpfkelle einfüllen. Das Omelett in der offenen Pfanne 2 Minuten stocken lassen und weitere 3 Minuten mit Deckel garen. Deckel abnehmen und das Omelett mit einem Pfannenwender vom Rand lösen. Langsam auf einen vorgewärmten flachen Teller gleiten lassen. Mit der Hälfte der Pilze belegen und die andere Hälfte darüberklappen. Das zweite Omelett genauso zubereiten.

Monika Böke, Düsseldorf

Zucchini aus dem Ofen
(für 2 Personen)
500 g Zucchini
Butter für die Form
20 g Knoblauchbutter
1 EL Mehl
1/4 l Milch
50 g geriebener Gouda
oder Emmentaler

Zucchini waschen, putzen und längs vierteln. In eine gebutterte, feuerfeste Form füllen. Knoblauchbutter schmelzen lassen, Mehl einstreuen, Milch angießen und unter ständigem Rühren in 2-3 Minuten bei mittlerer Hitze eine Bechamelsauce zubereiten. Soße über die Zucchini geben und im Backofen 20 Minuten überbacken. Nach 10 Minuten den geriebenen Käse darübergeben und weitere 10 Minuten überkrusten lassen.

Dazu paßt selbstgemachtes Kartoffelpüree.

G. Lausch, Koblenz

Gemüsegerichte machen rank und schlank. Und wenn sie so lecker schmecken, macht Abnehmen richtig Spaß!

Gemüsegratin mit Schafskäse

2 Kartoffeln
250 g Brokkoli
250 g Blumenkohl
200 g Schafskäse
200 g Sahne
1 Knoblauchzehe
Pflanzenmargarine
100 g Gouda
Salz
Pfeffer

Eine feuerfeste Form mit Butter ausfetten und darin eine zerdrückte Zehe Knoblauch verreiben. Rohe Kartoffeln waschen, schälen und in mundgerechte Würfel schneiden. Brokkoli und Blumenkohl putzen, waschen und zerteilen. Schafskäse würfeln. Gemüse und Schafskäse in einer Schüssel mischen und in die Form füllen. Würzen und mit geriebenem Gouda bestreuen. Sahne darüber verteilen und im Backofen auf mittlerer Schiene 35-40 Minuten garen.

Dazu paßt kräftiger Rotwein, z. B. Chianti.

Gabriele Gumpp
Donauwörth

Leipziger Allerlei

125 g kleine Karotten
125 g frischer Spargel
1 Kohlrabi
1 kleiner Blumenkohl
125 g Erbsen aus der Dose
40 g Butter
1/8 l Gemüsebrühe (Instant)
Salz
Zucker
125 g Sahne
1 EL gehackte Petersilie

Die kleinen Karotten waschen, schaben und ganz lassen. Spargel schälen, holzige Teile entfernen und in Stücke schneiden. Kohlrabi schälen und würfeln. Blumenkohl putzen, waschen und in kleine Röschen teilen. Butter auslassen und die Gemüse darin kurz anbraten. Gemüsebrühe angießen und in ca. 15 Minuten garen. Sahne dazugeben und heiß werden lassen. Mit Salz und einer Prise Zucker abschmecken. In einer Glasschüssel anrichten und mit der gehackten Petersilie bestreuen.

Dazu passen Semmelklöße.

Herta Gruhle, Berlin

Bravo! Endlich wurde mal wieder ein bodenständiger Gemüseklassiker vor dem Aussterben bewahrt! Wer es üppiger mag, dekoriert das Traditionsgericht mit in Butter geschwenkten Riesengarnelen (Aldi Nord). Auch lecker!

Neapolitanischer Reis

2 Tassen Reis
2 Tassen Fleischbrühe
2 EL Olivenöl
1 Zwiebel
2 Tomaten
Salz
Pfeffer
100 g geriebener Emmentaler
oder *Parmesan*

Zwiebel schälen, fein würfeln und im Olivenöl goldgelb werden lassen. Reis einrühren und anrösten. Tomaten mit heißem Wasser überbrühen, pellen und in Scheiben schneiden. Auf den Reis legen. Fleischbrühe angießen und bei geschlossenem Deckel garen. Vor dem Anrichten salzen, pfeffern und mit geriebenem Käse überstreuen.

G. Lausch, Koblenz

Safranreis

140 g Langkornreis
2 kleine Zwiebeln
2 Tassen leicht gesalzenes Wasser
1/2 TL Safranpulver
200 g Krabbenfleisch
Zitronensaft
Salz
Pfeffer
1 Knoblauchzehe

Reis waschen, Zwiebeln schälen und vierteln. Wasser im Topf erhitzen und Reis, Zwiebelviertel und Safran zusetzen.

Reis auf kleinster Flamme mit geschlossenem Topfdeckel ausquellen lassen. Krabben mit Zitronensaft beträufeln, salzen, pfeffern und die zerdrückte Knoblauchzehe beimischen. 10 Minuten marinieren lassen. Anschließend 3-4 Minuten in erwärmter Butter schwenken und die Krabben unter den fertigen Reis mischen.

Dazu paßt knackiger Feldsalat

Leonie Nowak, Bonn

Genau das richtige für den wöchentlichen Reistag! Aromatischer als Safranpulver sind jedoch echte Safranfäden, die es in gutsortierten Gewürzhandlungen gibt! Leider nicht ganz so preiswert!

Schwäbische Kässpatzen

400 g Mehl
3 Eier
2 TL Salz
1/4 l Wasser
50 g Grieß
3-4 Zwiebeln
250 g Gouda
Pflanzenmargarine
Sonnenblumenöl

Aus Mehl, Eiern, Grieß und Salz einen zähen Teig rühren. Mit dem Spätzlehobel eine Portion Nudeln in Salzwasser kochen lassen, bis sie an die Oberfläche steigen. Mit dem Schaumlöffel herausnehmen und abtropfen lassen. Auf diese Weise die ganze Teigmasse verarbeiten. Goudakäse reiben und eine feuerfeste Form mit Pflanzenmargarine ausfetten. Spätzle und Käse schichtweise in die Form legen und mit einer Lage Käse abschließen. Im Backofen auf mittlerer Schiene bei 200 Grad überbacken, bis der Käse geschmolzen ist. Inzwischen die Zwiebeln schälen, in Ringe schneiden und im heißen Öl knusprig braun werden lassen.

Dazu paßt eine große Schüssel frischer Salat und ein Glas Edelzwicker.

Gabriele Gumpp, Donauwörth

Lang lebe die Spätzle-Connection!

Linsensalat mit Schafskäse

1 Dose Linsen
100-150 g Schafskäse
8 kleine Kartoffeln
2 EL Essig
4 EL Olivenöl
Pfeffer
Salz
1 Zwiebel oder 2 Frühlingszwiebeln

Kartoffeln in der Schale kochen, pellen und in Scheiben schneiden. Linsen in der Brühe erhitzen. Aus Essig, Öl, Salz, Pfeffer und der kleingehackten Zwiebel eine Vinaigrette herstellen. Schafskäse in kleine Würfel schneiden.

Linsen abgießen und auf einen großen flachen Teller geben. Die Kartoffelscheiben um den Rand legen, Vinaigrette über die Linsen geben, vorsichtig vermengen und den Schafskäse unterheben. Der kulinarische Reiz dieses Gerichtes liegt in der Mischung von warmen Linsen und Kartoffeln einerseits und den kühlen Beigaben wie Vinaigrette und Schafskäse.

Dazu paßt ein frischer Rotwein, z. B. »Beaujolais Villages«.

Dö V.V., Frankfurt am Main

Kartoffelpuffer mit Kräuterquark

1 Packung fertiger Kloßteig
2 Eier
1-2 Tassen Milch
1 EL Butterschmalz
500 g Magerquark
1 Zwiebel
Salz
Pfeffer
Paprikapulver
Schnittlauch

Für den Kräuterquark die Zwiebel schälen und fein würfeln, Schnittlauch waschen und in feine Röllchen schneiden und unter den Quark rühren. Mit Salz, Pfeffer und Paprikapulver abschmecken. 30 Minuten durchziehen lassen. In der Zwischenzeit den Kloßteig mit Eiern und Milch gut verrühren und aus der Teigmasse handgroße Puffer formen. Das Butterschmalz in der Pfanne heiß werden lassen und die Puffer von beiden Seiten goldbraun und knusprig braten. Die fertigen Puffer mit Kräuterquark anrichten.

Jennifer Haußner-Höhn, Coburg

Diesen praktischen Kartoffelteig gibt es leider nur in wenigen Aldi-Filialen. Wer ihn nicht zur Hand hat, nimmt statt dessen eine gute, mehlige Kartoffelsorte und reibt sich einen Kloßteig von Hand!

Quark-Nudel-Auflauf

250 g Bandnudeln
375 g Quark
3 Eier
1/4 l Schmand
2 EL Milch
1 Zwiebel
Salz
Pfeffer
1 TL Butter
Butter für die Form

Nudeln in Salzwasser bißfest kochen, abgießen und abtropfen lassen. Quark mit 1 EL Schmand und Milch glattrühren. Mit Salz und Pfeffer abschmecken. Die geschälte Zwiebel in kleine Würfel schneiden und mit einem TL Butter in der Pfanne knusprig rösten. Die Auflaufform einfetten und eine Lage Nudeln einfüllen, Zwiebeln und Quarkmasse im Wechsel in die Form schichten. Mit einer Schicht Quark abschließen. Jetzt die Eier mit dem Schmand verquirlen, mit Salz und Pfeffer würzen und über den Auflauf gießen. Bei 180 Grad etwa 45 Minuten auf der untersten Schiene des vorgeheizten Backofens überbacken.

Dazu paßt grüner oder gemischter Blattsalat.

Dö V.V., Frankfurt am Main

Porreetorte

300 g Mehl
200 g Butter
1 TL Salz
1 1/2 kg Porree
3 EL Öl
Salz
Muskatnuß
200 g Schmand
2 Eier
200 g geriebener Emmentaler

Rasch einen Mürbeteig aus Mehl, Butterwürfeln und Salz mit den Händen kneten und eine Stunde im Kühlschrank ruhen lassen. Eine gefettete Springform (28 cm) mit dem flach ausgerollten Teig auslegen, den Rand ca. 1 cm hochziehen und andrücken und 15 Minuten im vorgeheizten Backofen auf mittlerer Schiene bakken. Für den Belag Porree putzen, waschen und in feine Streifen schneiden. Im heißen Öl ca. 8-10 Minuten andünsten. Mit Salz und frisch geriebener Muskatnuß würzen. Porree abkühlen lassen. Schmand und Eier verquirlen und zum Porreegemüse geben. Den vorgebackenen Tortenboden damit belegen und mit Käse bestreuen. Weitere 15 Minuten bei 175 Grad fertigbacken.

Christine Barthels, Braunschweig

Superlecker! Nehmen Sie die Porreetorte doch einfach einmal als Geschenk zu Freunden mit. Die freuen sich über eine solche Leckerei!

Kohlrabi-Auflauf

250 g Putenbrust, geräuchert
1 Zwiebel
1 EL Butter
2 mittelgroße Kohlrabi
40 g Butter
40 g Mehl
1 Becher Sahne
2 EL Schmand
Salz
Pfeffer
Muskat
125 g Emmentaler, gerieben

Zwiebel schälen und kleinschneiden. Putenbrust fein würfeln und zusammen mit der Zwiebel in Butter anbraten. Kohlrabi putzen, waschen, holziges Ende entfernen und ebenfalls würfeln. Separat in Salzwasser in ca. 10 Minuten weichkochen und in einem Sieb abtropfen lassen. Im Topf 40 g Butter schmelzen lassen und das Mehl anschwitzen. Mit einem Becher Sahne ablöschen und 2 EL Schmand dazugeben. Mit Salz, Pfeffer und Muskat abschmecken. Gewürfelte Putenbrust mit Zwiebeln und Kohlrabiwürfel hinzufügen. Mit einem Löffel gut mischen und in eine leicht gefettete Auflaufform geben. Geriebenen Emmentaler darüberstreuen und in 30 Minuten bei Mittelhitze überbacken.

Brigitte Berkau, Idstein

Und sonntags schmeckt dazu ein leichter Weißwein wie »Soave Classico«, D.O.C., 1997, oder ein Qualitätswein aus Rheinhessen, z. B. »Müller-Thurgau«, 1997, vorzüglich.

Auberginen-Roulade

1 kleine Dose geschälte Tomaten
1 Zwiebel
Olivenöl
Salz
frisch gemahlener schwarzer Pfeffer
200 g (4 Stück) große, längliche
Auberginen
300 g Mozzarella
50 g *frisch geriebener Parmesan*
(oder Edamer)
Küchenkrepp

Zwiebel schälen und kleinschneiden und in 3 EL Olivenöl weichdünsten. Geschälte Tomaten dazugeben und im offenen Topf einkochen lassen. Mit Salz und Pfeffer würzen. Auberginen längs teilen und in 1/2 cm dicke Scheiben schneiden. Die Scheiben nacheinander in Olivenöl von beiden Seiten 2 Minuten anbraten und auf Küchenpapier abtropfen lassen. Anschließend jeweils 2 Auberginenscheiben dicht nebeneinander legen, mit einer Scheibe Mozzarella belegen, salzen, pfeffern und aufrollen. In eine gefettete, feuerfeste Form schichten. Tomatensauce über den Auberginenrouladen verteilen und mit Parmesan bestreuen. Im vorgeheizten Backofen bei 200 Grad 15–20 Minuten überbacken.

Regine Petzold
Bonn

Dazu schmeckt frisch geröstetes Weißbrot und eine Flasche trockener Rotwein, z. B. Chianti Classico, »Le Casine«, D.O.C.G., 1996.

Ratatouille

4 mittelgroße Tomaten
Je 1 feste rote, gelbe und grüne Paprika
1 große Aubergine
2 kleine Zucchini
1 Zwiebel
2-4 Knoblauchzehen
4 EL Olivenöl
Salz
frisch gemahlener Pfeffer aus der Mühle
3-4 EL Instant-Gemüsebrühe
frische Basilikumblätter

Die Tomaten mit kochendem Wasser überbrühen, Haut abziehen, Stielansätze entfernen und das Fruchtfleisch würfeln. Die Paprikaschoten waschen, halbieren, Kerne heraustrennen und die Hälften mit einem Kartoffelschäler dünn schälen. Papri-

kafleisch in 1 cm große Würfel schneiden. Aubergine mit einem scharfen Küchenmesser schälen und würfeln, Zucchini waschen und ebenfalls würfeln. Zwiebel schälen und in dünne Schnitze zerteilen. Knoblauch sehr fein hacken. Olivenöl in einer tiefen Pfanne stark erhitzen. Auberginenwürfel braun anbraten. Zwiebeln und Knoblauch dazugeben. Nach und nach Zucchini und Paprika, kurz vor Ende der Garzeit auch die gewürfelten Tomaten hinzufügen. Mit Salz und Pfeffer würzen. Falls die Gemüse nicht genügend Saft ziehen, vorsichtig

3-4 EL Gemüsebrühe angießen. Das Ratatouille darf jedoch nicht schwimmen! Zum Schluß üppig mit Basilikumblättern dekorieren.

Anna Kruse, Wiesbaden

Falls die angegebenen Zutaten nicht im Hause sind, greifen Sie zu allen Gemüsen, die Sie in Ihrem Kühlfach finden. Denn die meisten Gemüsesorten lassen sich kleinschneiden und mit Olivenöl und Knoblauch zubereiten. Schärfen Sie anstelle von Knoblauch auch einmal mit Ingwer oder getrockneten Peperoni. Die Ergebnisse überzeugen selbst verwöhnte Gäste!

Zwiebelkuchen

500 g Mehl
1 Beutel Trockenhefe
1/4 l lauwarmes Wasser
1/2 TL Salz
1 kg Zwiebeln
2 Eier
1/2 Becher Schmand
Salz
Pfeffer
Knoblauch
100 g Gouda
2 EL Sonnenblumenöl

Für den Teig: Mehl und Trockenhefe wie angegeben vermischen. Lauwarmes Wasser und 1/2 glattgestrichenen TL Salz hinzufügen und aufs doppelte Volumen aufgehen lassen. In der Zwischenzeit die Zwiebelfüllung zubereiten. Zwiebeln schälen, vierteln und in Streifen schneiden. In einem großen Topf mit Öl anbraten und 10 Minuten zugedeckt schmoren lassen. Schmand, Eier und Gewürze hinzufügen und mit dem gehobelten Käse verrühren. Den Teig nochmals vor dem Ausrollen kneten und auf einem gefetteten Backblech ausrollen. Nochmals kurz gehen lassen (10 Minuten). Die abgekühlte Zwiebelmasse darauf verteilen und 30 Minuten im vorgeheizten Backofen bei 175 Grad backen.

Christine Barthels
Braunschweig

Möhrchen mit Kümmel

500 g kleine Möhren
30 g Butter
1 EL Olivenöl
1/2 TL Kümmel
Salz
frisch gemahlener Pfeffer

Möhren waschen und schälen. Mit dem Küchenmesser in dünne Scheiben schneiden und in kaltem Wasser aufsetzen. Ca. 5 Minuten kochen, abgießen und im Sieb abtropfen lassen. Die Butter im heißen Öl erhitzen, Kümmel dazugeben und Möhren darin wenden. Ohne Zugabe von Flüssigkeit im geschlossenen Topf gardünsten. Mit Salz und Pfeffer abschmekken.

Karotten passen gut zu Lamm- oder Rinderbraten. Reste lassen sich unter Zusatz von Instant- Gemüsebrühe leicht in eine schmackhafte Suppe verwandeln. Dazu die Möhren in der Brühe erhitzen und mit dem Pürierstab rasch zu einer sämigen Suppe verquirlen. Mit Petersilie, Schnittlauch oder geriebenem Ingwer würzen.

Sophie Sattler, Bischofsheim

Kidneybohnen mit Schafskäse

400 g Kidneybohnen aus der Dose
1/2 Zwiebel oder 1 Frühlingszwiebel
100 g Schafskäse
1 EL Essig
2 EL Distelöl
Salz
Pfeffer

Die Bohnen in ein Sieb geben und kurz unter fließendem Wasser abbrausen. Schafskäse in Würfel schneiden. Zwiebel schälen und hacken bzw. Frühlingszwiebel putzen, waschen und in dünne Rädchen schneiden. Aus Essig, Öl, Salz, Pfeffer und Zwiebelstücken eine Vinaigrette rühren. Abgetropfte Bohnen in eine Schüssel geben, Vinaigrette darübergießen und vermischen. Die Schafskäsewürfel darüberstreuen und durchziehen lassen.

Dö V.V., Frankfurt am Main
informiert:
Anstelle von Schafskäse munden Kidneybohnen auch vorzüglich mit Thunfischstücken.

Eier auf Spinat

450 g Rahmspinat (tiefgefroren)
6-8 frische Eier
2 Zwiebeln
2 EL Butter
150 g gestiftelter Edamer
200 g Sahne
Salz
Pfeffer
Muskat

Zwiebeln schälen und kleinschneiden. Butter in einem Topf zerlassen und Zwiebeln darin 2 Minuten andünsten. Den noch gefrorenen Spinat hineingeben und wie angegeben garen. Mit Salz, Pfeffer und Muskat würzen. Die Eier ca. 10 Minuten kochen, abschrecken und pellen. Eine Auflaufform buttern und die Spinatmasse einfüllen. Die Eier halbieren und auf den Spinat legen. Sahne darübergießen und zum Schluß den Käse dazugeben. Im vorgeheizten Backofen bei 170 Grad ca. 10 Minuten überbacken.

Monika Teriet, Stadtlohn

Zum vegetarischen Dreiteiler fehlt nur ein richtig guter, handgemachter Kartoffelbrei mit Sahne. Einfach und gut!

Lachs & Co.

Fischers Fritze fischt frische Fische

Nordlichter haben, was Fisch angeht, einen klaren Heimvorteil: Wer bei Aldi (Nord) eine ganze Lachsforelle, Filets vom Rotbarsch oder Lachs in Scheiben angelt, hat einen guten Fang getan. Fisch, selbst aus der Tiefkühltruhe, ist gesund und »küchenfreundlich«. Olivenöl, Salz, Pfeffer und Zitrone, mehr ist überhaupt nicht nötig, um in 3-4 Minuten ein köstliches Fischgericht zu zaubern. Fisch ist für die Turbo-Küche unentbehrlich. Sau-

ce? Überflüssig! Fisch schmeckt auch so nach Meer! Scampi mit Knoblauch, pikantes Krabbenrührei und köstliche Forellenmousse zählen zu den Leckereien, die Ferienlaune machen! Dill und Petersilie nicht vergessen! Öffnen Sie den Kühlschrank und nehmen Sie eine Flasche trockenen Weißwein heraus, damit der Fisch ordentlich schwimmen kann.

Matjes mit Äpfeln

4 Matjesfilets
1 kleine Flasche Mineralwasser
4 hartgekochte Eier
3 säuerliche Äpfel (Braeburn)
2 EL frischer Zitronensaft
3 Gewürzgurken oder 8 Cornichons
1 Zwiebel
80 g Mayonnaise (fertig)
6 EL Joghurt
4 EL Schmand
1 TL Senf
1 Prise Zucker
Salz
frisch gemahlener Pfeffer
Küchenkrepp

Die Matjesfilets ca. 1 Stunde in Mineralwasser wässern. Herausnehmen und mit Küchenkrepp trockentupfen. Anschließend in mundgerechte Stücke schneiden und in eine Schüssel legen. Die hartgekochten Eier abpellen, Eigelbe herausdrücken und separat legen. Eiweiß fein würfeln und in die Schüssel geben. Äpfel schälen, Kerngehäuse entfernen, vierteln und fein würfeln. Mit Zitronensaft beträufeln und zum Fisch geben. Zwiebel schälen, kleinschneiden und zusammen mit den kleingeschnittenen Gewürzgurken oder Cornichons in die Schüssel geben. Mayonnaise mit Eigelb, Joghurt, Schmand und Senf verrühren. Mit Salz, Pfeffer und einer Prise Zucker würzen. Die Sauce über die Matjes geben und gut mit allen Zutaten vermischen. Etwa 1 Stunde im Kühlschrank ziehen lassen.

Birgit Dexheimer, Darmstadt

**Klassisches Katerfrühstück
(für 2 Personen)**
300 g Heringsfilets ohne Haut
1/2 Tasse Essig
1/2 Tasse Olivenöl
1 EL Zucker
1/2 TL weißer Pfeffer
1 kleine Zwiebel
Toastbrot
Butter

Heringsfilets im Sieb abtropfen lassen und mit Küchenkrepp trockentupfen. In einer Glasschale Essig, Zucker, Pfeffer und Olivenöl verrühren. Zwiebel schälen, in Ringe schneiden und dazugeben. Heringsfilets in mundgerechte Happen schneiden und unterheben. Mindestens einen Tag bei Zimmertemperatur marinieren. Vor dem Verzehr kühlen und mit geröstetem Toastbrot und Butter servieren. Dazu gut gekühltes Bier!

Reinhard Burda, Wiesbaden

Rotwein-Hering

10 Matjesfilets
1/4 l guter, trockener Rotwein
1/4 l Weinessig
250 g Zucker
2 Lorbeerblätter
2 Nelken
1 TL schwarzer Pfeffer
375 g Zwiebeln

Rotwein, Weinessig, Zucker und Gewürze kräftig aufkochen. Zwiebeln
schälen, in Ringe schneiden und dazugeben. Kurz mitkochen und den
Sud beiseite stellen. Abkühlen lassen.
Matjesfilets im Sieb abtropfen lassen,
anschließend mit lauwarmem Wasser
abbrausen, mit Küchenkrepp trok-
entupfen und mit einem scharfen
Messer jeweils dritteln. Mit einer
Schöpfkelle die Zwiebelringe aus dem
Sud fischen und abwechselnd mit den
Matjeshappen in einer Glasschüssel
übereinander schichten. Zum Schluß
mit Sud begießen und zugedeckt mindestens zwei Tage durchziehen lassen.

Christa Schmidt, Hamburg

Scampi mit Knoblauch

400 g Scampi
3 EL Olivenöl
3 Zwiebeln
4 Knoblauchzehen
2 Tomaten
1 kleine Dose Tomatenmark
100 ml (1 Glas) Weißwein,
z. B. Chardonnay Blanc
1 TL Instantbrühe
frisch gemahlener Pfeffer
1 Prise Zucker
frisches Basilikum

Das Olivenöl in der Pfanne erhitzen. Zwiebeln und Knoblauchzehen schälen und kleinhacken und im Öl glasig dünsten. Tomaten mit heißem Wasser übergießen, häuten, Stielansätze entfernen und kleinschneiden. Tomatenmark, Weißwein, Brühe, Pfeffer und Zucker hinzufügen. Bei mittlerer Hitze in der offenen Pfanne einkochen lassen. Scampi auf vier feuerfeste Förmchen verteilen. Knoblauchsoße darüber verteilen und im vorgeheizten Backofen bei 200 Grad ca. 15 Minuten backen. Mit frischen Basilikumblättern bestreuen und heiß servieren.

Dazu passen frisches Stangenweißbrot und gekühlter »Chardonnay Blanc«.

Monika Böke, Düsseldorf

Olé, Señora Böke!

Forellen-Mousse auf Toast

200 g geräucherte Forellenfilets
3 hartgekochte Eier
2 EL Mayonnaise
2 EL Magerquark
1 TL geriebener Meerrettich
1 EL Dill
Salz
weißer Pfeffer
Zitronensaft
Toastbrot

Die Räucherforellenfilets in Würfel zerteilen und in eine Schüssel geben. Eier halbieren und das Eigelb zu den Filetstücken geben. Mayonnaise, Eigelb, Quark und Meerrettich zugeben. Mit dem Pürierstab zu einer satten Mousse verarbeiten und mit Salz, Pfeffer und Zitronensaft abschmekken. Toastbrot rösten, die Forellenmousse aufstreichen und mit Dill und kleingehacktem Eiweiß garnieren.

Ursula Brücksken, Duisburg

informiert:

Forellenmousse auf Toast eignet sich als Vorspeise oder als kleiner Abendimbiß!

77

Thunfisch-Mayonnaise

100 g Thunfisch aus der Dose
1/2 Bund glatte Petersilie
1 Knoblauchzehe
2 Eigelb
1 TL scharfer Senf
1/4 l Olivenöl
1/2 Zitrone
1 TL Kapern
Salz
Pfeffer

Für die Mayonnaise müssen alle Zutaten gleiche Raumtemperatur haben. Thunfisch abtropfen lassen und mit der gewaschenen, gezupften Petersilie und den Kapern im Mixer fein pürieren. Eigelb und Senf dazugeben. Das Olivenöl langsam bei laufendem Mixer in kleinen Mengen einfließen lassen, bis eine cremige Mayonnaise entsteht. Mit Zitronensaft, Salz und Pfeffer abschmecken.

Herta Klein, München

Der Allround-Dip schmeckt köstlich zu dünn aufgeschnittener Putenbrust (Aldi), kaltem gekochten Kalbfleisch (Vitello tonnato) oder einfach zu frisch geröstetem Weißbrot oder Toast.

Krabbenrührei auf Schwarzbrot

6 frische Eier
3 EL Milch
Salz
Pfeffer
Worcester-Sauce
3 EL Butter
300 g Krabben
4 Scheiben Schwarzbrot
1 Bund Dill

Eier aufschlagen und in einer Schüssel mit Milch kräftig verquirlen. Mit Salz, Pfeffer und Worcester Sauce abschmecken. Krabben abtropfen lassen. 1/2 EL Butter in einer Pfanne schmelzen lassen. 1/4 der Eiermasse darin stocken lassen. Sobald die Masse stockt, 1/4 der Krabben dazugeben und das Rührei vom Pfannenboden losrühren. Auf diese Weise 4 Portionen Rührei zubereiten. Schwarzbrote mit der restlichen Butter bestreichen, das Rührei darauf verteilen und den gewaschenen, gezupften und gehackten Dill darüberstreuen.

Leonie Nowak, Bonn

Liebe Leonie! Mehr Mut zur Würze! Rühreier sind ideal für die superschnelle feine Küche! Frische Kräuter wie Schnittlauch, Pimpernelle, Sauerampfer, Borretsch, frisches Knoblauchkraut oder Löwenzahn veredeln die leckere Eierspeise im Handumdrehen.

Lachsmousse-Dip

200 g geräucherter Lachs in Scheiben
125 g geräucherte Forellenfilets
200 g Schmand
1/2 grüne Paprikaschote
Cayenne-Pfeffer
100 g Schlagsahne

Lachsscheiben und Forellenfilets in einer Schüssel pürieren. Schmand unterrühren. 1/2 grüne Paprika waschen, entkernen und fein würfeln und zur Mousse geben. Mit Cayenne-Pfeffer abschmecken. Zum Schluß die Sahne sehr steif schlagen und unter die Mousse heben. Im Kühlschrank mehrere Stunden durchziehen lassen.

Dö V.V., Frankfurt am Main

Krabben-Curry (für 2 Personen)

2 EL Mandeln
1 EL Rosinen
2 hartgekochte Eier
250 g Langkornreis
1 Zwiebel
2 TL Currypulver
1/8 l Gemüsebrühe (Instant)
5 EL süße Sahne
250 g Nordseekrabben
Salz
30 g Butter
weißer Pfeffer

Rosinen ca. 10 Minuten in warmem Wasser einweichen. Mandeln mit heißem Wasser übergießen, pellen, stifteln und in wenig Butter goldgelb rösten. Eier schälen und mit einem Messer kleinhacken. Reis in Salzwasser nach Vorschrift garen. Inzwischen Zwiebel schälen, feinhacken und in der Pfanne hellbraun braten. Currypulver einrühren. Mit heißer Gemüsebrühe ablöschen und einige Minuten aufkochen lassen. Vorsichtig Sahne angießen und mit Salz und Pfeffer abschmecken. Abgetropfte Krabben dazugeben. Umrühren und heiß werden lassen. Zum Schluß Mandelstifte, trockengetupfte Rosinen und Eier hinzufügen. Zum dampfenden Reis servieren.

Ulrike Pingen-Rosenburg, Kerpen

Aufgepaßt bei Krabbengerichten! Krabben dürfen nur sanft erwärmt und nicht mehr gekocht werden, sonst werden sie hart und schmecken wie Krokodilszunge!

Rotbarsch unter Zwiebeln
4 Rotbarschfilets tiefgekühlt
Zitronensaft
1 Tüte Zwiebelsuppe
1/4 l Sahne
Salz
Pfeffer

Die Rotbarschfilets auftauen, abwaschen und trockentupfen. Die Filets mit Zitronensaft beträufeln und in eine mit Butter eingefettete Auflaufform geben. Die fertige Zwiebelsuppe über die Filets streuen. Sahne leicht anschlagen und mit Salz und Pfeffer würzen. Gleichmäßig über die Filets gießen. Die Form in den vorgeheizten Backofen schieben und auf mittlerer Schiene bei 175 Grad überbacken.

Dazu passen Bratkartoffeln oder Kartoffelgratin

Monika Teriet, Stadtlohn

Liebe Frau Teriet! Tolle Idee mit der Fertigsuppe! Frische Zwiebeln tun ihren Dienst natürlich auch, und das geht so: 1 große Zwiebel in schmale Schnitze schneiden, in 2 EL Olivenöl knackig braun rösten und über die Rotbarschfilets geben. Ansonsten wie oben angegeben verfahren.

Scharfe Fischsuppe

400 g Fischfilet tiefgefroren
2 Zwiebeln
3 EL Olivenöl
2 Knoblauchzehen
2 grüne Paprikaschoten
2 rote Paprikaschoten
1/2 TL Salz
frisch gemahlener schwarzer Pfeffer
1/8 l Weißwein, trocken z. B. Soave
Classico
3/4 l Gemüsebrühe (Instant)
1 EL Zitronensaft
1 EL Zucker
1 TL Cayenne-Pfeffer
2 Lorbeerblätter
1 TL Majoran frisch oder getrocknet
1 TL Thymian frisch oder getrocknet

Fischfilets auftauen lassen. In der Zwischenzeit Zwiebeln und Knoblauch schälen, feinhacken und im heißen Olivenöl mit den Lorbeerblättern anrösten. Paprikaschoten waschen, halbieren, entkernen und in Streifen schneiden. Das Gemüse zu den Zwiebeln geben und mitschmoren. Wein und Gemüsebrühe angießen und mit den restlichen Gewürzen abschmecken. Ca. 20 Minuten sanft einkochen lassen. Zum Schluß Zitronensaft und Zucker dazugeben und die Hitze reduzieren. Die aufgetauten Fischfilets abbrausen und mit Küchenkrepp trockentupfen. In mundgerechte Stücke schneiden und im Sud ca. 10 Minuten ziehen lassen.

Annegret Waider, Harburg

Hühnchen & Hähnchen

Das Huhn im Topf erspart den Schweinebraten

Hähnchen ist Trumpf! Je jünger der Vogel, desto besser, denn seine zarten Filets sind das A und O der schnellen Schlemmerküche! Mit Hähnchenfilets, Enten- oder Putenbrust lassen sich rasch köstliche Gerichte zubereiten. Und alles ohne großes Federlesen! Entenbrust und Geflügelfilets gibt es nur bei Aldi Nord. Filets vom Federvieh lassen grundsätzlich so ziemlich alles mit sich machen: man kann sie marinieren, grillen, braten, überbacken, kochen oder garen. Es geht zudem nichts über eine hausgemachte Hühnerbrühe aus zartem Brustfleisch, sie ist Gold wert für Leib und Seele und besitzt legendäre Heil-

kraft. Geschnetzeltes Filet läßt sich mit allen Gemüsesorten kombinieren und ruck-zuck in ein rundum vollwertiges Gericht verwandeln. Außerdem sind feine Hühnergerichte wie »Geflügel-Curry« eine echte Alternative zum schweren Schweinebraten. Helles Geflügelfleisch ist in der Qualität oft besser als aufgeschwemmtes rotes Fleisch von Rind, Kalb oder Schwein. Wer jedoch ein frisches Huhn oder einen echten Bauerngickel nach Hause tragen möchte, hat beim Discounter leider schlechte Karten.

Filetgeschnetzeltes
500 g Hähnchenbrustfilet, frisch oder
tiefgefroren
2 große Zwiebeln
175 g Pilze
200 g Sahneschmelzkäse
150 g Schmand
1 EL Butter

Gefrorene Hähnchenfilets auftauen
lassen, frische kurz abbrausen und
trockentupfen. Champignons abtropfen lassen, große Köpfe halbieren.
Zwiebeln schälen, würfeln und in
Butter anbraten. Trockengetupfte
Brustfilets in 0,5 cm breite Streifen
schneiden und die Champignons dazugeben. Kurz mitbraten lassen.
Brustfiletstreifen und Zwiebeln in
eine gut gefettete Auflaufform geben.
Sahnekäse und Schmand verrühren.

Ein Stück zerlassene Butter unterrühren und über das Geschnetzelte
geben. Backofen auf 175-200 Grad
vorheizen und das Geschnetzelte darin 20-25 Minuten garen. Auf vorgewärmten Tellern servieren.

Dazu paßt Reis und Salat, außerdem ein leichter italienischer Weißwein, z. B. »Soave Classico«, D.O.C.,
1997, oder »Gavi«, D.O.C., 1997.

Brigitte Schiffer
Garmisch-Partenkirchen

**Tiefgefrorenes Geflügelfleisch nimmt
man zum Auftauen besser aus der**

Folie heraus, legt es auf ein Sieb und läßt es im Kühlschrank langsam auftauen. Das dauert zwar länger als bei Raumtemperatur, dafür wird das Fleisch nicht trocken. Mit kaltem Wasser abbrausen und mit Küchenkrepp trockentupfen!

Überbackene Putenbrust

500 g Putenbrust, tiefgefroren
500 g Tiefkühlgemüse (Blumenkohl, Brokkoli, Möhren)
2 Becher Schmand
2 Becher Sahne
1/8 l Gemüsebrühe (Instant)
frisch gemahlener schwarzer Pfeffer

Die tiefgefrorenen Putenbrustfilets in eine große, gefettete Auflaufform geben und im vorgeheizten Backofen bei 200 Grad ca. 15 Minuten vorgaren. Tiefkühlgemüse darauf verteilen. Schmand, Sahne und 1/8 l Gemüsebrühe verrühren. Mit frisch gemahlenem Pfeffer abschmecken. Die Sauce über Gemüse und Putenbrustfilets verteilen und weitere 45 Minuten im Backofen fertiggaren.

Dazu passen Reis, Kartoffeln oder Weißbrot und ein eleganter Weißwein, z. B. »Chablis«.

Silke Zanters, Vienenburg

Ente à l'Orange (nach A. Biolek)

1 Entenbrust
0,1 l Cointreau
Saft einer Orange
Salz
Pfeffer
0,1 l Sahne

Die Haut der Entenbrust mit einem scharfen Küchenmesser kreuzweise einschneiden. Die Brust mit der Hautseite in die heiße Pfanne legen und im eigenen Fett ca. 8 Minuten scharf anbraten, wenden und die Fleischseite ca. 6 Minuten braten. Vor dem Wenden mit Cointreau ablöschen. Die fertig gebratene Entenbrust rundherum mit Alufolie einschlagen und ruhen lassen. Inzwischen die Sauce zubereiten. Dazu den Bratenfond mit dem Saft einer Orange ablöschen. Salzen, pfeffern und die Sahne angießen. Die Entenbrust mit einem scharfen Messer in feine Scheiben schneiden und in die heiße Sauce legen. Kurz darin erwärmen lassen und auf warmen Tellern servieren.

Dazu paßt frisches Baguette und grüner Salat.

Christine Barthels
Braunschweig

Bravo, Frau Barthels! Das nenne ich superschnelle Schlemmerküche!

**Gratin von Putenbrust und Lachs
(für 2 Personen)**
100 g Räucherlachs
150 g geräucherte Putenbrust
500 g Brokkoli
1 EL Butter
1/8 l Sahne
1 Ei
1 EL geriebener Käse
Salz
weißer Pfeffer

Brokkoli waschen, putzen und in Röschen schneiden. In Salzwasser in ca. 10 Minuten garen. Räucherlachs und Putenbrust in Streifen schneiden, salzen und pfeffern. Putenbruststreifen in Butter anbraten und in eine Auflaufform geben. Brokkoli und Lachsstreifen darüber verteilen. Sah-ne und Ei verquirlen, würzen und über den Auflauf geben. Zum Schluß geriebenen Käse dazugeben und im Backofen bei mittlerer Hitze 30 Minuten backen.

Anja Schmidtke
Kisdorf

Wer auf die Strünke beim Brokkoli nicht verzichten möchte, schneidet die Stangen über Kreuz kräftig ein. So werden Röschen und Strünke gleichzeitig »durch«.

Hähnchenbrust mit Spargel und Käse

4 Scheiben Hähnchenbrustfilet
4 Scheiben Toast
8 Scheiben Käse (z. B. Gouda)
230 g Spargel aus dem Glas
2 EL Butter
Salz
Pfeffer
Zitronensaft

Butter in der Pfanne zerlassen und die Hähnchenbrustfilets bei starker Hitze von beiden Seiten goldbraun anbraten und warm stellen. Die Toastscheiben mit Butter bestreichen und leicht mit Salz und Pfeffer würzen. Einige Spritzer Zitronensaft darübergeben. Jede Toastscheibe nacheinander mit Käse, Hähnchenbrustfilet, abgetropftem Spargel und einer weiteren Scheibe Käse belegen. Die fertigen Toasts 10 Minuten im vorgeheizten Umluftherd bei 200 Grad überbacken, bis der Käse zerlaufen ist und eine schöne Farbe hat.

Monika Teriet, Stadtlohn

89

Huhn mit Zwiebeln

750 g Hühnerbrustfilets
Salz
Pfeffer
etwas Weizenmehl
5 EL Olivenöl
2 Knoblauchzehen
1/4 l trockenen Weißwein
1 TL Thymian, getrocknet
2 EL frische Petersilie
10 kleine Zwiebeln
1 EL Butter
etwas Puderzucker

Hühnerfilets waschen und mit Küchenkrepp trockentupfen, salzen, pfeffern und in Mehl wenden. Olivenöl im Schmortopf heiß werden lassen und die Hühnerbrustfilets von beiden Seiten darin goldbraun braten. Mit Weißwein ablöschen. Knoblauch, Thymian und Petersilie dazugeben. Inzwischen die kleinen Zwiebeln schälen, ganz lassen und separat in einer Pfanne mit etwas Butter rundherum braun werden lassen. Zum Schluß etwas Puderzucker darüberstreuen und karamelisieren. Dann in den Schmortopf geben und dort noch ca. 15 Minuten mitköcheln lassen. Sobald Fleisch und Zwiebeln gar sind, alles herausnehmen und heiß auf vorgewärmten Tellern servieren.

Dazu paßt frisches Baguette und ein kräftiger weißer Burgunder z. B. »Bourgogne Blanc", Chardonnay, 1996.

Gerda Grieshauer, Mittenwald

Hähnchentopf mit Möhren

200 g Möhren
1 Lauchstange
40 g Butter
1 1/4 l Hühner- oder Gemüsebrühe
(Instant)
Salz
frisch gemahlener Pfeffer
100 g Hartweizennudeln, z. B. Spiralen
1 kg Hähnchenbrustfilets
2 Eigelb
6 EL Sahne
1 EL Zitronensaft
1 Prise Zucker

Möhren und Lauch waschen. Die Möhren schälen und beides in 0,5 cm dicke Scheiben schneiden. Butter im Topf schmelzen lassen und das Gemüse darin andünsten. Die Hühner- oder Gemüsebrühe angießen und aufkochen lassen. Mit Salz und Pfeffer abschmecken. Nudeln dazugeben und 10 Minuten bei schwacher Hitze köcheln lassen. Hähnchenfilets in mundgerechte Würfel schneiden, untermischen und 5 Minuten bei kleiner Flamme mitköcheln lassen. Inzwischen Eigelb, Sahne und Zitronensaft verquirlen und unterrühren. Nochmals mit Salz, Pfeffer und Zucker abschmecken und sofort servieren.

Ariane Herzog, Augsburg

Dieser Eintopf schmeckt wie alle dicken Suppen aufgewärmt am nächsten Tag noch mal so gut!

Hähnchenfilets in Zitronensauce

300 g Hähnchenbrustfilets
Saft und Schale einer unbehandelten
Zitrone
1 Knoblauchzehe
3 EL Pflanzenöl
Salz
weißer Pfeffer
2 cm Ingwerwurzel
1/8 l Gemüsebrühe (Instant)

Fleisch unter fließendem Wasser abbrausen und trockentupfen. Die Filets
in 1/2 cm dünne Scheiben schneiden
und mit Zitronensaft beträufeln.
Knoblauch und Ingwerwurzel schälen, fein reiben und zu den Filetstrei-
fen geben. Umrühren und 20 Minuten marinieren lassen. Pflanzenöl in
der Pfanne heiß werden lassen, Filet-
streifen darin kurz scharf anbraten,
mit Brühe ablöschen und mit Salz
und weißem Pfeffer abschmecken.
Hühnerfleisch mit dem Schaumlöffel
aus der Pfanne nehmen, warm stellen.
Inzwischen den Bratensaft loskochen
und die Sauce reduzieren. Geriebene
Zitronenschale dazugeben und Sahne
angießen. Nicht mehr kochen. Filet-
streifen nochmals kurz in der Sauce
heiß werden lassen und auf vorgewärmten Tellern servieren.

Dazu paßt Baguette oder Reis, ein
Elsässer Riesling oder ein Loire-Wein,
z. B. Muscadet oder Blanc de Blancs.

Gabriele Riese, Bad Soden

**Schon gewußt? Ungespritzte Zitronen
ergeben fast die doppelte Saftmenge,
wenn man sie vor dem Gebrauch 15
Minuten in heißes Wasser legt.**

Deftiges

Hausmannskost – wie bei Muttern

Wir kennen sie, wir lieben sie: die deftige deutsche Hausmannskost. Zum Abspecken nur bedingt geeignet, sind diese Klassiker aber dann und wann schon eine Eß-kapade wert. Die meisten von ihnen stammen aus sorgsam gehüteten Familienrezepten, werden unverändert immer wieder zubereitet und schmecken deshalb klassisch gut! »Fleischpflanzerl«, »Hamburger Labskaus mit Spiegelei«, »Blaue Zipfel« oder »Birnen, Bohnen, Speck« zählen zu den kulinarischen Highlights, von denen man nicht genug kriegen kann. Gelingen die Klassiker nicht auf Anhieb, experimentieren Sie! Setzen Sie Gewürze, frische Kräuter oder Scharfmacher ein. Fehlt der Cayenne-Pfeffer im Gewürzregal, klingeln Sie bei der Nachbarin! Und das Schönste bei der Hausmannskost: es läßt sich munter dazu trinken. Zum Beispiel kräftige Rotweine wie chilenischer (Aldi Nord) oder kalifornischer Cabernet-Sauvignon (Aldi Süd), kräftiger Rioja aus Spanien (Aldi Süd) oder auch ganz schlicht: ein Glas gut gekühltes Bier.

Fleischpflanzerl

750 g Rinderhackfleisch
250 g Quark 40%
3 Eier
1-2 TL Majoran, frisch oder gerebelt
Salz
Pfeffer
5-6 EL Olivenöl

Den Quark mit Majoran, Salz und Pfeffer abschmecken und 30 Minuten durchziehen lassen. Eier und Hackfleisch hinzufügen und das Ganze zu einem geschmeidigen Teig verarbeiten. Mit einem Löffel kleine Portionen abstechen und mit nassen Händen flache Fleischbällchen formen. Olivenöl in der Pfanne erhitzen und die Pflanzerl darin von beiden Seiten knusprig braten. Sollte der Teig zum Formen zu feucht sein, 1-2 EL Haferflocken in den Teig einarbeiten, bis sich kompakte Bällchen formen lassen.

Dazu schmeckt Kartoffelsalat und ein guter, trockener Rotwein, z. B. Chianti Classico.

Christel Graf
München

Lecker! Scharf gewürzt eignen sich kalte Frikadellen, zwischen zwei Schwarzbrotscheiben gedrückt, hervorragend als TV-Kost. Die Werbepause reicht gerade zur Vorbereitung!

Hamburger Labskaus
mit Spiegelei

500 g Instant-Kartoffelpüree
1 l Milch 3,5%
500 g Pökelrindfleisch aus der Dose
100 g rote Bete
1 Glas Cornichons
1 EL Butter
4 Eier

Das Kartoffelpüree nach Vorschrift zubereiten. Rindfleisch in einem kleinen Topf sanft erwärmen und unter das Püree rühren. Rote Bete abgießen und etwas Saft zum Kartoffel-Rindfleisch-Püree geben. Vier Spiegeleier mit wenig Butter in der Pfanne braten und mit Salz und Pfeffer würzen. Labskaus auf vorgewärmten Tellern anrichten und mit Spiegeleiern, roten Bete und Cornichons anrichten.

Kirsten Kirschner
Hamburg

Bravo! Nordlichtern geht nichts über ihren Klassiker. Mit Bier und Korn versteht sich!

Rotweingulasch

1 kg Rindergulasch vom Biometzger

1 kg Zwiebeln

3-4 EL Olivenöl

5 Knoblauchzehen

1 Liter französischer Landrotwein »Vin
de Pays«

1 EL Tomatenmark

3 Lorbeerblätter

Instantbrühe

Pfeffer

Salz

8 Backpflaumen

1 EL Speisestärke

150 g ganze Champignons

200 g Dörrfleisch

Zwiebeln und Knoblauch schälen
und kleinhacken. Zusammen mit dem
Rindergulasch im heißen Öl anbraten. Dörrfleisch würfeln und dazugeben. Mit einem Liter Rotwein ablöschen und Tomatenmark unterrühren. Die Backpflaumen dazugeben.
Mit Salz und Pfeffer abschmecken
und ca. 2 Stunden bei kleiner Flamme
und leicht geöffnetem Deckel ein-
köcheln lassen. Lorbeerblätter entfernen. Speisestärke mit Wasser anrühren und unterrühren. Kurz aufkochen lassen und die abgetropften
Champignons unterheben. Noch 5
Minuten weiterköcheln lassen und
auf erwärmten Tellern servieren.

Dazu paßt ein kräftiger roter Bordeaux , z. B. »Beau Rêve«, 1997.

Stefanie Hinrichs, Ludwigshafen

informiert:

Rotweingulasch paßt hervorragend
zu Spätzle oder Knödeln und Feldsalat mit Speck.

96

Würstchen-Eintopf

500 g Kartoffeln
50 g Gelderländer Bauchspeck
3 Zwiebeln
1 l Instantbrühe
5 Knackwürstchen aus dem Glas
250 g Möhren
250 g Brokkoli
Salz
Pfeffer

Den Speck in der Pfanne auslassen und anschließend die klein geschnittenen Zwiebelstücke im Fett ca. 2-3 Minuten andünsten. Mit Brühe aufgießen. Kartoffeln und Möhren waschen, schälen und in Würfel schneiden. Brokkoli waschen und in Röschen teilen. Alles in die Brühe geben und 20 Minuten kochen lassen. Mit Salz und Pfeffer abschmecken. Zum Schluß Würstchen dazugeben und 5 Minuten in der Brühe ziehen lassen.

Monika Teriet
Stadtlohn

Blaue Zipfel

300 g Nürnberger Bratwürstel
2 Zwiebeln
1 Tasse Essig
1-2 Lorbeerblätter
5 Wacholderbeeren
10 Pfefferkörner
1 Dose Sauerkraut
1 Zwiebel
1/4 l Apfelsaft, trüb
Salz
1 EL Margarine

500 g Kartoffeln
Salz
Pfeffer
Muskat
100 g süße Sahne

Einen Liter kaltes Wasser im Topf aufsetzen. Salz, Essig, Pfefferkörner, Wacholderbeeren, Lorbeerblätter und die in Scheiben geschnittenen Zwiebeln hineingeben, aufkochen und ca. 20 Minuten leise köcheln lassen. In diesen Sud die Bratwürstel einlegen und in 15-20 Minuten garziehen lassen. Der Sud darf dabei jedoch nicht kochen, sonst platzen die Würstel. In der Zwischenzeit das Sauerkraut abtropfen lassen. Eine Zwiebel schälen, kleinwürfelig schneiden und in der Margarine dünsten. Das Sauerkraut dazugeben und kurz mitdünsten. Den trüben Apfelsaft angießen, nach Geschmack salzen und ca. 30 Minuten köcheln lassen. Kartoffeln schälen, waschen und in kleine Stücke schneiden. In Salzwasser garkochen, abgießen und mit dem Kartoffelstampfer zerdrücken. Mit Salz, Pfeffer, Muskat und Sahne abschmecken. Sobald alles gar ist, Zwiebeln aus dem Sud schöpfen und die Würstel (Blaue Zipfel) auf den Zwiebeln anrichten. Kartoffelpüree und Sauerkraut als Beilage dazu reichen.

Dö V.V., Frankfurt am Main

In Franken schwimmen die Blauen Zipfel gerne auch in einer Mischung aus Wein und Wasser. Dazu dem Sud 1/2 l Frankenwein nach dem Aufkochen zusetzen. Den gibt's auch bei Aldi (Süd).

Birnen, Bohnen und Speck

500 g Gelderländer Speck
1/2 l Wasser
750 g breite grüne Bohnen
etwas Bohnenkraut
500 g kleine Birnen
Salz
Pfeffer
2 EL gehackte Petersilie

Den Speck ca. 45 Minuten in heißem Wasser zugedeckt ziehen lassen. Inzwischen die Bohnen waschen, fädeln und halbieren. Nach 20 Minuten die Bohnen zusammen mit dem Bohnenkraut zum Speck geben. Birnen waschen, halbieren und das Kerngehäuse entfernen. Ca. 20 Minuten vor Ende der Garzeit zu den Bohnen geben und mitkochen. Den Speck herausnehmen und in Scheiben schneiden. Bohnen mit Salz und Pfeffer abschmecken, mit Petersilie bestreuen und mit Birnen und Speck anrichten.

Lore Meiser, Oldenburg

Und darauf einen doppelten Korn!

Lammhackfleisch mit Tomatensauce

300 g Lammhackfleisch
1 Dose geschälte Tomaten
Tomatenmark
3-4 Knoblauchzehen
1 EL Zucker
200 g Sahne
1 Zwiebel
Zimt, gemahlen
Currypulver
Paprikagewürz
Salz, 3-4 EL Olivenöl

Zwiebel und Knoblauch schälen und in kleine Würfel schneiden. Olivenöl erhitzen und beides darin anbraten. Nach 2-3 Minuten Lammhackfleisch dazugeben und ebenfalls scharf anbraten. Tomaten und Sahne untermischen und mit Salz, Curry, Zimt, Zucker und Paprikapulver abschmecken. Ca. 30 Minuten ohne Deckel einkochen lassen. Ab und zu umrühren und zum Schluß mit Tomatenmark abschmecken.

Christine Barthels, Braunschweig

informiert:

Das Lammhackfleisch schmeckt vorzüglich zu Teigwaren, z. B. Spaghetti oder Makkaroni.

Bei Aldi Berlin gibt es hervorragende Neuseeland-Lammfilets – tiefgefroren. Die mitgelieferte Kräuter-Zitronen-Marinade läßt sich nach dem Auftauen leicht entfernen. Mit einem scharfen Messer können die zarten Filets rasch zu Lammtatar verarbeitet werden. Es eignet sich für dieses Gericht besonders gut.

Süß & Schwer

Hier wird Süssholz geraspelt

Nach der Devise »Lieber beim Hauptgang an fetten Sahnesaucen sparen, als beim Finale Kalorien zählen müssen« zeigen sich Aldianer am süßen Ende von ihrer starken Schokoladenseite. Was darf's denn sein? Beerenstarke Torten, handgerührtes Pfirsich-Sorbet oder hausgemachte Caramelcrème? Gibt es etwas Köstlicheres als selbstgebackenen Kuchen? Die folgenden »Kalorienbomber« haben es in sich: So richtig »absahnen« kann man mit opulenter Alditorte (2 Becher Sahne!), Käse-Kirsch, Förstertorte, Schokosahne und Aprikosenkuchen.

Fast gesund und wohltuend »kalorienarm« klingen leckere Nachtischvariationen wie »Müsli-Auflauf«, »Möhrentorte« und »Arme Ritter«. Aber bitte mit Sahne! Wen die Lust auf Kuchen plötzlich überfällt, der sollte folgende Basiszutaten immer im Hause haben: Butter, Zucker, Milch und Mehl, Eier, Backpulver und zum Veredeln Obst und Sahne. Strömt erst mal der Duft des frisch gebackenen Kuchens aus der Röhre, gibt es kein Halten mehr: Her mit der Kuchengabel!

Alditorte

125 g Mehl
1 Ei
75 g Zucker
85 g Butter
1/2 TL Backpulver
1 Becher Schmand
250 g Mandarinen aus der Dose
400 g (2 Becher) Sahne
50 g dunkle Schokolade

Butter, Zucker und Ei schaumig schlagen. Nach und nach das mit Backpulver gemischte Mehl dazuge-ben und einen griffigen Rührteig herstellen. Eine Springform fetten und den Teig einfüllen. Im vorgeheizten Backofen 15-20 Minuten bei 180 Grad (Umluft) backen. Den ausgekühlten Boden mit Schmand bestreichen und die abgetropften Mandarinen darauf verteilen. Sahne steif schlagen und darübergeben. Zum Schluß Schokolade raspeln und über die Torte geben.

Daniela Grevener
Hagen

Joghurt-Mandarinen-Torte

3 Eier
2 EL Wasser
125 g Zucker
75 g Mehl
50 g Speisestärke
1/2 TL Backpulver
1 Päckchen Gelatine
350 g Mandarinen aus der Dose
1 Tortenguß, weiß
3 Becher Magerjoghurt
50 g Puderzucker
250 g Sahne

Für den Biskuitteig: Eier und Wasser kräftig miteinander verquirlen (3 Minuten), Zucker zugeben und weitere 8 Minuten schlagen. Mehl, Speisestärke und Backpulver mischen und unter die gerührte Eiermasse geben. Springform mit Backpapier auslegen und die Masse einfüllen. Bei 170 Grad im vorgeheizten Backofen ca. 15 Minuten backen. In der Zwischenzeit die Füllung zubereiten: Dazu die Gelatine nach Vorschrift auflösen und quellen lassen. Mandarinen abtropfen lassen und auf den erkalteten Tortenboden legen. Mit Tortenguß überziehen. Joghurt mit Puderzucker verrühren. Die aufgelöste Gelatine sofort unter ständigem Rühren unter die Joghurtmasse geben. Es dürfen keine Schlieren entstehen. Sahne schlagen, unterziehen und auf die Mandarinen und den erstarrten Tortenguß streichen. Im Kühlschrank einige Stunden kalt stellen.

Iris Hermann, March

informiert:
Die Torte schmeckt im Sommer besonders gut!

Crêpes mit Amaretto

300 g Mehl
3 Eier
3/8 l Milch
Nuß-Nougat-Creme
Amaretto
Pflanzenmargarine
Puderzucker

Aus Mehl, Milch und Eiern einen dünnen Teig rühren und tellergroße Crêpes in der Pfanne dünn mit wenig Fett ausbacken. Die noch warmen Crêpes mit Nuß-Nougat-Creme bestreichen und mit Amaretto beträufeln. Crêpes entweder in Serviettentechnik übereinanderschlagen oder aufrollen und mit Puderzucker überstäuben.

Dazu paßt Cappuccino mit aufgeschlagener Milch!

Gabriele Gumpp
Donauwörth

Öffnen Sie Ihre Hausbar und holen Sie alles heraus, was Ihnen an Likören schmeckt. Parfümieren Sie Ihre Crêpes nach Lust und Laune damit oder machen Sie das Licht aus und flambieren Sie ihre Pfannkuchen. Das bringt auch den Gästen Spaß!

Maracuja-Torte

4 Eier
4 EL heißes Wasser
125 g Zucker
1 Päckchen Vanillinzucker

75 g Mehl
50 g Speisestärke
1 TL Backpulver

1 Dose Pfirsiche
2 Päckchen Tortenguß
500 ml Maracujasaft
1 Päckchen Gelatine
600 g (3 Päckchen) Sahne
3 EL Zucker

1 Päckchen Dr. Oetker Aranca-Pudding
mit Maracuja-Geschmack
(für den Maracuja-Spiegel)
200 ml Maracujasaft

Eier trennen und das Eiweiß zu festem Schnee schlagen. Eigelb, Zucker, heißes Wasser und Vanillinzucker schaumig rühren. Mehl, Backpulver und Speisestärke mischen und unterrühren. Eischnee unterheben und in eine mit Backpapier ausgelegte Springform füllen. Bei 200 Grad auf mittlerer Schiene 40 Minuten backen. Nach dem Erkalten den Tortenboden einmal waagerecht durchschneiden. Für den Belag die Pfirsiche abtropfen lassen und in feine Schnitze schneiden. 2 Päckchen Tortenguß mit 500 ml Maracujasaft vermischen und im Topf aufkochen lassen. Abkühlen lassen und die Pfirsiche unterheben. Den Biskuitboden auf eine Tortenplatte legen, Tortenring anlegen und die Pfirsiche einfüllen. Inzwischen die Gelatine nach Vorschrift quellen lassen und in einem kleinen Topf erwärmen. Sahne mit 3 EL Zucker steif schlagen, Gelatine dazugeben und gleichmäßig über der Pfirsichmasse verteilen. Etwa 5 gehäufte EL Sahne für die Dekoration zurückbehalten. Für den Tortenspiegel Maracujasaft und Aranca-Puddingpulver verrühren, stocken lassen und vorsichtig auf die Torte gießen. Torte kalt stellen und den Tortenring erst nach vollständigem Erkalten entfernen. Die restliche Sahne auf den Rand geben und nach Belieben den Maracuja-Spiegel damit dekorieren.

Rosemarie Züfle, Unteriflingen

informiert:

Der zweite Boden läßt sich gut einfrieren oder für eine weitere Torte verwenden, z. B. für eine Schokosahne-Torte mit Birnen.

Was für eine Torte! Das ist Leidenschaft die Leiden schafft: Hochgenuß mit reichlich Kalorien – grade so richtig für Feiertage!

Käsekuchen mit Kirschen

Für den Mürbeteig:
250 g Mehl
1 Päckchen Backpulver
125 g bioreform Margarine
65 g Zucker
1 Ei
etwas Salz
1 Fläschchen Zitronenaroma
Für die Füllung:
750 g Magerquark
200 g Zucker
1 Päckchen Vanillinzucker
Saft einer Zitrone
3 Eier
75 g Margarine
65 g Mehl
50 g Haselnüsse, gemahlen
750 g Schattenmorellen aus dem Glas
1-2 EL Mehl für die Streusel

Aus allen Teigzutaten rasch einen Mürbeteig kneten und etwa die Hälfte des Teiges flach ausrollen und in eine gut gefettete Springform geben (24-28 cm Durchmesser). Kirschen abtropfen lassen und gleichmäßig auf dem Teigboden verteilen. Aus verquirlten Eiern, Zucker, Vanillinzucker, Margarine, Zitronensaft, Quark und Mehl eine nicht zu flüssige Füllung rühren und vorsichtig über die Kirschen geben. Haselnüsse und 1-2 EL Mehl zum verbliebenen Mürbeteig geben und mit Hilfe zweier Gabeln Streusel herstellen. Dazu den Teig zwischen den Gabeln hin- und herreiben. Die Streusel auf die Torte geben. Torte im vorgeheizten Backofen bei 175-200 Grad in ca. 60 Minuten backen.
Petra Titze , Dortmund

1-2-3-Apfelkuchen
100 g Zucker
200 g Margarine oder Butter
300 g Mehl
750 g Apfelmus aus dem Glas
Fett für die Form

Zucker und Fett schaumig rühren. Mehl portionsweise zugeben und einarbeiten. 3/4 des Teigs in eine gefettete Springform geben. Apfelmus aufstreichen. Den restlichen Teig zwischen den Handflächen zu Streuseln formen und über dem Apfelmus verteilen. Bei 175 Grad ca. 40 Minuten backen.

Jeanette Baiz
Weitnau

Kompliment! Schneller geht es wirklich nicht mit einem Apfelkuchen!

Dickmanns-Torte

12 Riesen-Dickmann's
500 g Magerquark
400 g (2 Päckchen) gekühlte Sahne
1 Päckchen Vanillinzucker
2 Päckchen Sahnequick
1 Tortenboden (fertig oder selbstge-
backen)
evtl. *Schokostreusel*

Die gut gekühlte Sahne rasch mit Vanillinzucker und Sahnequick steif
schlagen. Die Dickmann's von den
Bodenwaffeln trennen und diese beiseite stellen. Quark verrühren und die
Schoko-Schnee-Masse mit einer Gabel zerdrücken und unterziehen. Die
Sahne ebenfalls darunterheben und
alles auf dem Biskuitboden gleichmäßig verteilen. Nach Belieben die
Torte mit den Waffeln verzieren oder
durch Schokostreusel ersetzen.
Gabriele Franz, Obernbreit

informiert:

Am besten schmeckt die Torte gut gekühlt!

**Bleiben Dickmänner übrig, lassen sie
sich zu einem duftigen Soufflé in der
Mikrowelle (10-15 Sek.) aufschäumen und mit einer Vanillesauce
servieren!**

Förstertorte

150 g Haselnüsse gemahlen
120 g Zucker
100 g Halbbitter-Schokolade
3 Eier
400 g Wildpreiselbeeren
200 g Schlagsahne

Die Schokolade feinreiben und 2/3 der Menge in eine Schüssel geben. Eier, Haselnüsse und Zucker dazugeben und zu einem griffigen Teig rühren. Die Teigmasse in eine gefettete Springform geben (Durchmesser 24-28 cm) und bei 175 Grad auf mittlerer Schiene backen.

Teigboden auskühlen lassen und mit den abgetropften Wildpreiselbee-ren bestreichen. Sahne sehr fest schlagen und vorsichtig auf den Preiselbeeren verteilen, damit sich die Sahne nicht verfärbt. Zum Schluß die restlichen Schokoladenraspel über die Torte geben.

Petra Titze, Dortmund

informiert:

Die Torte sollte möglichst noch am selben Tag verzehrt werden, da sie frisch am allerbesten schmeckt. Der Tortenboden hingegen kann bereits einen Tag früher gebacken werden.

Haben Sie die Förstertorte schon mal mit Himbeeren oder Heidelbeeren versucht? Köstlich, köstlich!

Möhrenkuchen

4 Eier
100 g Zucker
1 unbehandelte Zitrone
70 g Mehl
80 g Haferflocken
1 Päckchen Backpulver
150 g gemahlene Mandeln
200 g feingeriebene Möhren

Eier trennen. Eigelb mit Zucker und dem Saft einer Zitrone schaumig rühren. Zitronenschale, Mehl, Haferflocken, Backpulver und Mandeln vermengen und unter die Masse heben. Eiweiß zu steifem Schnee schlagen und im Wechsel mit den feingeriebenen Möhren unter den Teig ziehen. Teig in eine mit Backpapier ausgelegte Springform füllen und im vorgeheizten Backofen bei 190 Grad auf mittlerer Schiene ca. 50 Minuten backen. Sollte die Torte zu stark bräunen, zum Ende der Backzeit Alufolie auflegen.

Die Torte ergibt 12 Stück.

Leonie Nowak
Bonn

Bravo, Leonie! Ein »gesunder« Kuchen, der richtig lecker schmeckt!

Aprikosenkuchen mit Quark

300 g Mehl
200 g Margarine
100 g Zucker
1 Prise Salz
1 TL Backpulver, 1 Ei
750 g Aprikosen aus der Dose
4 Eier
500 g Quark, 125 g Zucker
1 Päckchen Vanillinzucker

Mehl und Backpulver mischen und auf ein Backbrett sieben. In der Mitte eine Vertiefung eindrücken. Zucker, Salz und Ei hineingeben und mit einem Teil des Mehls vermengen.

Darauf gibt man die gut gekühlte Margarine in Flöckchen, bedeckt alles mit Mehl, drückt den Teig zu einem Kloß zusammen und verknetet von der Mitte aus alle Zutaten zu einem glatten Teig. Sollte er kleben, stellt man ihn kurz kalt. Eine Springform (Durchmesser 30 cm) damit auslegen und einen Rand hochdrücken.

Die Aprikosen abtropfen lassen und den Mürbeteigboden damit belegen. Eier trennen und 4 Eiweiß zu steifem Schnee schlagen. Die Eigelb mit Quark, 125 g Zucker und Vanillinzucker verrühren, das geschlagene Eiweiß unterheben und die Quarkmasse auf die Aprikosen geben. Den Aprikosenkuchen im vorgeheizten Backofen bei 200 Grad ca. 60 Minuten backen.

Rosemarie Züfle, Unteriflingen

informiert:

Anstelle von Aprikosen können auch Kirschen (frisch oder aus dem Glas) oder Apfelschnitzel verwendet werden.

Aldikuchen

5 Eier
250 g Puderzucker
2 Päckchen Vanillinzucker
1/4 l Sonnenblumenöl
1/4 l Eierlikör
125 g Mehl
1 Backpulver
125 g Speisestärke
etwas Margarine und Paniermehl für die
Form

Eier, Puderzucker und Vanillinzucker
mit dem Rührgerät zu einer cremigen
Masse aufschlagen. Nach und nach
im Wechsel Öl und Eierlikör zugeben.
Mehl, Stärkemehl und Backpulver
mischen und unter die Masse rühren.
Backform ausfetten und mit Paniermehl ausstreuen. Den (recht flüssigen) Teig in die Form füllen und auf
mittlerer Schiene in den vorgeheizten
Backofen schieben. Bei 175 Grad
etwa 90 Minuten backen.

Renate Thiede, Lübeck

informiert:

Am besten schmeckt der Kuchen gut
gekühlt! Im Kühlschrank hält er sich
tagelang frisch.

Pfirsich-Sorbet

100 g Zucker
5 mittelgroße reife Pfirsiche
2 Zitronen
100 ml Amaretto oder Pfirsichlikör
frische Minzeblättchen

Zucker in 150 ml Wasser ca. 5 Minuten kochen lassen, bis sich der Zucker aufgelöst hat. Die Zuckerlösung beiseite stellen und erkalten lassen.

Die Pfirsiche mit kochendem Wasser übergießen, kurz ziehen lassen (die Pfirsiche sollten ringsum bedeckt sein) und unter fließendem Wasser abschrecken. Häuten, halbieren und entsteinen. Die Pfirsiche pürieren.

Fruchtpüree, Saft von 2 Zitronen, Zuckerlösung und Likör in eine Schüssel geben, kräftig vermengen und im Anschluß in das Gefrierfach stellen. Sobald das Sorbet zu erstarren beginnt, alle 15-20 Minuten kräftig durchrühren, bis eine cremige Eismasse entsteht. Insgesamt etwa 4-5 Stunden einfrieren lassen. Das Sorbet mit einem Eislöffel herauslösen und in vorgekühlte Gläser füllen. Minzeblättchen waschen und das Pfirsich-Sorbet damit dekorieren.

Leonie Nowak, Bonn

informiert:

Kaloriensparer ersetzen die Zuckerlösung durch 1 EL flüssigen Süßstoff!

Dies leckere Dessert macht zwar Arbeit, schmeckt aber dafür traumhaft gut!

Arme Ritter

5 Eier
1/2 Tasse Zucker
1 Päckchen Vanillinzucker
1/2 Tasse Milch
1/2 Schnapsglas Cointreau
4 EL Butter zum Ausbacken
8 Scheiben Toastbrot

Eier, Zucker, Vanillinzucker und Cointreau in einer Schüssel schaumig schlagen. Die Eierschaummasse portionsweise in einen tiefen Teller geben und die Weißbrotscheiben darin einweichen. Die Toastscheiben von beiden Seiten in heißer Butter ca. 2 Minuten backen.

Mara Hitzel
Baden-Baden

Zu Armen Rittern reichten unsere Großmütter bevorzugt Weißweinsauce: Die Armen Ritter wie oben beschrieben, aber ohne Zusatz von Cointreau ausbacken. Für die Sauce 1/4 l trockenen Weißwein, 4 Eigelb und 1 TL Speisestärke in einer feuerfesten Form verrühren. Den Saft von 1/2 Zitrone dazugeben und bei mittlerer Hitze unter ständigem Schlagen mit einem Schneebesen kurz aufkochen lassen. Die Sauce von der Kochplatte nehmen, in eine Porzellanschüssel umfüllen und kaltschlagen. Zum Schluß das steif geschlagene Eiweiß unterziehen und zu den Armen Rittern servieren.

Crème Caramel

1/2 l Milch
4 Eigelb
2 ganze Eier
1 *Vanilleschote* oder
1 Päckchen Vanillinzucker
100 g Zucker

Die Milch mit 50 g Zucker aufkochen und Vanillemark oder Vanillinzucker zusetzen. Die ganzen Eier mit den Eigelb verquirlen und langsam zur Milch geben. Den restlichen Zucker in einer kleinen Pfanne zu Caramel schmelzen. Sobald sich der Zucker tief goldbraun färbt, auf 4 feuerfeste Förmchen so verteilen, daß der Boden und die Seitenränder mit Caramel überzogen sind.

Jetzt die Eiermilch einfüllen und die Förmchen im Wasserbad in den Backofen (160 Grad) stellen. Die Crème ca. 30 Minuten stocken lassen. Sie ist gar, wenn sie auf Fingerdruck elastisch nachgibt. Die Förmchen abkühlen lassen. Die Crème Caramel schmeckt am nächsten Tag am besten, wenn sich der Caramel in Sauce verwandelt hat.

Melba Andres
Konstanz

Müsli-Auflauf

10 Semmeln vom Vortag
1/2 l Milch
3 EL Cognac
100 g Zucker
50 g Rosinen
50 g Knuspermüsli
50 g gemahlene Haselnüsse
2-3 Äpfel
Butter oder Margarine für die Form

Die Semmeln in Scheiben schneiden und mit der Mischung aus Milch und Cognac übergießen und weichen lassen. Rosinen, Knuspermüsli und die gemahlenen Haselnüsse zugeben und die Masse gut durchmischen. Äpfel schälen, vierteln, Kerngehäuse entfernen und in Scheiben schneiden. Eine feuerfeste Form ausfetten und abwechselnd die Semmelmasse und die Äpfel einschichten. Bei 180 Grad ca. 60 Minuten im Ofen überbacken.

Dazu paßt feine Vanillesauce.

Gabriele Gumpp, Donauwörth

Zebrakuchen

300 g Zucker
1 Päckchen Vanillinzucker
5 Eier
375 g Mehl
1/2 Päckchen Backpulver
1/8 l warmes Wasser
1/4 Sonnenblumenöl
2 EL Kakao

Eier trennen. Eigelb mit Zucker und Vanillinzucker schaumig rühren. Wasser und Öl dazugeben und gut verrühren. Anschließend das mit Backpulver gemischte Mehl langsam einrühren. Eiweiß zu steifem Schnee schlagen und unterheben. Die Hälfte des Teiges mit 2 EL Kakao vermengen. Eine Springform mit 26 cm Durchmesser einfetten. In die Mitte der Form im Wechsel einen Eßlöffel weißen und schwarzen Teig geben, bis beide Mengen verbraucht sind. Immer Löffel für Löffel aufeinander, nicht nebeneinander, weil sich sonst kein schönes Muster ergibt! Den Zebrakuchen im vorgeheizten Backofen bei 175-180 Grad ca. 50-60 Minuten backen.

Heike Keller, Kaarst

informiert:

Kakao ist bei Aldi ein Saisonartikel, also eindecken, wenn es ihn gibt!

Regine Hauch

Aldidente backen

Preiswert backen rund ums Jahr

Die Reihe aldidente wurde initiiert von Regina Schneider und Astrid Paprotta.

Vorbemerkung:
Außer den üblichen Haushaltsgeräten braucht man unbedingt eine Mandelmühle, um die im ALDI-Sortiment vorhandenen Mandeln und Nüsse mahlen zu können. Frisch gemahlene Nüsse und Mandeln sind außerdem geschmacklich von sehr viel größerer Qualität.

underline{unterstrichene Artikel} kommen nur hin und wieder im ALDI-Sortiment vor,
kursiv gedruckte Artikel kann man nicht bei ALDI kaufen.

Laß das, Günter!

Stühle rücken, Kaffeelöffel klappern, Stoffservietten werden entfaltet und auf Oberschenkeln plaziert. Ein leichter Sommerwind streichelt über die Kaffeetafel, zupft sanft an der Tischdecke und am Sonnenschirm. Der würzige Duft von frischgeschnittenem Rasen liegt in der Luft und aus der Küche kommt das gurgelnde Geräusch der Kaffeemaschine. Es ist ein Sonntag, wie sie ihn lange nicht mehr so schön hatten, hier auf der Terrasse ihres Eigenheims, da sind sich alle einig. Und das ausgerechnet heute, an Sophiechens drittem Geburtstag. Wie bestellt, sagt der Opa und kneift das Enkelkind ein bißchen in die runden Wangen.

Laß das, Opa.

Laß das, Günter, sagt auch die Oma. Und guck mal, wie schön der Tisch gedeckt ist.

Ja, wirklich schön hat sie das gemacht, die Tochter. Und jetzt werden auch noch die Kuchen auf die Terrasse getragen. Kann mal einer Platz machen? Jochen! Aber klar doch, der Schwiegersohn und Kindesvater eilt, die Zuckerdose beiseite zu stellen. Soll ich mit in die Küche kommen, irgendwie helfen? will die Oma wissen.

Lieber nicht. Bin jetzt auch soweit, nur noch die Sahne.

Ach ja, die Sahne.

Sag mal, Sophie, soll die Oma dir schon mal ein Stück von dieser Torte geben? Was ist das eigentlich? Die Oma piekst mit der Kuchengabel vorsichtig in das Backwerk und leckt ganz vorsichtig an dem winzigen Sahnehäufchen.

Wun-der-bar.

Schwarzwälder Kirsch, sagt der Schwiegersohn. Von Aldi. Mit Original Schwarzwälder Kirschwasser.

Bei uns haben die aber keine Kuchentheke, wundert sich die Oma.

Ist ja auch zum Selbermachen.

Also, so würde ich das nie hinkriegen.

Muß man aber nicht mal backen. Ist idiotensicher!

Oh, das findet die Oma jetzt aber nicht so nett.

Kuchen, ruft das Geburtstagskind und trommelt mit der Gabel auf den Tisch. Aber doch kein Schwarzwälder Kirsch. Man bedenke, das Kirschwasser.

Warte, Sophiechen. Hier steht der Kuchen, den die Mama extra für dich gebacken hat.

Sophiechen hat sich Mäuse-Torte gewünscht. Auch bei Aldi zu haben, jedenfalls die einzelnen Bestandteile der Torte: Mehl, Eier, Butter und sogar die Mäuseohren – und Nase.

Die Mäusetorte ist der Mama wirklich gut gelungen. Guck mal Sophiechen, die Ohren und die Nase von dem Mäuschen kannst du essen, das sind Mini-Dickmanns.

Mäuse auf dem Kuchen sind auf jeden Fall besser als Mäuse im Kuchen, sagt der Opa.

Da hat er zweifellos recht, aber muß er jetzt davon anfangen? Günter, verdirb uns nicht den Appetit.

Weißt du eigentlich, daß die kleinen Chinesen in Kanton Käfer in Zucker einlegen und als Bonbon essen?

Günter, bitte!

Der Opa, pensionierter Oberstudienrat, hebt den Zeigefinger. In Mexico, fährt er unbeirrbar fort, stell dir vor, Sophiechen, da essen sie Kuchen aus Moskitoeiern. Und Maden sollen übrigens auch sehr süß und wohlschmeckend sein.

Günter! Jetzt laß das Kind in Ruhe essen.

Allein, das geht nun nicht mehr. Auch Sophiechens Geburtstagstorte hat sich in Insektenkuchen verwandelt. Drei eifrige Wespen umkreisen das liebevoll dekorierte Gebäck. Eine vierte hat sich bereits niedergelassen und zersäbelt einen Kuchenkrümel.

Sophiechen, Vorsicht, mach den Mund zu.

Mit fest zusammengekniffenem Mund muß das Geburtstagskind zusehen, wie die Mäusetorte langsam in der Sonne zerläuft. Die Schokolade schmilzt und gibt das Innere der Mini-Dickmanns frei. Zum Heulen, wenn nicht der Opa so lustig mit der Kuchenschaufel herumfuchteln würde. Eben hat er fast eine Wespe erwischt. Jetzt hat er die Karaffe mit dem Apfelsaft getroffen, und der süße Most ergießt sich über die Tischdecke. Und die Mama und die Oma schreien und springen herum, als hätten Wespen sie gestochen. Doch noch ein gelungener Geburtstag.

Savarin

für den Teig:

350 g Mehl

1 Päckchen Trockenhefe

1 Tasse lauwarme Milch

4 Eier

40 g Zucker

1 Päckchen Vanillinzucker

1/2 Tl Salz

150 g Butter

Läuterzucker zum Tränken:

500 g Zucker

400 ccm Wasser

3 Schnapsgläser Kirsch- oder Himbeer-geist

zum Füllen:

1/4 l Sahne

250 g Erdbeeren oder Himbeeren

Das Mehl mit der Hefe in eine Schüssel geben und vermischen. In einer anderen Schüssel Eier, Zucker, Vanillinzucker und Salz schaumig rühren und mit warmer Butter verquirlen. Diese Ei-Zucker-But-termasse mit der warmen Milch zum Mehl geben und zu einem fast flüssigen Teig verarbeiten. An einem warmen Ort 1/2 Stunde gehen lassen. Dann den Teig zusammenschlagen und in eine gefettete Kranzform füllen. Den Teig noch einmal gehen lassen, bis sich der Umfang verdoppelt hat. Dann bei 200–220° ca. 40 Minuten auf der unteren Schiene backen. Auf ein Kuchengitter stürzen.

Jetzt den Läuterzucker herstellen: Zucker und Wasser in einer Kasserolle so lange kochen, bis die Masse klar wird (ca. 8 Minuten). Den Kuchen wieder in die Kranzform legen und mit dem Zuckerwasser tränken. Der Kuchen muß ganz mit der Flüssigkeit durchzogen sein. Dann den Kuchen auf eine Platte stürzen und mit dem Kirsch- oder Himbeergeist beträufeln.

Die Sahne steif schlagen, zuckern und mit den geputzten, geviertelten Erdbeeren vermischen und in die Mitte des Savarin füllen.

Wert der Zutaten: ca. 7,50 DM.

Bananenkuchen

250 g Butter
250 g Zucker
2 Päckchen Vanillinzucker
4 Eier
3 kleine Bananen
375 g Mehl
1 Päckchen Backpulver
150 g Haselnüsse (gerieben)
100 g herbe Schokolade (geraspelt)

Butter, Zucker, Vanillinzucker und Eier schaumig rühren. Die Bananen zerdrücken und unter die Masse geben. Mehl mit dem Backpulver darüber sieben und unterrühren. Zum Schluß die geriebenen Nüsse und die geraspelte Schokolade unterheben. In eine gefettete Kastenform geben, die am besten noch mit Semmelbrösel ausgestreut wurde. Bei 180° auf der unteren Schiebeleiste ca. 60 Minuten backen. Kurz vor Ende der Backzeit mit einer Stricknadel prüfen, ob der Kuchen durchgebacken ist. Man kann den Kuchen mit einem Schokoladenguß überziehen, nachdem er abgekühlt ist. Entweder nimmt man einen fertig gekauften oder stellt selbst einen her, indem man 200 g Puderzucker, 50 g Kakao, 20 g Butter und 4 El heißes Wasser im warmen Wasserbad cremig rührt.

Wert der Zutaten: ca. 7,20 DM.

Brownies

Oberflächlich gesehen ist Aldi ein ganz normaler Discounter. Vielleicht ein bißchen besonders, weil Aldi das Discounter-Konzept als solches erfunden hat, jene unschlagbare Mischung aus Dauerniedrigpreisen, begrenztem Warenangebot, Hausmarken, halbausgepackten Waren und müder Beleuchtung. Das alles haben Pennymarkt, Lidl und Co zwar längst abgeguckt und nachgemacht. Worin sie aber der Mutter aller Billig-Discounter bis heute nicht das Wasser reichen können, das ist die Atmosphäre: Aldi ist international. Wofür sonst Sozialarbeiterinnen jahrelang arbeiten, hier ist es selbstverständlich. Der gesamte Mittelmeerraum ist hier mit seinen Bewohnern vertreten und dann ganz Osteuropa. Friedlich schiebt man Einkaufskarren hintereinander her. Junge Burschen mit schwarzen Rastalocken helfen verschleierten Damen, die Kartons mit dem Apfelsaft in den Karren zu wuchten. Asiatische Ehepaare machen deutsche Rentnerinnen auf Sonderposten aufmerksam und Aussiedlerfamilien debattieren mit polnischen Saisonarbeitern über die Qualität der bunten Jogginghosen für 29 Mark. Und das alles, ohne daß draußen internationale Begegnungsstätte draufsteht. Aldi klappt besser als AWO. Leider gibt es wie überall im Leben Neider und Miesmacher. Im Aldi-Fall nennen diese Menschen die geräumigen haltbaren Tüten mit dem orangeblauen Logo Türkenkoffer. Sehr lustig. Und wie heißt Aldi in Berlin? Poldi!!! Haha. Wir wissen nicht, ob Theo und Karl, die beiden Aldis, über solche Witze lachen können. Jedenfalls hat die Kundentreue ihrer ausländischen Mitbürger sie auf die Idee gebracht, Aldi auch denen zu bringen, die mangels örtlicher Ungebundenheit und fehlender Visa nicht im Aldiland einkaufen können. Wie alle Pioniere, so träumten auch Karl und Theo vom Land der unbegrenzten Möglichkeiten.

Wenn schon in Deutschland jede ihrer Filialen ein kleiner Schmelztiegel der Nationen war, dann mußte ihr Konzept im großen *melting pot* USA ebenfalls ein Hit werden, dachten sich die beiden Brüder. Mit den Hits ist es aber so eine Sache. Man kann sie schlecht planen. Lag es daran, daß die Amerikaner das Aldi-Konzept nicht verstanden oder daß sie schlicht keine Lust hatten, eigenhändig die Ware aus dem Karton zu kramen? Vielleicht waren sie durch die netten Helfer, die an den Kassen amerikanischer Supermärkte der Kundschaft die Waren in Tüten einpacken, so verweichlicht, daß sie sich einfach nicht in die Aldi-Shops trauten, denn so einen Trainingsrückstand im Tütenpacken, den holt man nicht mal eben in ein paar Tagen auf. Dazu braucht es schon die jahrelange Entwöhnung von jedweder Dienstleistung. Wie gesagt, man weiß es alles nicht so genau. Festzuhalten bleibt nur: die USA sind kein richtiges Aldi-Land geworden. Noch nicht.

Es spricht für Theo und Karl, daß sie sich durch diese Schlappe nicht entmutigen ließen, weiterhin auf Internationalität zu setzen. Wenn es schon mit dem Export des Aldi-Konzepts ins Land der unbegrenzten Möglichkeiten nicht so recht klappt, dann holen wir die USA doch einfach in unsere Läden, mögen sich die Brüder gedacht haben. Und so findet die hardworking Hausfrau in Oer-Erkenschwick, Krefeld, Mönchengladbach und anderswo plötzlich leuchtend rot-blau-weiße Packungen in ihrer Aldi-Filiale. Cookie steht darauf. Wahlweise auch Brownies.

Tom und Gitta, er Verkaufsleiter in einer Software-Firma, sie bei der Stadt-Sparkasse in der Kreditabteilung, haben sie jetzt auch entdeckt. Sie, die ihre Levi's 501 und ihre Calvin Klein-Slips nur in New York kaufen und da auch nur bei Macy's, und die beim Dinner in L.A. neulich Arnold Schwarzenegger, den sie übrigens Arnie nennen, am Nebentisch sitzen hatten, pfeifen anerkennend.

Cookies und Brownies, rufen sie so laut. So laut, daß es auch die Nachbarn aus ihrer Reihenhauszeile hören können, die sich gerade von hinten nähern. Hast du das gesehen, wie bei Zarbar's in New York. Tom und Gitta sind völlig aus dem Häuschen. Oder weißt du noch, die kleine Bäckerei auf der Madison Avenue, jubilieren sie. Cool, daß es das jetzt endlich auch hier gibt. Die Nachbarn ziehen grüßend an ihnen vorbei. Jetzt hat die Nachbarsfrau die Kiste mit dem amerikanischen Wunder entdeckt, greift sich zwei Packungen und beäugt sie kritisch. Plätzchen und Schokoplätzchen, sagt sie, wirft ihrem Mann einen fragenden Blick zu und läßt die Tüten in ihren Einkaufswagen fallen.

Typisch, sind ja auch noch nie aus diesem Kaff rausgekommen, wissen nichts von New York und L.A., von Macy's und Arnie, von Brownies und Cookies. Wissen überhaupt nicht, welchen Schatz sie da nach Hause tragen dürfen.

Die rechte Freude will sich aber auch bei Tom und Gitta nicht einstellen. Tief im Inneren beginnt auf einmal ein unschöner Gedanke zu nagen: wenn Aldi demnächst hier Hershey-Chocolate-Bars und Cheese-Cake-Backmischungen verkauft? Womöglich auch noch Calvin-Klein-Slips? Kann man sich ja gleich New York sparen und in Oer-Erkenschwick bleiben.

Schokoplätzchen

2 Eiweiß
1 Prise Salz
100 g Zucker
150 g Schokolade (je nach Geschmack
Vollmilch oder Zartbitter)
250 g Mandeln (geschält und gerieben)
2 El Kirschwasser
etwas Zucker zum Ausrollen

Das Eiweiß mit dem Salz steif schlagen.
Zucker nach und nach zufügen. Die
Schokolade in einem Wasserbad vorsich-
tig auflösen, gut rühren und unter die
Eiweißmasse geben. Die gemahlenen
Mandeln auf die Eiweiß-Schokoladen-
masse geben und vorsichtig unterheben.

Das Kirschwasser einrühren und das
Ganze 1–2 Stunden kalt stellen.

Ein Brett mit Zucker bestreuen und
den Teig 8–9 cm dick ausrollen, mit einem Förmchen ausstechen, auf ein mit
Backpapier belegtes Blech legen und bei
Raumtemperatur einige Stunden trock-
nen lassen.

Auf der mittleren Schiene des Backofens bei 180° 8–10 Minuten eher trock-
nen als backen lassen.

Wert der Zutaten: ca. 5,20 DM.

Haferflockenplätzchen

125 g Butter
180 g Zucker
1 Ei
1/2 Zitrone (abgeriebene Schale,
ungespritzt)
200 g Haferflocken (zarte)
1/2 Päckchen Backpulver
20 Mandeln

Butter zerlassen und Zucker, Ei und Zitronenschale zufügen und verrühren. Haferflocken und Backpulver darüber streuen und mit der Masse verkneten. Auf einem gut bemehlten Brett den Teig zu einer Rolle von 3 cm Ø rollen und ca. 1/2

Stunde im Kühlschrank ruhen lassen. In der Zwischenzeit die Mandeln in Wasser aufkochen, abgießen und enthäuten, dann halbieren. Von der Teigrolle Scheiben schneiden, diese auf ein mit Backpapier belegtes Blech setzen und in die Mitte je eine halbe Mandel drücken. Auf der mittleren Schiene bei 180° 10-15 Minuten. Hellgelb backen.

Wert der Zutaten: ca. 2,80 DM.

Hundekuchen

Nicht daß sie geizig wäre. Aber so eine Torte vom Konditor, überschlug Frau Schnadewind, die kostet doch mir nichts, dir nichts 50 Mark. Jedenfalls eine Torte von *dem* Konditor. Der sich übrigens mit C schreibt, weil das irgendwie edler aussieht. Zwei Torten braucht sie, mindestens 100 Mark. Nein, das geht entschieden zu weit. Nicht daß sie sparen müßte. Aber hatte die Firma ihres Gatten nicht in letzter Zeit empfindliche Verluste hinnehmen müssen? Von »Umsatzeinbußen im siebenstelligen Bereich«, hatte Hajo neulich gesprochen. Oder war es nur im sechsstelligen Bereich? Egal, so genau hatte sie da nicht zugehört. Jedenfalls, in schweren Zeiten wie diesen mußten die Frauen tapfer sein und ihren Männern mit eisernem Sparwillen zur Seite stehen. Aber unauffällig.

Brigitte, hatte sie mit fester Stimme gesagt. Am Freitag kommen meine Da-

men zum Kaffee. Könnten Sie da so eine Torte kaufen, so eine zum Selbermachen. Aus der Packung.

Brigitte hatte genickt. Vom Sparen und Selbermachen verstand sie was. Brigitte kam aus der Ukraine. Architektin von Hause aus. Aber so was von umsichtig. Die hatte den Haushalt im Griff, als hätte sie nie was anderes gemacht. Hatte sogar Hajo schon gemerkt.

Also, Brigitte war zum Aldi gegangen. Frau Schnadewind würde ja nie zu Aldi gehen. Aldi kannte sie nur vom Hörensagen. Aldi war jetzt Kult, hatte ihr neulich die Tochter erzählt. Mutti, warum kaufst du nicht einfach auch bei Aldi? Ja, das Kind hatte Nerven. Aber in den Fingern hatte es ihr dann doch gejuckt. Andererseits, wenn sie jetzt plötzlich bei Aldi kaufen würde, jetzt, wo Hajos Firma Umsatzverluste im sechs- oder vielleicht auch siebenstelligen Bereich machte. Das sähe ja dann doch irgendwie komisch aus. Das mit Aldi würde sie in Angriff nehmen, wenn es wieder aufwärts ging mit der Firma. Hajo nannte so etwas antizyklisches Verhalten.

Brigitte hatte von ihrer Aldi-Expedition zwei Packungen Käse-Sahne mitgebracht. »Torte ohne Backen« stand auf den Packungen. Brigitte hatte das wahnsinnig komisch gefunden. Torte ohne Backen, hatte sie gesagt, wie Kuchen ohne Nase.

Mit Böden und Zutaten, hatte die Packung ebenfalls verheißen.

Da sollen zwei Tortenböden drin sein? hatte Frau Schnadewind mißtrauisch gefragt. Waren aber. Zugegeben, nicht gerade wagenradgroß. Aber sah wagenradgroß auch nicht immer so ein bißchen billig aus? Auf jeden Fall, auch das versprach die Packung, würden aus 290 Gramm Gesamtinhalt am Ende 815 Gramm Torte werden. Und zwar mit »Geling-Garantie«.

Brigitte hatte dann noch die wirklich pfiffige Idee gehabt, zwischen die Böden und die Käsecreme Mandarinenstückchen zu legen. Hatte sie gleich auch von Aldi mitgebracht. Wie gesagt, wirklich so etwas von umsichtig. Keine Viertelstunde hatte die Backaktion, die im eigentlichen Sinn keine war, gedauert. Und dann kaum Abwasch. Sieht man mal davon ab, daß Rocco sich eine der Mandarinendosen geschnappt und umgekippt hatte, was eine kleine Pfütze auf dem Küchenboden zur Folge gehabt hatte. Rocco ist eben ganz verrückt auf Süßes. Brigitte hatte den Golden Retriever mit dem Putzlappen aus der Küche gescheucht.

Also, tierlieb, das steht fest, ist sie nicht gerade. Irgendwie schade, hatte Frau Schnadewind gedacht, als sie wenig später beim Conditor, *dem* Conditor stand und eine Torte bezahlte.

Dick mit Waldfrüchten belegt ist das leuchtend bunte Kunstwerk. Zusammengehalten wird es von einer Papiermanschette, auf der mit feiner Konditorenschrift das Logo des teuren Cafés steht.

Ein schöner Kontrast zu den bleichen Aldi-Torten. Vor allem aber eine Art Alibi. Die Waldfrüchtetorte war unübersehbar teuer. Welche ihrer Freundinnen würde es angesichts der Edel-Torte wagen, Fragen nach der Herkunft der anderen beiden Kuchen zu stellen!

Zu Hause hat Brigitte schon angefangen, den Tisch zu decken. Tassen, Teller und die drei Torten stehen schon. Frau Schnadewind arrangiert die Blumengestecke. Nein, das läßt sie sich nicht nehmen. Dafür hat sie ein Händchen.

Ein schönes Bild, die drei Torten auf der liebevoll gedeckten Kaffeetafel. Zufrieden mit ihrem Werk schließt Frau Schnadewind die Flügeltür. Die ersten Besucherinnen haben geklingelt.

Reizend, ganz reizend, das Sträußchen. Brigitte, stellen Sie die doch mal in die Vase. Ja, und nehmen Sie den Mantel doch auch gleich mit.

Brigitte, jetzt im schwarzen Rock, weißer Bluse und betonhart gestärkter Schürze verschwindet in Richtung Küche. Die Gastgeberin schaut mit vielsagendem Blick ihre beiden Freundinnen an.

Hat uns das Arbeitsamt geschickt. So was von umsichtig.

Wieder schellt es. Das müssen Erika und Gisela sein.

In der Tür erscheinen zwei riesige Cellophanverpackte Blumensträuße. Unten schauen zwei dunkelblaue Röcke und vier Damenbeine hervor. Aber nein, wie schön, jauchzt Frau Schnadewind. Sie macht den beiden Blumensträußen Platz, damit sie eintreten können.

Legt doch ab, bitte. – Brigitte!

So, dann wollen wir mal. Frau Schnadewind führt den kleinen Zug an. Die vier Freundinnen schließen sich an. Gemeinsam schreitet man unter goldgerahmten Jagdszenen ins Wohnzimmer.

Frau Schnadewind schiebt die Flügeltüren beiseite, die das Eß- vom Wohnzimmer trennen, und erstarrt.

Rocco, entfährt es ihr. Da steht das Tier mitten auf dem Tisch, den Kopf tief in der Käsetorte. Frau Schnadewind ringt nach Fassung. Rocco schaut betrübt aus den Resten der Torte hervor. Verlegen leckt er sich die letzten Käsesahnereste von der Nase. Schuldbewußt springt er mit einem Satz vom Tisch, daß das alte Meissner nur so klappert.

Ja, was nun?

Seht ihr? ruft Frau Schnadewind so munter sie kann, das Tier weiß eben, was gut ist. Die Damen lächeln höflich. Was soll man dazu sagen? Am besten nichts, aber die Gastgeberin greift zur Tortenschaufel. Will sie uns jetzt etwa …?

Nur gut, denkt Frau Schnadewind, daß das Tier uns noch eine übrig gelassen hat.

Sehr feiner Käsekuchen

für den Mürbeteig:
100 g Butter oder Margarine
2 El Zucker
1 Eigelb
150 g Mehl
1 Tl Backpulver

Mehl, Backpulver und Zucker in eine flache Backschüssel geben. Das Eigelb in die Mitte in eine Vertiefung geben. Die Butter in kleinen Flöckchen darüber geben und schnell zu einem weichen Teig kneten. Dabei darauf achten, daß der Teig geschmeidig wird, evtl. etwas Wasser hinzufügen. 1 Stunde kühl stellen.

für die Füllung:
600 g Frischkäse (ohne Kräuter!)
100 g Zucker
1 El Zitronensaft
2 El Mehl
1 Tasse Milch
2 Eigelb
5 Päckchen Vanillinzucker

Alle Zutaten zu einer cremigen Masse schlagen. Jetzt den Mürbeteig in einer Springform auf Boden und Rand verteilen, mit einer Gabel mehrfach den Boden einstechen, damit sich keine Blasen bilden. Die Füllung hineingießen und bei 175° auf der mittleren Schiene 50–60 Minuten backen.

für den Guß:
2 Eiweiße
50 g Zucker

Die Eiweiße steif schlagen, dann den Zucker nach und nach einrieseln lassen und so lange schlagen, bis sich der Zucker gelöst hat. Ist der Kuchen gar, wird die Eiweißmasse auf den Kuchen gestrichen und weitere 5 Minuten in den Backofen geschoben, bis der Kuchen zart hellbraun ist.

Wert der Zutaten: etwa 7 DM.

Aldi hat Guildo lieb

Zwei Frauen in einem Aldi-Laden in Köln-Nippes, die eine blond, die andere rot, Jasmin und Nicole, Freundinnen im besten Fan-Alter, ey, guck ma. Dat jibt et doch jar nisch.

Wat?

Ja, da vorne.

Da vorne ist nichts zu sehen. Jedenfalls nichts Besonderes. Nur ein langer Gang, Regale und Kartons rechts und links, ein paar Kunden, die tiefversunken Packungsaufschriften lesen. Aldi eben.

Aber die Blondine ist nicht mehr zu halten. Sie rupft an der Lederjacke der Rothaarigen und drängelt.

Jetzt mach doch mal.

Ja, wieso denn.

Sach, biste blind? Guck doch mal: Guildo Horn!

Spinnste oder wat?

Nein, tut sie nicht. Sie hat ihn gesehen, den Meister. Zwar nur von hinten, aber er wars, live, im türkisschimmernden Glückanzug, ja echt denselben, den er im Fernsehen anhatte. Gerade ist er samt Einkaufswagen in den nächsten Gang eingebogen. Und wenn sich Nicole, das Tränentier, ein bißchen beeilen täte, dann könnten sie ihn einholen und um ein Autogramm bitten. Aber Nicole steht da rum wie eine Salzsäule und rührt sich nicht.

Nicole, jetzt mach doch.

Doch Nicole steht da wie angewurzelt, sie glaubt es einfach nicht, kann es nicht glauben. Wieso soll der Guildo Horn beim Aldi kaufen?

Ja, warum wohl nicht. Manchmal ist die Freundin wirklich dumm wie 'ne Stulle, denkt Jasmin. Also erstens: Der Meister wohnt in Köln. Stand doch vorje Woche erst in der Bravo.

Echt?

Echt, ey. Und zweitens, der ist noch nisch so eingebildet wie die ganzen anderen Stars. Leonardo di Caprio zum Beispiel, den kriegste hier nisch zu sehen, das garantier isch dir. Also könnteste jetzt mal voran machen?

Waschpulver, Olivenöl, Shampoo, und serbische Bohnensuppe, alles was die Freundinnen einkaufen wollten, ist jetzt vergessen. Rasselnd legen sich die Einkaufswagen in die Kurve.

Stop, da vorne, da steht er. Ja, er ist es, der Meister. Unverkennbar die langen schütteren Haare, der eiförmige Oberkörper. Süüß! Wie im Fernsehen, haucht Nicole.

Wat kauft der denn da? Jasmin stellt sich auf die Zehenspitzen. Mehl, flüstert sie nach unten.

Echt, Mehl?

Nicole konnte wirklich nerven. Ja, Mehl, weil dem seine Mutter braucht das für Nußecken zu machen.

Nicole ist tief beeindruckt. Die Freundin wußte einfach alles.

In meiner kleinen Welt, beginnt Jasmin plötzlich zu trällern.

Ey, hör auf, der hört disch doch.
Na und, soll er doch …
In der der eine zum anderen hält
Und in der Deine Tränen nicht lü-ügen
Lernen Träume fliegen
Da wär' ich so gern
Wär den Sternen nicht mehr allzufern
Und von dort schick ich Euch meinen Liebesbeweis
Nußecken und Himbeerei-eis.

Hört er sie nicht, die Backgroundsängerin, oder tut er nur so, als wäre er taub? Ohne sich nur einmal umzudrehen, zieht die Gestalt in dem seltsamen Anzug weiter, greift hier ein Kilo Zucker aus dem Karton, da einen Beutel Haselnüsse.

Die Freundinnen blicken sich enttäuscht an. Los jetzt, Nicole stößt ihrer Freundin den Ellbogen in die Rippen. Du gehst jetzt und fragst nach einem Autogramm.

Nä, Du. Du kannst auch mal was machen.

Nä, Du. Isch hab jesungen.

Den Meister haben sie längst aus den Augen verloren. Erst als sie an der Kasse ankommen, sehen sie ihn wieder. Wie ein ganz gewöhnlicher Aldi-Kunde steht er da und wartet, daß er an die Reihe kommt. Legt einen Stapel Vanillinzukkerpäckchen aufs Band, einen Kasten H-Milch-Kartons, Haselnüsse, Mehl und Zucker. Als wäre es das normalste von der Welt. Und die anderen Kunden? Tun so, als sähen sie nicht, welche Lichtgestalt ihr Aldi beehrt. Bleiben cool, tun so, als wäre es das normalste von der Welt. Guildo bei Aldi. Irgendwo muß schließlich auch ein Star einkaufen dürfen.

Die Schlange hinter dem Meister ist lang und die beiden Freundinnen stehen ganz hinten.

Aber da! Was ist das, da vorne? Das Portemonnaie entgleitet der beringten Hand, fällt zu Boden, Münzen rollen in alle Richtungen. Die anderen Kunden weichen zurück, machen dem Meister Platz, daß er sich bücken kann.

Die Freundinnen erstarren. Stumm blicken sie auf die Gestalt, die jetzt mühsam und mit hochrotem Gesicht wieder auf die Beine kommt. Jasmin ist die Erste, die ihre Fassung wiedergewinnt.

Und isch hab jeglaubt ...

Wär ja auch irjendwie komisch jewesen, sagt Nicole, Guildo Horn in userm Aldi.

Guildos Nußecken

für den Teig:
300 g Mehl
1 Tl Backpulver
130 g Zucker
1 Päckchen Vanillinzucker
2 Eier
130 g Butter oder Margarine
für den Belag:
7 El Aprikosenmarmelade
100 g Zucker
1/2 Pfund Butter
2 Päckchen Vanillinzucker
4 El Wasser
200 g gehackte Haselnüsse
200 g gehackte Mandeln

Die Zutaten für den Teig zu einem Knet-
teig verarbeiten, auf dem Tisch ausrollen,

auf ein Backblech mit Backpapier legen
(Menge Teig reicht für ein Blech) und mit
Aprikosenmarmelade bestreichen. In einem Topf auf dem Herd die Butter zerlassen, Zucker, Vanillinzucker und das Wasser hinzugeben und kurz aufkochen.
Mandeln und Nüsse unterrühren. Masse
auf Teig gleichmäßig verteilen und glattstreichen. Im Backofen bei 180° etwa 30
Minuten backen, bis die Masse knusprig-
goldbraun ist. Das abgekühlte Gebäck
dann erst in Quadrate, und diese diagonal in Dreiecke zerschneiden.

Wert der Zutaten: ca. 8,60 DM.

Haselnußplätzchen

250 g Zucker
3 Eier
1 Zitrone (geriebene Schale, ungespritzt)
1 Prise Salz
300 g Haselnüsse
80 g Mehl
50 ganze ungeschälte Haselnüsse

Zucker, Eier, Zitronenschale und Salz werden in einer Schüssel schaumig geschlagen. Die geriebenen Haselnüsse werden mit dem Mehl vermischt und mit der Zucker-Eiermasse verrührt und kühl gestellt. Nach 1–2 Stunden mit einem Teelöffel kleine Portionen vom Teig abstechen und zu Kugeln formen. Diese auf ein mit Backpapier belegtes Blech setzen und mit je 1 Haselnuß verzieren. Dann die Plätzchen auf der mittleren Schiene bei 180° 10–15 Minuten backen.

Wert der Zutaten: ca. 5,60 DM.

Kannibalen

Zuletzt war es doch nichts mehr. Muß man doch mal ehrlich sagen. Nicht daß sie es ihm gewünscht hätte. Aber der Paul hat doch nur noch gelitten. Ja, und dann ist es besser, man geht. Nehmen Sie sich doch noch ein Stück. Schwungvoll legt uns Frau Kaul ein Stück Kuchen auf den Teller. Lecker Beerdigungskuchen, probieren Sie mal, fährt sie mit vollem Mund fort. Was die Pastorin da gesagt hat, das mit dem ewigen Leben und so. Der Paul war ja schon seit Jahren nicht mehr in der Kirche, aber zuletzt, da hat er doch immer mal wieder davon gesprochen, was danach kommt. Paradies, Eingehen in die Ewigkeit. Was soll man darauf sagen? Ja, Paul, wird schon so sein, hat sie gesagt. Man soll ja Sterbenskranken nicht die letzte Hoffnung nehmen. Übrigens, der Kuchen, den hat sie noch gestern abend selbst gebacken. Wie schmeckt er Ihnen denn? Und das in dem ganzen Gebrassel, das man mit so einer

Beerdigung hat. Also, in dem Kuchen, da ist nur gute Butter drin. Der Paul hat den auch immer gern gegessen. Streuselkuchen. Komisch, wenn einer beerdigt wird, heißt er dann plötzlich Beerdigungskuchen. Ihre Enkelin, die da am Tischende sitzt, ja die mit den langen Haaren, hat das auch mal so gesagt, bei irgendeiner Geburtstagsfeier. Gibt es wieder Beerdigungskuchen, hat sie gefragt. Weil sie Streuselkuchen nicht mag. Findet sie zu trocken. Was aber gar nicht stimmt. Gibt doch nichts Saftigeres als einen guten Hefekuchen. Gestern hatte sie erst noch Angst, daß die Hefe nicht aufgeht. Wie hätte sie dann dagestanden? Nicht mal ein anständiger Beerdigungskuchen auf dem Paul seiner Beerdigung. Wo sie schon für mehr kein Geld hat. Und jetzt, wo die Rente auch noch weniger wird. Was das mal gibt.

Sie und der Paul hatten ja nie viel. Aber wenigstens wohnen konnten sie umsonst. Für das Häuschen haben sie sich auch krummgelegt. Und dafür, daß der Sohn was

Ordentliches werden konnte. Hat eine schöne Stelle jetzt, Installateur. Geht ja auch schon auf die fünfzig zu. Wie die Zeit vergeht. Nehmen Sie doch noch ein Stück. Sie können's doch vertragen. Streuselkuchen schmeckt immer noch am besten, wenn er selbstgemacht ist. Weiß man wenigstens, was drin ist. Und auf Beerdigungen kommt Gekaufter sowieso nicht in Frage. Höchstens einer vom Bäcker. Aber das ist zu teuer. Wie gesagt. Als sie jung verheiratet waren, hat der Paul sie manchmal ins Café eingeladen. Schön war das. Aber dann kam der Kleine, und dann ging das nicht mehr. Zu teuer. Und außerdem ist sie ja auch eine gute Hausfrau. Hat der Paul auch immer gesagt. Am besten konnte sie Pflaumenkuchen. Ein Gedicht ist das, ihr Pflaumenkuchen. Aber jetzt ist ja nicht die Zeit dafür. Und außerdem Pflaumenkuchen auf einer Beerdigung. Paßt doch nicht. Komisch irgendwie, solche Bräuche. Die Enkelin studiert irgend sowas, was mit Bräuchen zu tun hat. So ein schweres Wort.

Fällt ihr jetzt gerade nicht ein. Ist ja auch egal, die Enkelin jedenfalls hat ihr vorgestern abend erzählt, daß Beerdigungskuchen ein ganz alter Brauch ist. Also Leichenschmaus im allgemeinen. In China zum Beispiel, da kriegen die Toten auf dem Hausaltar Essen serviert, damit sie im Jenseits nicht Hunger leiden müssen. Früher bekamen sie es sogar wie die alten Ägypter mit ins Grab. Und in Madagaskar, also nicht daß sie uns den Appetit verderben will, da gab es in einigen Gegenden noch bis vor kurzem den Brauch, daß die Gerippe der Toten einmal im Jahr aus ihren Gräbern in die Häuser geholt und an die Eßtische gesetzt wurden. Wenn man sich das vorstellt, das Gerippe vom Paul, und dann der Dreck, der durch die ganze Wohnung geschleppt wird …

Also, Oma, ruft die Enkelin vom Tischende.

Ist doch wahr. Und in Indien, referiert Frau Kaul ungerührt weiter, da bringt die Familie auch Essen für die Toten in den

Tempel. Da ißt es dann zum Teil der Priester, der Rest wird in den Fluß geworfen. So eine Verschwendung. Wo die doch so arm sind in Indien.

Oma, jetzt hör doch mal auf.

Aber so ist es doch, genauso hat sie es ihr selbst erzählt. Und von den Vertriebenen, die nach dem Krieg hier in die Straße gezogen sind, jawohl, die Matzeks, die mit dem Sohn, der heute die Praxis von dem alten Doktor Kurth hat, also von denen weiß sie, daß auf dem Land in Polen am Weihnachtsabend ein Extrateller für die Toten auf den Tisch kommt und daß sie aus jeder Schüssel ein Häppchen bekommen. Na ja, so ganz kann sie das nicht verstehen, was das mit ihrem Beerdigungskuchen zu tun hat. Daß der Paul, egal wo er jetzt ist, Hunger kriegen könnte, glaubt sie nicht. Der brachte sowieso zuletzt keinen Bissen mehr runter. Warum sollte er jetzt auf einmal zum Vielfraß werden? Sie dagegen, also da muß es schon ganz hart kommen, bis ihr so ein

Stück Kuchen nicht mehr schmeckt. Als Kind hat sie einmal geweint, als die Mutter so ein mit Puderzucker bestreutes Osterlämmchen angeschnitten hat. Und ihren Weckmann zu Sankt Martin, den hat sie auch immer verwahrt, bis er hart war. Wie Kinder so sind. Aber was sie sagen wollte: neulich in der Illustrierten, die ihr die Nachbarin immer rüberbringt, wenn sie sie ausgelesen hat – also, nicht daß sie fies vor was ist, aber das war wirklich geschmacklos. Da hatte so ein russischer Künstler eine riesige Torte gebacken, die aussah wie der tote Lenin, aber haargenau. Aus Biskuit und einem Anzug aus dunkler Schoko-Creme, in Lebensgröße. Na ja, *Lebens*größe ist ja wohl nicht ganz richtig. Es sah jedenfalls aus wie die Leiche von Lenin, die sie immer in diesem Mausoleum am Roten Platz ausgestellt hatten und vor dem die armen Russen immer stundenlang Schlange stehen mußten. Die Kuchenleiche haben sie dann angeschnitten und gegessen. Sollte Kunst sein. Nicht daß sie was übrig hatte für Kommunisten, aber das hat der Lenin nicht verdient. Ist ja wie bei den Menschenfressern, hat sie zu ihrer Enkelin gesagt. Die hat vom Abendmahl und vom Beerdigungskuchen angefangen, daß das alles so eine Art von symbolischer Menschenfresserei ist und daß das dazu da ist, daß die Menschen als Gruppe zusammenhalten. Jedenfalls, sie bleibt dabei. Das mit dem Lenin, das war geschmacklos. Auch wenn die Enkelin noch soviel gelehrte Erklärungen dafür hat. Aber, Sie essen ja gar nichts mehr. Nehmen Sie sich doch noch ein kleines Stück.

Kirschstreuselkuchen

für den Teig:
250 g Mehl
50 g Zucker
50 g Butter
1 Prise Salz
1/2 Päckchen Trockenhefe
1 Eigelb
1/8 l Milch

für den Belag:
1 Glas abgetropfte Kirschen (sauer)

für die Streusel:
100 g Butter
100 g Zucker
200 g Mehl
1 Tl Zimt
1 Prise Salz

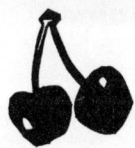

Mehl, Zucker, Salz und Trockenhefe vermischen. Mit der in warmer Milch flüssig gemachten Butter und dem Eigelb verrühren und so lange schlagen, bis der Teig Blasen wirft. An einem warmen Ort 1/2–1 Stunde gehen lassen. Der Teig sollte das doppelte Volumen erreichen.

In der Zwischenzeit die Streusel herstellen. Dazu das Mehl mit dem Zucker und der sehr weichen Butter, dem Salz und dem Zimt mit den Händen verkneten, so daß eine bröselige Masse entsteht.

Jetzt den gut aufgegangenen Teig zusammenschlagen, auf ein rundes, gefettetes Kuchenblech verteilen. Die abgetropften Kirschen gleichmäßig daraufgeben und die Streusel darüberbröseln.

Bei 180° auf der Mittelschiene des Backofens ca. 20–30 Minuten hellbraun backen.

Wert der Zutaten: ca. 5,30 DM.

Husarenkrapfen

150 g Butter
80 g Zucker
1 Päckchen Vanillinzucker
2 Eigelb
250 g Weizenmehl
1 Eigelb zum Bestreichen
2–3 El gehackte, geschälte Mandeln
zum Bestreuen
2–3 El Zucker zum Bestreuen
Aprikosen- oder Himbeermarmelade
zum Füllen

Butter, Zucker und Vanillinzucker werden schaumig gerührt. Das Eigelb wird zuerst unter ständigem Rühren zugegeben, anschließend das Mehl. Die Masse

muß gut durchgeknetet und dann ca. 1 Stunde kühl gestellt werden. Dann werden aus dem Teig kleine Kugeln geformt. In die Mitte wird mit dem Stielende eines Kochlöffels ein Loch gedrückt. Die Teigkugeln werden, mit dem verquirlten Eigelb bestrichen und mit den Mandeln und dem Zucker bestreut, auf der mittleren Schiene bei 175-180° goldgelb gebacken und anschließend in den Vertiefungen mit Marmelade gefüllt.

Wert der Zutaten: ca. 3,50 DM.

Speisefolgen

Früher hat es das nicht gegeben. Da setzte man sich manierlich an den Tisch und bekam serviert. Suppe, Hauptgericht, Nachtisch, alles schön der Reihe nach. Wie es sich gehört. Man blieb am Tisch sitzen und konnte sich unterhalten. Heute ist alles anders. Keine ruhige Minute hat man mehr. Alles muß man sich selber holen. Und vorher noch anstehen und drängeln. Buffet, wenn sie das schon hört, vergeht Frau Weber der Appetit. Buffet beim sechzigsten ihres Bruders, bei der silbernen Hochzeit ihres Vetters, Buffet als ihr Neffe sich verlobt hat. Ginge sie am liebsten schon gar nicht mehr hin, wenn sie weiß, daß es wieder Buffet gibt. Aber was will man machen. Eins muß man ja sagen, die Auswahl ist größer. Nützt einem aber auch nichts, wenn man nicht weiß, wie man an die Platten kommen soll, die weiter hinten stehen. Beugt man sich zu weit über den Tisch, um an den Lachs zu kommen, hängt man mit der Bluse in der Tomaten-Mozzarella-Schüssel. Außerdem, wie soll man den Lachs nehmen, wenn man in der einen Hand den Teller hat und in der anderen Messer, Gabel und Serviette.

Was sie am schlimmsten findet: das Gerenne beim kalten Buffet. Kommt sie mit ihren Vorspeisen an den Tisch, steht der Mensch von gegenüber auf, um den Hauptgang zu holen. Und kaum kommt der Tischnachbar mit dem Hauptgericht zurück, muß sie schon wieder los. Und alles wird kalt: Suppe, Braten und Gemüse. Oder sie kommt zu spät, und alles ist schon abgegrast, wenn sie endlich an der Reihe ist. Wie gesagt, sie hat nie verstanden, wie das einer schön finden soll. Und Kuchenbuffets, also reine Kuchenbuffets, die sind ganz und gar schrecklich. Hundert Kuchen und an keinen kommt man ran. Und wenn man endlich ran kommt: welchen soll man nehmen? Letztes Jahr, beim Kirchenbasar hat sie ein Stück Linzer Torte gegessen. Schmeckts, hatte Frau Bohne gefragt.

Ja, wunderbar, kann man nicht anders sagen.

Hab *ich* nämlich gebacken.

Dann hatte Frau Weber sich ein Stück Herrentorte geben lassen. Von Frau Plattes, der Frau vom Küster.

War köstlich, doch.

Muß man einen Tag durchziehen lassen, dann ist er noch besser, hatte Frau Plattes gesagt.

Den Krümelkuchen von Frau Mikesch hatte sie nicht mehr geschafft. Was ihr im nachhinein leid tut, andererseits hatte Frau Mikesch sie auch früher nie so richtig gegrüßt.

Im Fernsehen hat sie neulich einen Film übers Mittelalter gesehen. Buffet kannten die auch schon. Nur daß damals alles auf dem Tisch stand, von dem man auch aß. Kuchen und Braten, alles durcheinander. Kam alles zusammen auf den Tisch, oft mehrmals hintereinander, was

dann jedesmal ein »Gang« war. Und in Indien und China kommt heute noch alles auf einmal auf den Tisch, Süßes und Herzhaftes. Wie beim Buffet. Aber keiner muß aufstehen. Da sind sie uns einen Schritt vorweg, die Ausländer. Muß man ja auch mal sagen. Sie selbst lädt eigentlich nie jemanden ein. Höchstens mal die Nachbarin von unten. Dann gibts ein Tässchen Kaffee und lecker Rührkuchen mit Mandarinen- und Ananastückchen. Der ist ruckzuck gemacht. Einmal im Jahr backt sie Apfeltorte, an ihrem Geburtstag, weil der in den Herbst fällt, wenn es frische Bosköppe gibt. Bosköppe sind am besten zum Backen. Findet sie jedenfalls. Und hat sich auch noch nie jemand beschwert. Nicht ihr Bruder und nicht ihre Schwägerin, die sie immer einlädt. Auch nicht der Neffe, als er früher noch mitkam. Nächstes Jahr wird sie siebzig. Groß feiern will sie nicht. Vielleicht kommen die Nachbarin, der Bruder und seine Frau, vielleicht sogar der Neffe und seine

Verlobte, mehr aber nicht. Zu sechst sind sie dann. Sechs passen gerade noch alle an den Tisch. Buffet gibt's bei ihr nicht.

Linzer Torte

200 g Zucker
250 g Mandeln (gerieben)
200 g Mehl
1 gehäufter Tl Kakaopulver (Tropengold)
1 *Tl Zimt*
1 Päckchen Vanillinzucker
1 *Msp. gemahlene Nelken*
1 Ei
2 cl Kirschwasser
250 g Butter
250 g Himbeermarmelade (Früchtelinchen)
1 Eigelb

Zucker, geriebene Mandeln, Mehl, Kakaopulver, Zimt, Vanillinzucker und das Nelkenpulver in einer flachen Schüssel gut vermischen. In die Mitte eine Mulde drücken, Ei und Kirschwasser hineingeben. Die Butter in Flöckchen auf das Mehlgemisch geben und das Ganze schnell zu einem Teig verkneten. 1 Stunde im Kühlschrank zugedeckt ruhen lassen. Dann zwei Drittel des Teiges ausrollen, den Boden einer Springform damit auslegen und einen 2 cm hohen Rand formen. Den restlichen Teig ausrollen und mit einem Teigrädchen oder Messer in Streifen schneiden. Den Teigboden mit der Himbeermarmelade bestreichen, die Teigstreifen gitterartig darüberlegen und den Rand leicht über die Teigstreifenenden überklappen. Mit verquirltem Eigelb bestreichen.

Den Kuchen dann bei 180° ca. 40–50 Minuten auf mittlerer Schiene goldgelb backen. Eine Weile in der Form abkühlen lassen, dann aus der Form nehmen und auf einem Gitter erkalten lassen.

Wert der Zutaten: ca. 7,70 DM.

Herrentorte

200 g geriebene Haselnüsse
100 g Zucker
100 g Butter oder Margarine
3 Eier getrennt
3 El Tropengold Kakaopulver
1 Becher Sahne
1/2 Päckchen Sahnequick
1/2 Glas Preiselbeeren

Butter und Zucker schaumig rühren. Die 2 Eigelb zugeben und so lange rühren, bis eine homogene Masse entsteht. Die geriebenen Nüsse, Backpulver und das Kakaopulver unterrühren. Die Eiweiße steif schlagen und unter die Masse ziehen. Das Ganze in eine gefettete Springform füllen und glattstreichen. 30–35 Minuten bei 200° backen.

Auf den abgekühlten Kuchen die Preiselbeeren streichen. Die Sahne mit Sahnequick und etwas Zucker steif schlagen und über die Preiselbeerschicht ziehen.

Wenn der Kuchen einen Tag durchgezogen ist, schmeckt er noch besser.

Wert der Zutaten: ca. 5,40 DM.

Krümelkuchen

200 g Margarine
200 g Zucker
1 Ei
1 *Zitrone (abgeriebene Schale, unge-*
spritzt)
500 g Mehl
1 Tl Backpulver
1 Glas Sauerkirschenkonfitüre (450 g)
50 g Mandeln (gerieben)
1/2 Tasse Puderzucker

Die Margarine mit dem Zucker schau-
mig rühren. Das Ei und die Schale einer
ungespritzten Zitrone unterrühren. Das
Mehl mit dem Backpulver sieben und
einige El davon unter die schaumige
Masse rühren. Jetzt den Rest des Mehls
darüber schütten und schnell mit den
Fingerspitzen zu Krümeln verarbeiten.
Die Hälfte des Teigs in eine gefettete
Springform füllen und andrücken, die
Konfitüre darüberstreichen. Den Rest
des Teigs mit den abgezogenen und gerie-
benen Mandeln mischen und über die
Konfitüre krümeln.

Den Kuchen auf der mittleren Schiene
bei 180° ca. 30 Minuten backen, bis er
goldgelb ist, abkühlen lassen und mit
dem Puderzucker besieben.

Wert der Zutaten: ca. 4,70 DM.

Rührkuchen mit Obst
auf dem Blech

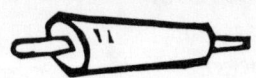

125 g Butter
150 g Zucker
1 Päckchen Vanillinzucker
1/2 Zitrone (Schale gerieben, unge-
spritzt)
2 Eier
1 Prise Salz
500 g Mehl
1 Päckchen Backpulver

Butter, Zucker, Vanillinzucker, Salz, Zitronenschale schaumig rühren. Eier einrühren und das Mehl mit dem Backpulver nach und nach unterziehen. Den Teig auf ein gefettetes Blech streichen, den offenen Rand mit einer gefalteten Alufolie ab-grenzen. Eingewecktes Obst auf den Teig verteilen (Kirschen, Pfirsiche, Aprikosen, Birnen) und ca. 40 Minuten auf der mittleren Schiene bei 180° backen.

Genauso gut läßt sich aber auch rohes Obst verwenden, z.B. Johannis- oder Heidelbeeren. Dann wird der nicht belegte Teig nur 30–35 Minuten gebacken, aus dem Ofen genommen und mit Aprikosenmarmelade bestrichen und mit gezuckerten Früchten belegt.

Wert der Zutaten: zwischen 4 und 5 DM, je nach Obstsorte.

Brötchenaufstand

Aldi ist kein Laden für Öko-Fundamentalisten. Biomilch und Sojaquark, Müsliriegel ohne Zucker, Schrumpeläpfel von naturbelassenen Streuobstwiesen, Kohlrabi aus natürlichem Anbau, Cremes ohne Konservierungs- und Duftstoffe sucht man hier vergeblich. Dennoch zieht es immer wieder gesundheitsbewußte Menschen zu Aldi. Wegen des Olivenöls. Das ist um keinen Deut schlechter als das Olivenöl aus dem Bioladen, das von einer italienischen Landkommune stammt und dessen Erlös Frauen-Projekten in der Toskana zugute kommt. Vor allem kostet es nur ein Viertel von dem, was das Landkommunen-Öl kostet. Aber Aldi unterstützt eben auch keine Land-Kommunen und Frauen-Projekte in der Toskana.

Das Pärchen, das an diesem Samstagmorgen seine Holland-Räder am Parkverbotsschild vor der Aldi-Filiale abschließt, fällt uns zunächst nur wegen der großen Dritte-Welt-Einkaufskörbe auf. Aldi-Kunden brauchen keine Dritte-Welt-Körbe. Sie nehmen Kartons. Davon gibt es genug an jeder Kasse. Oder sie bitten um eine Tüte. Kostet 30 Pfennig, ist aber ihr Geld wert, weil sie mindestens fünf Einkaufsgänge durchhält. Unser Pärchen unterscheidet sich auch in der Kleidung von der Stammkundschaft. Aldi-Kunden tragen keine bunten Mützchen und keine T-Shirts, die mit Hanfblättern bedruckt sind. Die beiden jungen Menschen sind auf dem Weg zum Bioladen. Nur schnell reingesprungen wegen des Öls. Aber wo sie schon mal hier sind, gibt es nicht vielleicht doch irgendwo Müsli? *Sie* macht sich auf die Suche. Kommt gleich darauf mit einer Cellophantüte zurück. Ein Kilo Müsli, zwar nicht aus biologischem Anbau, aber wenigstens ohne Zucker-Zusätze. Kann man also durchaus vertreten. Aber was ist das?

Brötchen zum Aufbacken, sagt er betont lässig. Für morgen früh. Sie schaut in den Einkaufswagen, den *er* hüten sollte, und in dem sich plötzlich die Packungen mit dem blassen Gebäck stapeln.

Ist ja e-kel-haft. Total ungesund. Wer soll das essen?

Ich, sagt er mit fester Stimme. Ab und zu finde ich das echt okay.

Beleidigt wirft sie ihre Müslitüte auf die Brötchen.

Pass' doch auf, das zerbröselt doch alles.

Ja, und wenn schon, so'n ungesundes Zeug. *Sie* ist *hardlinerin*, wir haben es gleich gemerkt. Dagegen kommt *er* mit Argumenten nicht an. Wobei wir zugeben müssen, daß sein Einwurf, er sei doch kein Huhn, das nur vom Körnerpicken glücklich werde, nicht besonders überzeugend wirkt. Haben nicht unsere Vorfahren zehntausend Jahre lang von Körnern gelebt, die sie rösteten oder mit Wasser vermischt als Brei aßen? Woher hatten die Germanen ihre sagenhaften Kräfte, wenn nicht vom Haferbrei, den sie morgens, mittags und abends ver-

schlangen? Hat sich da etwa einer beschwert? Geht also doch. Jedenfalls solange es weder Backöfen noch Mühlen gegeben hatte und ein Ägypter nicht durch Zufall eines Tages entdeckt hatte, daß die Wasser-Mehl-Pampe, die er in seiner schmuddeligen Hütte im Schatten der neu erbauten Pyramiden vergessen hatte, über Nacht gegoren und zu einem dicken, luftigen Laib aufgegangen war.

Das was wir nun erleben, ist ein Brotaufstand im Kleinen. Ein Brötchenaufstand. Und wie bei allen Brotaufständen geht es in Wirklichkeit um viel Grundsätzlicheres.

Du, mit deinem Öko-Tick, mault er. Immer nur Müsli, immer nur Rohkost. Ich habe in letzter Zeit auch mal Lust auf was Warmes.

Sie folgt seinen begehrlichen Blicken, die er in den Karton mit dem Bauchspeck geworfen hat. Aldi, dämmert ihr, hat einen schlechten Einfluß auf ihren Gefährten.

Was meinst du mit was Warmem, fragt sie lauernd.

Ihm ist jetzt alles egal. Trotzig deutet er auf die Konserven, bei denen sie jetzt angekommen sind. Bohneneintopf zum Beispiel. Tomatensuppe, Tomatentorte. Mit gebratenem Speck und Knoblauch. Oder Lauchtorte, Zwiebeltorte. Hat meine Mutter früher oft gemacht … Jetzt reicht es ihr aber. Dann geh doch zurück zu deiner Mutti, faucht sie ihn an. Das saß. Nein, so sei es nicht gemeint. Das mit der bewußten Ernährung, da stehe er ja auch voll hinter, echt. Nur manchmal eben, dann überkomme es ihn halt.

Auch sie lenkt jetzt ein. Mit den Brötchen, das geht schon in Ordnung. Wenn du willst, machen wir auch Tomatentorte. Die Dosentomaten, die sie hier haben, sollen ja auch ganz gut sein. Und das Vollkornmehl holen wir im Bioladen. Soviel Öko muß sein.

Quiche Lorraine

150 g Mehl
70 g Butter
1/2 Tl Salz
1 Tl Essig
3 El Wasser
200 g Sahne
125 g geriebener Käse
1 Ei
100 g gewürfelter Schinken oder magerer
Räucherspeck
Salz
Pfeffer

Das Mehl mit dem Salz und der in Flöckchen geschnittenen Butter bestreuen. In eine Mulde das mit Essig vermischte Wasser geben, alles schnell mit den Händen zu einem Mürbeteig verkneten und 1/2 Stunde kalt stellen.

In einer Schüssel das Ei mit der Sahne verquirlen, Salz, Pfeffer, Schinken und Käse darunter mischen.

Den Teig auf dem Boden und Rand einer gefetteten Springform verteilen. Mehrfach mit einer Gabel einstechen. Die Ei-Käse-Schinkenmasse in die Form gießen und bei 200° auf der mittleren Schiene 40–50 Minuten backen. Die Quiche ist fertig, wenn die Füllung fest geworden ist.

Wert der Zutaten: ca. 4,60 DM.

Gugelhupf mit Nüssen und Speck

500 g Mehl
150 g Butter
<u>1 Päckchen Hefe</u>
200 g Milch
2 Eier
2 Tl Salz
100 g Walnüsse gehackt
150 g Speck mager, geräuchert und ausgelassen

Mehl mit der Hefe vermischen. Butter in der Milch schmelzen, abkühlen lassen. Milchbutter und Salz mit dem Mehl so lange rühren, bis der Teig Blasen wirft. 1/2-1 Stunde an einem warmen Ort gehen lassen. In der Zwischenzeit eine Gugelhupfform gut ausbuttern, Walnüsse hacken und mageren Speck (kann auch Schinken oder Schinkenspeck sein) in Würfel schneiden, auslassen und abkühlen lassen. Nachdem der Teig gegangen ist, wird er nochmals zusammengeschlagen und kräftig gerührt, die Walnüsse und der Speck werden hinzugegeben und das Ganze in die Gugelhupfform gefüllt. Noch einmal in der Form 15 Minuten gehen lassen und bei 190° auf der unteren Schiene des Backofens backen. Nach 20 Minuten Pergamentpapier auf den Kuchen legen, damit die Oberseite nicht verbrennt.

Wert der Zutaten: ca. 5,30 DM.

Lauchtorte

150 g Mehl
75 g Butter
1/2 Tl Salz
1 Tl Essig
3 El Wasser
<u>2 Stangen Lauch</u>
200 g Sahne
2 Eier
200 g geriebener Emmentaler
1 Prise Muskat
Salz
Pfeffer
1 El Mehl

Das Mehl mit der in Flöckchen geschnittenen Butter und dem Salz bestreuen. In eine Mulde das mit dem Essig vermischte Wasser geben und schnell mit den Händen zu einem Mürbeteig verkneten. 1/2-1 Stunde kalt stellen.

Das weiße Stück vom Lauch in feine Ringe schneiden, waschen und mit etwas Öl in einer Pfanne leicht dünsten. Die Sahne wird mit den Eiern verqirlt. Der geriebene Käse wird mit dem Mehl, dem Salz, Pfeffer und Muskat vermischt. Den Teig dünn auf Boden und Rand einer gefetteten Springform auslegen, mehrfach mit einer Gabel einstechen und ca. 10 Minuten auf der mittleren Schiene des Backofens bei 180° vorbacken.

Jetzt werden die Lauchringe auf dem Boden verteilt, der Käse darüber gestreut und mit der Eiersahne übergossen. Die Torte kommt wieder in den Backofen und wird ca. weitere 40 Minuten gebacken. Sie ist gar, wenn sie hellbraun und die Eiersahne gestockt ist.

Wert der Zutaten: ca. 5,50 DM.

Zwiebelkuchen

für den Teig:
300 g Mehl
1 Päckchen Trockenhefe
1 Tl Salz
1 Tasse Milch oder Wasser
40 g Butter

Das Mehl mit dem Salz und der Trockenhefe mischen und mit der in der Milch geschmolzenen und wieder abgekühlten Butter zu einem Teig rühren. Den Teig an einem warmen Ort 1/2-1 Stunde gehen lassen, bis sich das Volumen verdoppelt hat.

für den Belag:
1 kg Zwiebeln, in feine Scheiben geschnitten
100 g Räucherspeck, mager und gewürfelt
1 Tl Kümmel
3 Eier
1 Tasse Sahne oder Schmand
1/2 Tl Salz

Ist der Hefeteig gut aufgegangen, wird er nochmal kräftig zusammengerührt und dann auf ein gefettetes Backblech ausgerollt und mit einer Gabel mehrfach eingestochen.

Die Zwiebeln mit etwas Fett glasig dünsten und auf dem Teig gleichmäßig verteilen. Darüber die Speckwürfel und den Kümmel streuen. Die Eier mit dem Salz und der Sahne verquirlen und über die Zwiebeln und den Speck gießen.

Den Kuchen bei 200° 30 Minuten auf der mittleren Schiene backen, bis er goldgelb ist, und sofort heiß essen.

Wert der Zutaten: ca. 4,20 DM.

Erotik

Über allen Hochöfen ist Ruhe, in allen Fußgängerzonen sieht man kaum eine Menschenseele, die Frösche schweigen in den Gartenteichen. Es schweigen auch die Menschen. Sie ruhen an diesem sommerlich warmen Sonntagnachmittag auf den Terrassen ihrer Eigenheime von den Mühen der vergangenen Woche aus. Sie blicken den Tauben nach, die in hellen Schwärmen den Himmel über der Ruhr durchfliegen, und warten darauf, daß es endlich Zeit für Kaffee ist.

Herr B. ist über den Vorbereitungen für eine Vorlesung eingeschlafen. Was er seinen Studenten nächste Woche erzählen will, steht auf kleinen weißen Zetteln und wird gerade von einem Windhauch sanft verweht und in den Nachbarsgarten getragen. Frau B. steht in der Küche und legt letzte Hand an ihre Weincreme-Torte. Leider ist ihr der Mürbeteigboden durchgebrochen, just als sie die Torte schon halb auf die dafür vorgesehene Glasplatte bugsiert hatte. Ein kleiner Kunstfehler, wie sie zugeben muß. Frau B., deren Beruf als Ärztin eine gewisse Gelassenheit im Umgang mit Unfällen aller Art mit sich gebracht hat, drückt die Ränder des Bruchs ein wenig zusammen und schaut noch einmal prüfend auf ihr Werk. Die innere Verletzung ist unter der Weincreme kaum noch zu sehen. Na also.

Die Gäste, Freunde aus Studientagen, machen einen Bogen um das Haus und fallen von hinten in den Garten ein. Sie scheuchen Herrn B. aus seinen Träumen auf und dringen in die Küche ein. Was machen sie da mit Frau B's Weincremetorte? Sie reißen sie, wild entschlossen zu helfen, an sich, enteilen damit in den Garten. Aufpassen an der Treppe, ruft Frau B. ... Doch da stolpern die Gäste schon, die Torte gerät in gefährliche Schieflage und droht von der Platte zu gleiten. Herr B., der seinen Aufzeichnungen hinterherjagt, ist mit einem Sprung zur Stelle, bringt im letzten Moment die verrutschte Torte wieder in stabile Rückenlage.

Hoffentlich ist der Boden jetzt nicht durchgebrochen, rufen die Gäste. Etwas betreten schauen sie auf den Spalt, der die rechte Tortenhälfte deutlich sichtbar von der linken trennt.

Frau B. schiebt die Ränder ein wenig zusammen, darin hat sie jetzt schon Übung.

Irre gut schmeckt sie, die Torte, loben die Gäste. *Sie* würden so was *nie* hinkriegen. Im ganzen Leben nicht. Zumindest der weiblichen Freundespaarhälfte glaubt Frau B. sofort. Hat mit Haushalt nichts im Sinn, läßt seit Jahr und Tag den Mann kochen, obwohl der doch wahrhaftig genug um die Ohren hat mit seinem Beruf.

Aber macht doch nichts, sagt sie höflich, sie würde ja auch nicht, wenn es nicht so faszinierend wäre.

Faszinierend?

Ja, faszinierend, sagt Frau B. ... Ich finde das einfach prima, wie man mit wenigen Grundzutaten so etwas Schmackhaftes wie einen Birnenkuchen hinkriegt. Wenn man bedenkt: Mehl, Zucker, ein paar Eier, Butter – und dann kommt dabei was ganz und gar Neues raus. Außerdem ist es auch noch praktisch. Kann ich alles auf einmal kaufen, wenn ich sowieso einmal die Woche beim Aldi Großeinkauf mache. Verderben auch nicht so schnell, die Zutaten, wenn man sie alle einzeln verwahrt. Werden ja erst als Kuchen zu einem wirklichen Lebensmittel.

Was redest du denn da? Diese Art von Stoffwechseltheorie ist Herrn B. viel zu simpel. Wo bleibt denn da der tiefere Sinn? Man backt, sagt Herr B., weil Gebäck das Einzige ist, was man nach der industriellen Revolution noch mit den eigenen Händen herstellen kann.

Ich backe, weil ich es einfach irre finde, wie ich aus einer flüssigen Masse was Festes machen kann, beharrt Frau B.. Vor allem bei Biskuitteig finde ich's toll, wie ...

Backen hat außerdem was mit Erotik zu tun. Das Kneten ...

Frau B. runzelt die Stirn. Nicht jeder Teig wird geknetet. So mancher wird auch nur gerührt. Das will sie nur mal so am Rande bemerken.

Die Frau, die in der Küche steht und backt, ist psychoanalytisch betrachtet jedenfalls was ganz anderes als die Frau, die in der Küche steht und kocht, fährt der Philosophen-Gatte fort. Kochen ist Alltag, reine Lebensnotwendigkeit, deshalb nicht aufgeladen mit Bedeutung. Backen ist Feiertag, hat was mit Liebe und Zuwendung zu tun. Denken wir mal an frühkindliche Erinnerungen ...

Aber die meisten Menschen werfen beides in einen Topf, unterbricht Frau B. den gedanklichen Höhenflug ihres Angetrauten.

Was?

Backen und Kochen. Frau B. seufzt. Was ihr viel wichtiger ist als die Erotik des Backens: sie findet es gar nicht gut, daß es bei Aldi keine frische Hefe gibt. Jedenfalls nicht, daß sie wüßte. Alles kauft sie bei Aldi, so gut wie alles jedenfalls. Nur eben das eine, das sucht und sucht sie, und das findet sie nicht, und Trockenhefe kommt ihr nicht in den Kuchen.

Es heißt jedenfalls auch »Backe, backe Kuchen, die Mutter hat gerufen« setzt Herr B. seinen Vortrag fort. Mutter und Backen, das gehört also zusammen. Auf das Thema Hefe will er an dieser Stelle nicht eingehen. Nebenbei, wenn er was bei Aldi vermißt, dann daß es kein Benzin gibt. 5 Liter Bleifrei im Tetrapack. Wär doch was: absolut alles, was man braucht, bei Aldi kriegen. Aldi – ein Universum aus Produkten, ein Abbild des Menschen in seinen Produkten.

Es heißt »der Bäcker hat gerufen«, unterbricht Frau B. den abschweifenden Gedankengang ihres Gatten.

Aber »Mutter« klingt irgendwie überzeugender. Nun gut, muß man eben die Theorie ändern. Interessant, dieses Kinderlied. Auf jeden Fall ist es doch die Mutter, die singt. Warum singt sie, daß der Bäcker ruft? Warum zitiert sie den Mann? Muß er mal genau analysieren.

Aber für heute hat er genug nachgedacht. Ein einziges Stück haben sie ihm übrig gelassen. Und reden noch immer über Trockenhefe.

Zarte Biskuitroulade

6 Eigelb
125 g Zucker
70 g Mehl
6 Eiweiß
1 Glas Konfitüre
Backpapier
Puderzucker zum Bestreuen

Eigelb und Zucker schaumig schlagen, so daß eine weiße Masse entsteht. Die Eiweiße mit einer Prise Salz sehr steif schlagen und mit dem gesiebten Mehl unter die Eigelbmasse heben. Ein Backblech mit Backpapier belegen und an der offenen Blechseite zu einem Rand falten. Jetzt den Teig darauf verteilen und bei 200° auf der mittleren Schiene 20–25 Minuten hellgelb backen. Dann sofort auf ein mit Zucker bestreutes Papier stürzen, das Backpapier vorsichtig abziehen und die Biskuitplatte im gezuckerten Papier fest aufrollen und erkalten lassen. Dann die Biskuitrolle entrollen und die Platte mit der Konfitüre bestreichen. Jetzt ohne Papier wieder aufrollen und mit Puderzucker bestäuben.

Wert der Zutaten: ca. 3,80 DM.

Hefeapfelkuchen

für den Teig:
500 g Mehl
50 g Butter
50 g Zucker
1 Ei
1 Päckchen Trockenhefe
1/4 l Milch
1 Prise Salz

für den Belag:
1 1/2 kg Äpfel
100 g Rosinen
100 g Zucker
1 *gestrichenen El Zimt*
1 Zitrone (Saft)
30 g zerlassene Butter

Das Mehl mit der Trockenhefe, der Prise Salz und dem Zucker vermischen. Die Butter in der Milch auflösen. Das Ei und die lauwarme Milchbutter zu dem Mehlgemisch geben, gut verrühren und so lange schlagen, bis der Teig Blasen wirft. Dann an einem warmen Ort so lange gehen lassen, bis der Teig das doppelte Volumen hat. Das dauert etwa 1/2 bis 1 Stunde. Dann den Teig nochmals kräftig schlagen und ein gefettetes Blech damit auslegen.

Während der Teig geht, werden die Äpfel geschält und auf einer sehr groben Raspel gerieben. Zitronensaft über die Äpfel geben (damit sie nicht braun werden). Die gewaschenen Rosinen und der mit Zimt vermischte Zucker werden unter die geraspelten Äpfel gerührt.

Die zerlassene Butter auf dem ausgelegten Teig verteilen, die Apfel-Rosinenmasse darüberstreichen. Das Blech auf die mittlere Schiene des Backofens schieben und bei 200° ca. 20 bis 30 Minuten backen.

Wert der Zutaten: ca. 7,50 DM.

Lebensmittel

Darf man dergleichen tun? Nicht daß sie grundsätzlich etwas dagegen hätte, sagt die junge Frau mit dem selbstbemalten Seidenschal, aber sie wollte die Frage doch mal in den Raum stellen. Da steht sie nun, und zwei Dutzend Väter und Mütter, die auf den viel zu kleinen Stühlchen ihrer Kinder den Elternabend absitzen, versinken in tiefes Grübeln. Na ja, sagt einer und versenkt sich wieder in sein Schweigen.

Um was geht es? Was läßt die eben noch so lebhafte Runde auf einmal verstummen? Gerade hatte man noch über das bevorstehende Schulfest gesprochen. Wer backt, wer grillt, räumt auf, und wer besorgt die Getränke? Dasselbe wie jedes Jahr. Und dann hatte Peter Nieves, den sie zu Hause Pit nennen, noch eine besonders gute Idee. Die Negerkußwurfmaschine, die hatte er nach Plänen seines Schwagers gebaut, dieses Ding also war bei den Kin-

dergeburtstagen im ganzen Mietshaus immer *der* Brüller. Die Negerkußwurfmaschine also, die könnte er mitbringen, einen Karton Negerküsse beim Aldi kaufen und dann ginge die Post ab. Man hatte zustimmend gemurmelt, nach dem Funktionsprinzip der Maschine gefragt und erfahren, daß die Holzkonstruktion vermittels eines Holzpendels arbeitete. Dieses Holzpendel wurde von zwei kräftigen Gummis in der Schräge gehalten und auf halber Höhe mit einem Negerkuß beladen. Warf man aus einiger Entfernung einen Tennisball auf das Holzpendel, schnappte es aus der Gummihalterung und katapultierte den Negerkuß in Richtung Ballwerfer. Saueinfaches Prinzip, hatte Peter Nieves stolz erklärt. Und die Pänz haben ein Mordsspaß, wenn ihnen dann die Dinger am Hemd kleben, weil das klappt in den seltensten Fällen, daß man die kriegt, ohne daß sie zerplatzen, die Negerküsse. So weit, so einverstanden. Doch dann war die Frage in den Raum gelangt. Darf man überhaupt mit Lebensmitteln werfen? Ja, darf man Lebensmittel, die *so* heißen, heutzutage überhaupt in Verkehr bringen? Die Elternversammlung schweigt. Dickmanns, sagt endlich der Klassenpflegschaftsvorsitzende, heißen die nicht inzwischen Dickmanns? Genau, so heißen sie, so darf man sie unbesorgt nennen. Über Dickmanns darf man reden. Die Erleichterung ist groß. Auch wenn man sich ansonsten einig ist, daß man Werbung furchtbar findet und besonders Werbung für Süßigkeiten, in diesem Fall, das muß man sagen, hat sie auch ihr Gutes. Hat aus Negerküssen Dickmanns gemacht und den Wortschatz von Millionen Kindern von unterschwelligem Rassismus gereinigt. Sind nur noch die Alten, die sich an das neue Wort nicht gewöhnen können.

Mami, krieg ich Dickmanns?

Wenn du soviel Negerküsse ißt, kriegst du schlechte Zähne, Lukas.

Wobei wir wieder bei der Frage wären: darf man mit Lebensmitteln werfen? Bei Aldi stehen die Dinger in Massen rum, gehn weg wie nichts. Was den Verdacht nahelegt, daß die Frage, ob man nun werfen dürfe oder nicht, außerhalb des engen Klassenzimmers längst beantwortet ist. So viele Dickmanns können gar nicht verzehrt werden. Gut und schön, ein halbes Dutzend der atommeilerförmigen Gebilde passen locker in den Durchschnittsmagen eines minderjährigen Süßigkeitenjunkies. Zwischen zwei Semmelhälften zerquetscht heißt so ein Dickmann Fortunabrötchen. Davon schafft ein Kind etwa zwei bis drei. Weiterhin denke man an all die Mini-Dickmanns, die Geburtstagstorten schmücken. Aber der große Rest, den die Aldi-Leute jeden Tag auftürmen und der abends schon wieder weg ist? Wo bleibt der? Manchmal sieht man einen zerplatzten Dickmann an der Scheibe von Bushaltestellen. Sehr unappetitlich. Ist dann nichts mehr mit Anlehnen. Oder man beobachtet böse Kinder, die sich damit amüsieren, den Dickmann von unten aufzubohren und mit Tabasco, Pfeffer und Löwensenf zu präparieren. Auch schlimm, so etwas.

Wieder ist es der Klassenpflegschaftsvorsitzende, der die rettende Idee hat: vielleicht sind das ja gar keine Lebensmittel? Ein taktisch schlauer Zug, erkennt die Mutter mit dem Seidenschal blitzschnell. Sollte sie jetzt etwa das Gegenteil behaupten? Sie, die Organisatorin des gesunden Pausenfrühstücks? Vor zehn Minuten erst hatte sie sich für die zuckerfreie Nußtorte in die Kuchenliste eingetragen. Jetzt saß sie in der Falle. Also gut, dann sorgen wir wenigstens dafür, daß jedes Kind nur einmal dran kommt. Damit sie sich nicht alle den Magen verderben.

Was die immer alles kompliziert machen, die Leute hier. Peter Nieves schüttelt den Kopf. Seine Tochter, die verdirbt sich doch an ein paar Negerküssen nicht den Magen.

Walnußtorte

für den Teig:
160 g Butter
150 g Zucker
1 Prise Salz
1 Ei
300 g Mehl

für die Füllung:
20 g Butter
300 g Zucker
250 g gehackte Walnüsse
200 g Sahne
1 Eigelb

Die weiche Butter mit dem Zucker, dem Salz und dem Ei verrühren. Das Mehl darübersieben und alles zu einem Mürbeteig verkneten. Den Teig 1 Stunde kühl stellen. Zwei Drittel des Teiges dünn ausrollen und eine Obsttortenform (Ø 24 cm) damit auslegen, den Rand etwas überstehen lassen.

Für die Füllung die Butter in einem Topf zerlassen, den Zucker zufügen und unter Rühren karamellisieren lassen. Die Walnüsse und die Sahne zugeben, alles aufkochen und abkühlen lassen. Dann die Füllung auf den Tortenboden streichen. Aus dem restlichen Teig einen Deckel von passender Größe ausrollen, auf die Torte legen, den Rand des Teigbodens über den Deckel klappen, festdrücken und mit dem Eigelb bestreichen. Mit einer Gabel mehrfach einstechen und bei 180°–200° 30–40 Minuten auf der mittleren Schiene bakken.

Wert der Zutaten: etwa 7 DM.

Reistorte

für den Teig:
250 g Mehl
125 g Butter
70 g Zucker
1 Eigelb

für die Füllung:
150 g Milchreis
3/4 l Milch
1 Päckchen Vanillinzucker
1 Prise Salz
40 g Butter
2 Eigelb
100 g Zucker
3 Eiweiß
1/2 Fläschchen Bittermandelöl
1/2 Tasse Puderzucker zum Bestreuen

Mehl und Zucker vermischen und die Butter in Flöckchen darüber verteilen. 1 Eigelb in die Mitte geben und das Ganze mit den Händen schnell zu einem Mürbeteig verkneten. 1 Stunde kühl stellen.

Für die Füllung den gewaschenen Reis mit der Milch, dem Salz und dem Vanillinzucker körnig weich dünsten (ca. 20 Minuten). Aus Butter, Eigelb und Zucker eine dickschäumige Masse rühren, das Bittermandelaroma zufügen und den abgekühlten Reis darunter mischen. Das Eiweiß zu steifem Schnee schlagen und unter die Reismasse ziehen. Den Teig ausrollen und eine gut gefettete Springform damit auslegen (Rand 2 cm hoch). 20–25 Minuten bei 190° auf der mittleren Schiene goldgelb backen.

Der Tortenboden wird mit der Reismasse gefüllt und nochmals für 30 Minuten bei 175° in den Backofen geschoben. Wenn er schön überbräunt ist, ist er fertig. Abkühlen lassen und mit Puderzucker bestreuen.

Wert der Zutaten: ca. 4 DM.

Flammekueche mit Trauben und Nüssen

100 g Walnußkerne
200 g Mehl
20 g Hefe oder
<u>1/2 Päckchen Trockenhefe</u>
2 El Färber Distelöl
Salz
<u>200 g Trauben (grüne und blaue)</u>
50 g rohen Schinken
3 Eigelb
200 g Schmand
2 Tl frische Thymianblätter
schwarzer Pfeffer, grob gemahlen

Das Mehl in eine Schüssel schütten und mit der Hefe vermischen. Färber Distelöl, etwas Wasser (1/8 l) und Salz zu dem Teig geben, alles gut verkneten und zu einer Kugel formen. Ca. 1/2–1 Stunde gehen lassen, bis sich das Teigvolumen etwa verdoppelt hat. Trauben waschen, halbieren und die Kerne entfernen, Walnüsse grob hacken, rohen Schinken in feine Streifen schneiden. Eigelb mit Schmand und Salz verrühren. Den Backofen auf 200° vorheizen.

Den Teig kurz zusammenkneten, dünn ausgerollt auf das Blech legen. Die Ränder sollen über das Backblech lappen. Die Eigelbmischung, Trauben, Schinken, Nüsse und Thymian gleichmäßig auf den Teig verteilen, mit Pfeffer bestreuen und die überlappenden Teigränder nach innen klappen. Die Teigränder mit Eigelb bepinseln und den Flammekueche auf der unteren Schiene 20 Minuten backen. Das Blech dann weitere 5 Minuten direkt auf den Backofenboden stellen. Der Flammekueche soll warm serviert werden.

Wert der Zutaten: ca. 4,80 DM.

Hier nicht

Es ist wirklich merkwürdig. Immer wieder treffen wir unter Aldis Kunden solche, die hier eigentlich fehl am Platze sind. Nicht daß wir sie wegekeln wollten. Sie selbst finden, daß sie hier nichts zu suchen haben. Meist sind es sorgsam gekleidete und designer-bebrillte Singles männlichen Geschlechts, die sich so offensichtlich verlaufen haben. Eigentlich, sagen diese Menschen, gehen sie nie zu Aldi. Im Grunde gehen sie noch nicht mal in Supermärkte. Das ganze abgepackte Zeug, das es da gibt: Horror, der absolute Horror. Sie selbst kaufen nur frisch. Sie sind Hobbyköche. Ihr Landbrot, das holen sie bei einem Bauern am Niederrhein, den Wein vom Winzer und das Gemüse vom Ökolandwirt. Dann haben sie da noch so eine Adresse in der Eifel, da gibts Ziegen und Lämmer. Kein Weg ist diesen Gourmets zu weit: Hauptsache, Qualität und Frische.

Bei Aldi gibt es eigentlich nichts, was solche Menschen kaufen würden. Normalerweise. Aber manchmal muß es auf die Schnelle gehen. Und bei so einigen Dingen kommt es nun wirklich nicht drauf an. Die gibt's bei Feinkost Käfer, bei Dallmeyer, Münstermann und im Bioladen nicht besser als bei Aldi. Nur teurer.

Backzutaten zum Beispiel, erklärt so ein schöpferischer Mensch. Ist das Ei einmal im Kuchen gelandet, schmeckt kein Mensch mehr raus, ob es von einem Ökohuhn gelegt wurde. Dasselbe mit der Butter. Der Teig macht alles gleich. Das kann er als Hobbykoch beurteilen. Deshalb auch Aldi. Er hat sich für heute Käsekuchen vorgenommen. Nicht so ein gullydeckeldickes Teil, mit dem deutsche Hausfrauen die Mäuler ihrer Lieben verstopfen. Er wird eine kleine leichte Käsesahnetorte backen. Eine Art Tarte, nichts für die sonntägliche Kaffeetafel, sondern ein Dessert. Was völlig anderes also. Fast schon kein Kuchen mehr. Das muß er übrigens auch mal sagen: er als Hobbykoch backt sonst nicht, weil Backen findet er stupide. Ein Ei zuviel und schon pappt der Teig. Unkreativ, so etwas.

Wo steht jetzt das Mehl? will der verirrte Kunde wissen.

Bei Aldi gibts kein Schild, auf dem »Backen« steht. Bei Aldi steht alles verstreut im ganzen Laden. Das wiederum gefällt dem Aldi-Neuling. In anderen Supermärkten gibt es Backregale. Da steht alles vorsortiert in Reih und Glied: Zucker, Mehl, Mandeln, Backpulver, Vanillinzucker und Rumaroma. So daß die Kundschaft einfach einpacken kann. Warum das hier anders ist, kann man nur raten. Theo und Karl werden sich was dabei gedacht haben, warum sie den Zucker nicht neben das Mehl, sondern neben den Sonderposten Sweat-Shirts plaziert haben. Aber sie verraten es nicht. Ihr Geheimnis bleibt es auch, warum das Klopapier neben der Milch steht und der Melissengeist neben dem Waschpulver. Festzuhalten bleibt: es funktioniert, Grill-

kohle neben Aprikosen und Wein im Zweierpack mit Katzenfutter gehen weg wie warme Semmeln. Da kann die Konkurrenz nur staunen, kann ehrfürchtig vom genialen Instinkt der Aldis raunen und ihrerseits versuchen, die Schokocrossies neben das Hackfleisch zu legen und die haltbare Milch zum Shampoo. Die Kundschaft rennt mit gehetztem Blick durchs Geschäft und meckert. Wo die jetzt wieder den Ketchup versteckt haben?

Und wo, verdammt noch mal, ist das Rumaroma? Nein, auch bei Aldi gibt es Kunden, die suchen und die sich darüber ärgern. Jener Mitmensch, der sich da mit seinem Wagen als Geisterfahrer gegen den Strom der Stammkundschaft stemmt, sucht Zutaten für einen Rührkuchen. Eier braucht er auch noch. Herrgott noch mal. Wieder rempelt ihn so eine Karre frontal an. Sind denn alle hier gegen ihn?

Eier gibts dahinten, hilft ihm ein mitfühlender Kunde. Es ist der Aldi-Neuling. Sein Mehl hat er gefunden, zwei Butterpakete hat er aufgetrieben und eine Ahnung, wo der Quark steht, hat er auch. Nicht schlecht fürs erstemal Aldi.

Der andere hat jetzt die Nase voll. So'n Aufstand wegen 'nem blöden Kuchen. Daß die Frauen auch immerzu ... und er kann dann rennen und suchen. So, da steht er doch, Rum, Silverstone, eine ganze Flasche für 9,98. Da ist genug Aroma drin für den Kuchen und dann auch noch für ihn, so hin und wieder. Jetzt hat er auch die Stelle gefunden, wo die Eier stehen. Zwei Eierkartons fallen polternd in die Karre. Jetzt aber nix wie nach Hause.

Sie, da läuft Ihnen was aus, sagt eine Kundin und macht ein angeekeltes Gesicht. Er bückt sich und sieht das glibberige, weißliche Rinnsal, das da langsam aus dem Eierkarton fließt. Vorsichtig macht er ein paar Schritte zurück, dahin, wo die Eier stehen. Er guckt sich um: keiner in der Nähe. Jetzt schnell.

Als wäre er nie weg gewesen, steht der Eierkarton wieder an seinem alten Platz. Ein älteres Paar schiebt um die Ecke.

Gib mal die Eier rüber, sagt die Frau.

Eierschecke

für den Teig:
500 g Mehl
1 Päckchen Trockenhefe
80 g Zucker
1/4 l lauwarme Milch
80 g Butter
1 Ei

für die Füllung:
500 g Quark
125 g Zucker
1 Ei
1 Zitrone (abgeriebene Schale,
ungespritzt)
50 g Rosinen
für den Überguß:
150 g Butter
150 g Zucker
1 El Mehl
4 Eier
100 g gehobelte Mandeln

Das Mehl in einer Schüssel mit der Trockenhefe vermischen. Den Zucker zufügen und das Ei und die in der Milch geschmolzene Butter zugeben und alles so lange rühren, bis der Teig Blasen wirft. An einem warmen Ort 1/2–1 Stunde gehen lassen, bis der Teig das doppelte Volumen hat.

Nun den Quark mit dem Zucker, dem Ei und der Zitronenschale schaumig rühren.

Den Hefeteig, nachdem er gut aufgegangen ist, noch einmal kräftig schlagen und auf ein gefettetes Backblech ausrollen, den offenen Rand mit gefalteter Alufolie verschließen. Den Quark auf den Teig streichen und die Rosinen darüber streuen. Dann die Butter, den Zucker und die Eier nach und nach zu einer schaumigen Masse rühren, das Mehl unterziehen und auf die Quarkschicht geben. Die Mandelplättchen darüber streuen und den Kuchen auf der mittleren Schiene bei 220° 25–30 Minuten backen. Etwas abkühlen lassen und in gleich große Stücke schneiden.

Wert der Zutaten: ca. 7,80 DM.

Die Scheidungstorte

Wichtig ist, daß man das Beste draus macht, findet Tilo. Zumindest in dem Punkt ist er sich einig mit seiner Noch-Angetrauten. Gut und schön, die Ehe hat nun mal keine drei Jahre gehalten, das kann passieren. Aber deshalb jetzt ein Drama daraus machen? Tilo und Susi haben beschlossen, daß sie Freunde bleiben. Und daß sie ihre Scheidung feiern. Man muß es ja mal positiv sehen. Schließlich haben jetzt beide wieder ihre Freiheit. Tilo hat sich diese Freiheit ein bißchen früher genommen als Susi. Was Susi zuerst ziemlich link fand. Aber seitdem sie mit Hendrik zusammen ist, sagt sie, ist sie darüber hinweg.

Tilo steht an der Haustür und begrüßt die Gäste. Susi ist in der Küche und dekoriert die Scheidungstorte, die zu vorgerückter Stunde den Höhepunkt der Festlichkeit bilden soll. Die Idee zu dem Backwerk hatten beide übrigens gleich-zeitig gehabt, obwohl sie eigentlich Susi zuerst gehabt hat, wenn man mal ehrlich ist. Tilo hat nämlich keine Ahnung vom Backen. Susi auch nicht, aber genau deshalb war ihr die Schoko-Sahne-Torte aufgefallen. Eigentlich war sie auf der Suche nach einem Farbdrucker gewesen. Aldi sei Dank gab es den gerade als Schnäppchen für schlappe 249 Mark, als Tilo ihr erklärt hatte, daß der gemeinsame Farbdrucker eigentlich seiner wäre. Gut, hatte Susi gesagt, nimmst du den Farbdrucker und meinetwegen auch noch den Computer, aber dann kriege ich die Waschmaschine und die Spülmaschine. Tilo war sofort einverstanden, weil er im Glauben lebte, daß sich dreckige Wäsche und Geschirr irgendwie von selber reinigten.

Susi war also hin zu Aldi, hatte geduldig in der Schlange gewartet, bis sich die Ladentüren öffneten, und war dann mit der Menschenmenge ins Geschäft und hin zu den Druckern gestürmt. Übel, wie sich da manche Mitmenschen aufführten. Drängeln, schubsen und treten einem extra auf die Füße. Besonders die Ausländer sind immer schlimm. So was von rücksichtslos, wie die raffen. Der Ellenbogen, den Susi in den Magen gerammt bekam, gehörte zwar einer Inländerin, aber trotzdem. Susi konnte den letzten Drucker an sich reißen, allerdings auch erst, als sie den Jungen, der gleichzeitig zugriff, mit einem energischen Schulterstoß ins Frischobstregal befördert hatte.

Mit dem erbeuteten Drucker in der Einkaufskarre stand sie also plötzlich vor den Kuchen. Das ist ja das Praktische an Aldi: im Kaufhof oder beim Hertie liegt mindestens eine Rolltreppe zwischen Computer und Kuchen, bei Aldi höchstens ein paar Kartons mit Dosentomaten. Susi warf drei Pakete mit Schoko-Sahne auf den Drucker. Kuchen im Haus konnte man immer gebrauchen.

Zu Hause, beim Anblick der doppelstöckigen Torte auf der Packung war ihr dann die Idee gekommen: warum nicht die drei Kuchen zu einer einzigen sechsstöckigen Torte auftürmen? Zu einer Scheidungstorte, hatte Tilo vorgeschlagen. Genial war das, echt der Wahnsinn. Das müssen auch die Gäste zugeben, die jetzt die Torte begutachten. Ute, die sich vor kurzem ganz ohne Feier von ihrem Mann getrennt hat und jetzt in einer Gruppe Gleichgesinnter einmal wöchentlich zu sich selbst findet, starrt sprachlos auf das Sahneherz, das den schokobraunen Tortenturm krönt. Und Mike, der sich selbst gerne als bindungsscheu bezeichnet, wirft seiner Dauerfreundin Hella vielsagende Blicke zu.

Originell, oder? Susi läßt noch einen Tropfen blutrote Himbeermarmelade auf das Sahneherz tropfen. Ja doch, originell. Auf die Idee mit dem blutenden Sahneherz muß man erst mal kommen.

Im Wohnzimmer hat Tilo inzwischen alles vorbereitet für den ersten Höhepunkt des Abends. Er und Susi wollen ein Tischtuch zerschneiden. Ein symbolischer Akt, erklärt Tilo. Nicht ganz todernst gemeint, denn er und Susi wollen wie gesagt Freunde bleiben, will er jedenfalls hoffen.

Die schöne Decke, murmelt Susis Mutter. Sie hat gleich gewußt, daß ihre Tochter es nicht lange mit diesem Mann aushält. Gut, daß sie dem Kind noch nicht das Haus überschrieben hat, sonst gehörte jetzt dem Kerl die Hälfte davon. Überhaupt so ein Quatsch, diese Scheidungsfeier, zischt sie dem Herrn neben ihr ins Ohr. Der zuckt aber nur die Achseln. Er ist Therapeut und hat Susi in den ersten Wochen bei der Verarbeitung ihrer Trennungsängste geholfen. Die Idee mit dem Fest findet er ein bißchen ungewöhnlich, aber aus therapeutischer Sicht gar nicht so schlecht. So eine Art Ritual …

Susi, fängst du an? Tilo reicht die Schere, und unter dem Beifall der Gäste sinkt die Decke rechts und links vom Tisch herunter. Auf die nackte Tischplatte trägt Susi die Scheidungstorte. Wunderkerzen leuchten auf, und im Hintergrund fragt Paul Mac Cartney »will you still need me?«. Tilo lächelt zufrieden, von Inszenierungen versteht er was.

Bitteschön, wer will das erste Stück?

Merkwürdig, daß sich die Gäste so zurückhalten, denkt der Therapeut. Darüber will er noch mal genau nachdenken, er hat da so eine These im Kopf. Na ja, er jedenfalls hat keine Scheu vor dem schokobraunen Turm mit dem Sahneherzen. Eines muß man auch sagen, besser als die zuckersüßen Hochzeitstorten schmeckt die Scheidungstorte allemal.

Sehr feiner Schokokuchen

Zutaten für eine 18 cm große Springform:

140 g Butter
120 g Zucker
90 g Mehl
3 Eier
1 Tafel Zartbitterschokolade
1/5 l süße Sahne
2 1/2 EL Rum
2 EL gestiftete Mandeln
1 Messerspitze Backpulver

Butter, Zucker und die Eigelbe schaumig rühren, Rum hinzufügen.

Die Schokolade in einer kleinen Pfanne bei schwacher Hitze vorsichtig (!) schmelzen, in die Eier-Butter-Zucker-Mischung geben und dabei weiterrühren.

Mehl und Backpulver sorgfältig unter die Masse rühren.

Die 3 Eiweiße steif schlagen, davon 2 EL unter den Teig rühren, damit er geschmeidig wird, dann den Rest unterheben, bis nichts Weißes mehr zu sehen ist.

In eine gut ausgebutterte Springform füllen und im vorgeheizten Ofen bei 180° backen. Nach 15 Minuten die Mandeln über den Kuchen streuen und weitere 20 Minuten backen. Möglichst einen Tag in Alufolie verpackt durchziehen lassen.

Kranzkuchen

Ein merkwürdiges Gespann zieht durch das Geschäft, bleibt weder beim Käse stehen, noch bei der Dauerwurst oder beim Vollwaschmittel. Wirft keinen Blick auf die Äpfel, läßt das Olivenöl links liegen und auch den Riesling. Haben wir alles noch da, in rauhen Mengen, sagt der Kopf des Gespanns, Frau Eismann. Aber wenn wir doch schon mal hier sind? kommt es von hinten. Das ist Frau Eismanns Mann, Alfons Eismann, genannt Spatzi. Spatzi versteht sowieso nicht, was seine bessere Hälfte hier will. Samstags bei Aldi, wo sie doch die ganze Woche lang Zeit haben einzukaufen. Aber geht er halt mit, was soll er sonst zu Hause rumsitzen. Frau Eismann ist das ganz recht, solange Spatzi ihr nicht ins Einkaufen reinquasselt. Frau Eismann weiß, was sie will: die Marmor-Backmischung. Kauft sie immer, wenn Besuch kommt, manchmal auch einfach so. Ist ruckzuck

fertig, ohne großes Gedöns. Davon hat sie nämlich nach dreißig Jahren erfüllten Hausfrauendaseins die Nase voll, vom Gedöns. Erst recht, seit sie die neue Einbauküche hat. Die soll die nächsten zwanzig Jahre doch bitteschön halten. Für die Alte hat sie sich immer geschämt. So oll, vor allem der Herd. Jetzt hat sie Ceranfelder. Die sind zwar empfindlich, sehen aber schön aus. Bisher jedenfalls noch. Die Küchenschränke hat sie jetzt in Eiche rustikal. Muß man aufpassen, daß sich kein Schmier in den Schnörkeln absetzt.

Kochgelage, wie sie ihre Tochter in der WG veranstaltet, kommen bei ihr nicht in die Tüte. Wenn sie Leute einlädt, gibt es Kaffee und Kuchen, keine Gemüsetorte wie bei der Tochter, sondern ganz normalen Kuchen. Und von wegen »gemeinsam kochen«. In ihrer Küche kocht und backt nur sie. Und soll ihr keiner weismachen, daß Backmischungen nicht schmecken oder immer gleich schmecken. Frau Eismann hat da so ihre Tricks, mit denen sie die Backmischungen der jeweiligen Jahreszeit anpaßt. In der warmen Jahreszeit macht sie ein Glas Schattenmorellen auf und quetscht den Inhalt Frucht für Frucht in Reih und Glied in die feuchte Zuckerglasur. Seitdem sie den Kirsch-Marmor-Kuchen erfunden hat, ist er Spatzis Lieblingskuchen. Im Winter dekoriert sie gerne auch mit Mandelspitzen. Ein Gedicht! Am besten ist aber ihr Adventskuchen. Der unterscheidet sich in jeder Hinsicht von dem üblichen, ganzjährig beliebten Basis-Marmorkuchen. Den Adventskuchen backt sie in der runden Form, Rodonkuchen also. Aber der eigentliche Pfiff liegt in der Messerspitze Lebkuchengewürz, die sie dem Teig und später der Glasur hinzufügt.

Schmeckt wie Weihnachten, sagt Spatzi, wenn er den Finger in den Teig taucht und ablutscht. Was Frau Eismann allerdings eklig findet. Finger im Teig ist wie Naseputzen mit Klopapier. Oder noch

schlimmer. Wenn mal einer käme und das sähe ... Kann ja schließlich immer mal passieren, sagt sie immer. Was Frau Eismann aber noch mehr stört als Spatzis Finger im Teig, ist Spatzis Anwesenheit in *ihrer* Küche. Steht ihr nur auf den Füßen herum und hält sie auf. Merkt es nicht mal. Brauchen kann man ihn sowieso nicht, nicht für die kleinste Kleinigkeit. Letztes Jahr, zum Beispiel, als sie zum Friseur mußte.

Spatzi, denkst du an den Kuchen, der ist in einer halben Stunde gut. Nimm ihn dann bitte raus, und denk dran, den Ofen auszumachen. Mehr hatte sie nicht verlangt. Aber was hatte Spatzi getan, während seine Frau unter der Trockenhaube saß und sich über die Verhältnisse an europäischen Adelshöfen informierte? Als Frau Eismann nach zwei Stunden frisch onduliert und gesträhnt nach Hause kam, hatte sie es schon im Treppenhaus gerochen. Nur Spatzi nicht, der lag selig schlummernd auf dem Sofa.

Männer eben, was sie ja immer sagt. Der Kuchen im Ofen war nicht nur schwarz, der war schon blau gebacken, ja blau. Hat sie dann gleich zum Auskühlen auf den Balkon gestellt und dabei gebetet, daß sich die Nachbarn wegen des Geruchs nicht beschweren. Dann hat sie gewartet, bis Spatzi im Bett war, hat den Kuchen vorsichtig aus der Form geholt. Ein paar rote Schleifen hatte sie noch und ein paar Kerzen. Hat der Spatzi ein Gesicht gemacht, als er morgens aufwachte, und über seinem Bett baumelte der Adventskranzkuchen. So gelacht wie damals hatte sie seit Jahren nicht mehr.

Marmorkuchen

3 Eier
100 g Butter
200 g Zucker
1 Päckchen Vanillinzucker
300 g Mehl
1/2 Päckchen Backpulver
3/4 Tasse Milch
100 g Kakaopulver Tropengold
1/2 Tasse Puderzucker zum Bestreuen

Butter, Zucker und Vanillinzucker schaumig schlagen. Die Eier trennen und das Eigelb in die Butter-Zuckermasse einrühren. Das mit Backpulver gesiebte Mehl wird abwechselnd mit 1/2 Tasse Milch an die Schaummasse gegeben. Das Eiweiß wird steif geschlagen und unter den Teig gezogen. Jetzt wird der Teig in 2 Teile geteilt. Das Kakaopulver und die restliche Milch werden unter die eine Hälfte des Teiges gerührt. Nun wird abwechselnd die helle und die dunkle Teigmasse in eine gefettete Springform mit Rohr in der Mitte gefüllt. Der Kuchen wird auf der unteren Schiene bei 190° 50–60 Minuten gebacken. Nach Abkühlen wird der gestürzte Kuchen mit Puderzucker bestreut. Man kann ihn aber auch mit einem Schokoladenguß überziehen.

Wert der Zutaten: ca. 2,80 DM.

Zimtkuchen

für den Teig:
250 g Mehl
125 g Butter
75 g Zucker
1 Prise Salz
etwas Wasser

für die Füllung:
3 Eier
1/8 l Sahne
1/8 l Milch
150 g Zucker
1 Prise Salz
1 Tl *Zimt*
200 g Mandeln (ungeschält und gerieben)
4 Zwiebacke
1/2 Tl Backpulver

Das Mehl mit dem Zucker und dem Salz vermischen. Die Butter in Flöckchen über dem Mehl verteilen und mit etwas Wasser zu einem Mürbeteig verkneten, den man

1 Stunde kühl stellt. Dann den Teig in einer gefetteten Springform auslegen, einen 2 cm hohen Rand bilden und den Boden mehrfach mit einer Gabel einstechen. 10 Minuten bei 180° auf der mittleren Schiene vorbacken. In der Zwischenzeit die Eier, die Milch, die Sahne, den Zucker, das Salz und das Backpulver miteinander verrühren. Die Mandeln reiben, die Zwiebacke zerbröseln und unter die Masse geben. Das Ganze dann auf dem Kuchenboden verstreichen. Ist der Teigrand zu hoch, bis zur Höhe der Füllung abschneiden. Den Kuchen auf der mittleren Schiene weitere 40–45 Minuten backen, aus der Form lösen und auf einem Kuchengitter erkalten lassen.

Wert der Zutaten: ca. 5,20 DM.

Mit links

Familie Dinkel ist gekommen und hat Butterkuchen mitgebracht. Ganz klassisch. Obwohl, ganz so einfach, wie es aussieht, ist es nicht, sagt Frau Dinkel. Sie, zum Beispiel, läßt den Teig zweimal gehen. Dann wird er lockerer. Und natürlich nimmt sie nur frische Hefe. Ein Unterschied wie Tag und Nacht. Justus und Henrike und natürlich auch ihr Gatte *lieben* diesen Butterkuchen mit frischer Hefe. Hier beim Kindergartenfest dagegen, ob die das überhaupt zu schätzen wissen ...?

Frau Germann stellt eine gedeckte Apfeltorte aufs Buffet. An und für sich nichts besonderes. Aber man muß wissen, daß man die Äpfel kurz in Butter andünstet, und dann gehört noch ein bißchen selbstgekochtes Kompott über die Äpfel. Mit ein paar Tropfen Calvados. Das ist das Geheimnis, und deshalb ist ihre Familie immer ganz wild auf die Torte. Herr Koch bringt eine Sachertorte mit. Aus Vollkornmehl und mit selbstgemachter Kirschmarmelade gefüllt. Frau Grube hat auch lange überlegt, ob sie Sachertorte backen soll, hat sich dann aber für Broccolitorte entschieden. Da hat sie ja gerade noch mal Glück gehabt.

Wir haben einen Nußkuchen, garniert mit Smarties.

Sehr saftig, lobt Herr Koch. Sicher mit frischen Nüssen. Tja, das hoffen wir auch. Was bei Aldi ins Regal kommt, ist frisch. Der kleinste Pilzbefall auf der Nuß, die mickrigste Mehlmotte im Mehl und schon verschwinden die Produkte aus dem Regal. Kein Filialleiter, der kopfschüttelnd und mit vorwurfsvollem Blick auf verschimmelte Marmelade blickt und dann sagt: »Das kann ich mir aber gar nicht vorstellen. Alle Produkte verlassen in einwandfreiem Zustand unser Haus.« Bei Aldi wird kein langes Federlesen gemacht. Was nichts mehr ist, fliegt raus.

Frau Germann findet unseren Nußkuchen ebenfalls sehr, sehr lecker, das will sie mal loswerden. Ja, man soll gar nicht glauben, wie gut so einfache Kuchen schmecken. Daß sich die Leute darauf stürzen, kann sie gut verstehen. Die meisten Leute neigen doch dazu, das zu essen, was sie kennen. Ausgefallenere Kuchen wie ihre Apfeltorte sind eben mehr was für Gourmets. Hier, im Kindergarten, ist einfach nicht das richtige Publikum.

Dem kann Frau Grube nur beipflichten. Aber sie backt eben gerne. Ist ja auch eigentlich keine Arbeit, wenn man ein bißchen Übung hat. Broccolitorte ist natürlich nicht so ganz ohne. Mal wird sie zu flüssig, mal zu fest. Und mit dem Salzen, wie leicht man sich da vertut. Aber sie ist froh, daß sie da so ein Rezept hat, mit dem die Torte immer gelingt. Ist halt nur viel Arbeit. Wichtig ist, daß man den Teig kalt verarbeitet. Und im Ofen gehört Pergamentpapier auf die Torte, damit sie nicht zuviel bräunt. Wenn sie sich da so die anderen Torten ansieht, die

auf dem Buffet stehen. Nichts für ungut, aber das Auge ißt mit.

Ja, das tut es.

Was so ein paar Smarties ausmachen. Ohne Smarties würden sich die Kinder im ganzen Leben nicht so auf den Nußkuchen stürzen, analysiert Frau Dinkel. Justus und Henrike zum Beispiel, die würden alles essen, wenn nur diese bunten Dinger drauf wären. Also, wirklich eine gute Idee.

Danke, sagen wir bescheiden. Herr Koch hätte nun gerne das Rezept für den Nußkuchen. Er wird ihn allerdings mit Vollkornmehl backen.

Ja, das Rezept … eigentlich ganz einfach: Backmischung kaufen, gibts bei Aldi standardmäßig, die Mischung in eine Schüssel geben und dann nach Anweisung weitermachen.

Herr Koch erbleicht. Frau Dinkel wirft Frau Grube vielsagende Blicke zu. Frau Germann, die mit feuchtem Zeigefinger die letzten Nußkuchenkrümel aufgelesen hatte, wischt schnell ihre Hände am Tischtuch ab. Offenbar gehören die Anwesenden zu den 62 Prozent der Bundesbürger, die nie zu einer Backmischung greifen. Wir selbst gehören zu den 38 anderen Prozent, die Kuchen und Pizza- teig aus der Packung schütteln. 4,4 mal im Jahr tun wir das, hat die Nürnberger Gesellschaft für Konsumforschung durch hartnäckige Befragungen herausbekommen. Auch in Zukunft werden wir das tun, aber wir reden nicht mehr darüber.

Butterkuchen

für den Teig:
500 g Mehl
<u>1 Päckchen Trockenhefe</u>
1 Prise Salz
60 g Butter
60 g Zucker
1/4 l Milch
1 Ei
für den Belag:
150–200 g Butter
6 El Zucker
1 Prise Zimt

Das Mehl mit der Hefe vermischen. Zucker unterrühren. Butter in der lauwarmen Milch auflösen. Das Ei, die Prise Salz und das Milch-Butter-Gemisch mit dem Mehl so lange verrühren und schlagen, bis der Teig Blasen wirft. An einem warmen Ort 1/2–1 Stunde gehen lassen, bis sich das Volumen verdoppelt hat. Dann den Teig nochmal schlagen und auf einem eingefetteten Backblech ausrollen. Mit einer Gabel mehrfach einstechen, damit keine Blasen beim Backen entstehen. Jetzt wird der Teig mit Butterflöckchen belegt und mit dem mit Zimt vermengten Zucker bestreut. Bei 190° auf der mittleren Schiene ca. 30–40 Minuten backen. Der Kuchen muß goldgelb sein, wenn er aus dem Backofen kommt. Für einen salzigen Butterkuchen, der gut zu Wein oder Bier schmeckt, läßt man den Zucker weg und bestreut stattdessen den Teig mit Salz und Kümmel.

Wert der Zutaten: ca. 3,50 DM.

Apfeltorte aus der Normandie

150 g Mehl
1 gehäufter El Puderzucker
1 Prise Salz
75 g Butter
1 Eigelb
3 große säuerliche Äpfel
2 cl Calvados oder
2 El Aprikosenmarmelade
1 El Zucker, etwas flüssige Butter

Mehl, Zucker und Salz in eine flache Schüssel geben, dazu kommt in eine Mulde das Eigelb und verteilt über das Ganze die in Flöckchen geschnittene Butter. Mit den Händen zu einem Teig kneten. Evtl. noch etwas Wasser zusetzen, falls der Teig zu trocken wird. Eine Stunde kühl stellen.

Boden und Rand einer gefetteten Springform (Ø 26 cm) mit dem Teig auslegen und 10–15 Minuten bei 180° auf der mittleren Schiene backen. Falls sich Blasen bilden, diese vorsichtig aufstechen.

Jetzt den Boden mit den geschälten, vom Kerngehäuse befreiten und in dünne Scheiben geschnittenen Äpfeln dachziegelartig belegen. Falls die Äpfel nicht säuerlich genug sind, mit Zitronensaft beträufeln. Die Äpfel mit einem gehäuften El Zucker bestreuen und mit etwas flüssiger Butter bestreichen. Die Form wieder in den Backofen schieben und noch weitere 30 Minuten backen, bis die Torte goldgelb ist. Jetzt die Form aus dem Ofen nehmen, etwas abkühlen lassen, mit dem Calvados begießen oder mit der Aprikosenmarmelade bestreichen. Die Torte dann noch lauwarm servieren.

Wert der Zutaten: ca. 2,90 DM

Sauerkrauttorte

150 g Mehl
75 g Butter
1 Eigelb
1 El Wasser
1/2 Tl Salz
300 g Sauerkraut
1/2 Tl Salz
1/2 Tl Kümmel
200 g Sahne
2 Eier

Das Mehl mit dem Salz und der in Flöckchen geschnittenen Butter bestreuen. In eine Mulde das Eigelb und das Wasser geben und das Ganze zu einem Mürbeteig verkneten. 1/2-1 Stunde in den Kühlschrank stellen.

Das Sauerkraut gut abtropfen lassen und etwas kleinschneiden. Die Sahne mit den Eiern, dem Salz und dem Kümmel gut verquirlen. Den Teig in eine gefettete Springform geben und Boden und Rand (2 cm hoch) auslegen. Mit einer Gabel mehrfach einstechen und 10 Minuten bei 180° auf der mittleren Schiene backen. Die Form aus dem Backofen nehmen, das Sauerkraut auf dem Boden verteilen und mit der Eiersahne übergießen. Jetzt die Form auf den Boden des Backofens setzen und weiter bei 180° ca. 30 Minuten backen. Die Torte ist gar, wenn sie hellbraun und die Eiersahne gestockt ist.

Wert der Zutaten: ca. 2,70 DM.

Nußkuchen

250 g Margarine
200 g Zucker
1 Päckchen Vanillinzucker
4 Eier
250 g geriebene Haselnüsse
250 g Mehl
3 Tl Backpulver
1 Gläschen (2 cl) Weinbrand
1/2 Tasse Puderzucker

Margarine, Zucker und Vanillinzucker schaumig rühren. Dann die Eier unterrühren. Die Haselnüsse und das mit Backpulver gesiebte Mehl nach und nach einrühren und zum Schluß den Weinbrand unterziehen. Eine Kastenform ausfetten, den Teig hineingeben und auf der unteren Schiene bei 175° 60–70 Minuten backen. Gegen Ende der Backzeit mit einer Stricknadel oder einem Holzstäbchen prüfen, ob der Teig gegart ist, bevor man den Kuchen aus dem Ofen nimmt. Bleibt Teig am Stäbchen hängen, ist der Kuchen noch nicht ganz gar und muß noch etwas länger backen.

Den Kuchen dann aus der Form nehmen und auf einem Kuchengitter abkühlen lassen, mit dem Puderzucker bestreuen.

Wert der Zutaten: ca. 4,70 DM.

Dienstreise-Kuchen

Auf dem Küchentisch liegt alles bereit: Eier, Mehl, Zucker, Butter, Backpulver, Salz, Vanillinzucker, Kakaopulver, alles ausgewogen und in kleinen Schüsseln. Daneben sauber aufgereiht das Werkzeug: Backschüssel, Mixer und diverse Löffel. Jörg läßt seine Blicke über den Küchentisch schweifen und nickt zufrieden. Genauso wie er es vor einer Stunde am Telefon verlangt hatte. Aber wo sind die Kinder? Hatte er nicht auch darum gebeten, daß sie sich bereithalten sollten? Jörg schaut in den Garten. Da sitzen sie in aller Ruhe mit ihren Barbiepuppen und denken nicht daran, sich auf das Backen mit ihrem Vater zu freuen.

Katharina, Johanna, ruft er vorwurfsvoll.

Jörg ist im besten Mannesalter. Er ist 35 und blickt bereits auf eine respektable Karriere zurück. Jurastudium, Promotion, ein paar Jahre kleiner Anwalt in einer großen Kanzlei, ein kurzer Ausflug in die mittlere Führungsebene eines Bankhauses und jetzt Fachanwalt für Arbeitsrecht, Mitbesitzer einer expandierenden Kanzlei. Jörg gelingt einfach alles, was er anpackt im Leben. Wenn er abends nach Hause kommt, wartet da Friederike auf ihn. Und dann die beiden Töchter. Katharina und Johanna, wunderbare Kinder. Friederike hält ihm den Rücken frei. Ja, das macht sie fabelhaft. Gibt es nichts zu meckern. Haushalt und Kinder, alles bestens organisiert. Nichts fehlt Jörg zu seinem Glück. Nur dies eine: daß er seinen Töchtern nicht auch noch eine gute Mutter sein kann. Ja, Jörg ist ehrgeizig, er möchte auch zu Hause die Nummer 1 sein. Dafür arbeitet er hart. Kein Abend, an dem er seinen Kindern nicht die Gutenachtgeschichte vorliest. Notfalls, wenn sich Besprechungen in die Länge ziehen, verschwindet er kurz aus dem Sitzungszimmer und eilt zum nächsten Telefon. So viel väterliche Fürsorge muß sein. Seine Kompagnons haben Verständnis. Jörg ist ein leibhaftiges Beispiel dafür, daß sich Karriere und Familie vereinbaren lassen. Man muß nur wollen. Und Jörg will.

Wenn Jörg, wie er es öfter tut, auf Dienstreise geht und in fremden Städten mit bedeutenden Mandanten verhandelt, legt er Wert darauf, daß er am Vorabend noch einmal ganz intensiv mit den Kindern zusammen ist. Schließlich sollen sie ihn gefälligst vermissen.

Katharina und Johanna, der Papa wollte doch mit Euch backen, ruft er jetzt noch einmal in den Garten hinaus. Könnten die Kinder nicht jetzt wenigstens freudig in die Küche stürzen, wenn sie schon nicht auf ihn gewartet haben? Jörg versucht, sich seine Enttäuschung nicht anmerken zu lassen.

So, dann wascht euch die Hände und los gehts.

Katharina darf das Mehl in die Schüssel geben. Daß dabei die Hälfte auf dem Boden landet, macht nichts. Friederike wird Verständnis dafür haben, daß die Küche hinterher nicht gerade wie geleckt aussieht. Dafür kümmert er sich wenigstens um seine Kinder.

Johanna, jetzt die Eier, aber ganz vorsichtig. Ja, sehr gut hast du das gemacht. Und nun den Zucker.

Jetzt sind die Kinder ganz bei der Sache. Auch wenn ihn in diesem Augenblick keiner bewundert, lächelt Jörg leise in sich hinein. Vielleicht hört er gerade im Geiste die Stimmen seiner Freunde und Kollegen: wie der Mann das alles schafft?

Jörg läuft allmählich zur Hochform auf.

Johanna, jetzt die Vanille. Katharina, nicht zuviel Milch, paß doch auf.

Wie ein Dirigent gibt er seinen Töchtern die Kommandos für die Einsätze. Die Kinder beginnen sich zu streiten, wer den Mixer halten darf.

Abwechselnd, ruft Jörg. Später einmal werden es Abende wie dieser sein, an den seine Töchter sich erinnern, wenn sie an ihre Kindheit denken. Jörg ist sich da sicher. Fürs erste genügt ihm allerdings, daß die Kinder ihn nicht vergessen bis zum Wochenende, wenn er von seinem wichtigen Geschäftstermin wiederkommt. Solange wird der Kuchen reichen. Jeden Tag ein Stück vom Kuchen, den der Papi mit ihnen gebacken hat.

Jörg liebt Dienstreisen, geben sie ihm doch Gelegenheit, völlig fremden Menschen seine Vaterqualitäten vor Augen zu führen. Einen Stapel Kinderfotos, die er in Hotelhallen und auf Sitzungen mit Mandanten herumzeigen kann, hat Jörg deshalb immer dabei. Gerne dokumentiert er seine Vaterpflichten auch durch die Frage nach gut sortierten Spielwarenläden.

Jörg liebt Dienstreisen aber nur, wenn er vorher mit seinen Kindern gebacken oder gekocht oder doch mindestens einmal ausgiebig auf dem Spielplatz gewesen

ist und sicher sein kann, daß seine Abwesenheit von der Familie mit gebührender Aufmerksamkeit registriert wird.

Jörg muß den Töchtern versprechen, daß sie noch so lange aufbleiben dürfen, bis der Kuchen aus dem Ofen kommt. Friederike findet das gar nicht gut. Morgen ist Kindergarten, und außerdem will sie abends ihre Ruhe haben. Wie ruppig sie manchmal sein kann. Jörg versteht das nicht. Andere Frauen wären froh, wenn sich der Ehemann so um den Nachwuchs kümmern würde.

Kommt, Kinder, wir spielen noch eine Runde Memory im Kinderzimmer, bis der Kuchen fertig ist, ruft er bekümmert. Irgendwie fehlt ihm heute abend die Anerkennung. Aber morgen, nimmt Jörg sich vor, sobald er aus dem Flieger steigt, wird er zu Hause anrufen und fragen, wie der Kuchen geschmeckt hat.

Waffel-Creme-Schnittchen

1 Paket Frischeiwaffeln (250g)
<u>1 Schachtel »Le Dessert« Amaretto-
Amarena-Sahne-Creme</u> (Fertig-Creme
ohne Kochen)
200g Sahne
2 Riegel Schokolade (Choceur-Sahne-
Herb) ca. 50g
<u>12 Eiswaffeln zum Verzieren</u> (Röllchen
oder Herzen)

Die Waffeln werden an den Rändern glatt
geschnitten. Das Fertigdessert wird nach
Anweisung mit der Sahne zubereitet. Sechs
Waffeln werden dick mit der Masse bestrichen und die übrigen sechs Waffeln dar-
aufgelegt. Jetzt werden die Waffelpäckchen
auf der Oberseite und an allen Seiten mit
der Creme schön gleichmäßig zugespach-
telt. Die Riegel Schokolade werden auf
einer groben Rohkostreibe zu Flöckchen
geraspelt und über die Creme-Waffeln
gestreut, dabei die Seiten nicht vergessen.
Eine Stunde im Eisschrank kaltstellen. Vor
dem Verzehr die Waffeln aus dem Eisschrank nehmen, diagonal durchschneiden
und mit je einer Eiswaffel verzieren.

Wert der Zutaten ca. 4,80 DM.

Tintenstrahl und Tortenboden

Das Kind, etwa 15, nervt, es ist penetrant. Mama, bitte, die haben einen Pentium II Prozessor bei Aldi im Angebot. Und den HP Deskjet 400 L.

Was? Red deutsch, wenn du mit mir sprichst. Die Mutter versteht kein Wort. Und außerdem hat ihr die Tochter einfach die Zeitung mit der Aldi-Anzeige aus der Hand gerissen. Gerade bis zur Sprühsahne für 1,79 war sie gekommen. So geht das aber nicht. Könnte ich die Seite jetzt bitte wiederhaben?

Mama, wenn wir nicht gehen, sind die alle weg.

Was soll weg sein?

Mama! Augen wenden sich flehend an die Zimmerdecke. Auf welchem Planeten lebt diese Mutter eigentlich? Die Tochter kann es nicht fassen. Da steht es doch: Professional Computer mit Pentium II Prozessor und Tintenstrahl-Farbdrucker, alles zusammen für nicht mal ganz 1250

Mark. Ist die Mutter blind? Bitteschön, lies doch selbst.

Ja, ist das denn dann überhaupt was, Computer bei Aldi?

Mama!

Diese Mutter rafft wirklich nix. Hat gar keinen Sinn, der was zu erklären. Kann sie gleich bleiben lassen.

Wozu brauchst du überhaupt so ein Ding?

Ja, dreimal darf sie raten. Ohne Computer geht doch nichts mehr. Wie soll sie denn ihre Referate schreiben. Hat die Mutter mal darüber nachgedacht?

Hat sie nicht. Weil sie gedacht hat, die schreibt man einfach so, ganz normal mit der Hand. Kann sich nicht dran erinnern, daß der Lehrer beim Elternabend gesagt hat, alle Referate müssen auf dem Computer geschrieben werden. Wär ja auch noch schöner, wenn die das jetzt vorschreiben würden. Wo die Eltern schon alle naselang Geld für Lektüre abdrücken müssen.

Aber *alle* schreiben ihre Arbeiten auf dem Compi. Alle, nur ich nicht. Ich bin die einzige in der Klasse, die keinen hat.

Der Torsten hat auch keinen. Das weiß ich *ganz* zufällig.

Ja, *der*. Mit diesem Idi braucht ihr die Mutter ja wohl nicht zu kommen. Weißt du auch, wie beknackt der ist?

Weiß sie natürlich nicht, die Mutter. Sie findet den Torsten sogar ausgesprochen nett, der grüßt immer so höflich, wenn er einen auf der Straße sieht. Dieser Alex, der seit ein paar Tagen immer anruft, noch dazu in der Mittagspause, der sagt ja noch nicht mal seinen Namen.

Der will ja auch nicht dich, sondern mich sprechen. Außerdem will ich jetzt wissen, was mit dem Compi ist.

Aber man kann doch nicht einfach mal eben so einen Computer kaufen. Muß man sich doch erst mal informieren.

Sie will sich also informieren. Ja, da ist sie mal gespannt, die Tochter, wie die Mutter sich informieren will, wo die bis heute noch nicht gecheckt hat, wie man den Videorecorder programmiert.

Mama, in der Anzeige steht doch auch alles genau drin, was der Compi kann. Wenn du dich jetzt noch großartig informieren willst, sind die Dinger ausverkauft. Verstehst du: weg! Siehst du die Sternchen? Das sind Sonderposten. Und da unten stehts auch: »Diese Artikel haben wir nur vorübergehend im Sortiment«.

Die Mutter schaut auf die Anzeige. 4,3 GB Festplatte, 32 MB S-Dram Arbeitsspeicher, 4 MB 3D VGA Grafik. Was das heißen soll? Ihr ist das alles unheimlich. Aber da, da stehts doch gleich daneben, Obst-Tortenboden aus Rührteigboden – lecker und locker, 1,29. Das ist doch was Reelles. Und Schattenmorellen, ohne Stein, gezuckert für 2,59. Pfirsiche für 1,59 die ganze Dose. Sogar Tortenguß haben die Aldis diese Woche im Angebot. Klar oder rot. Fünf Tütchen für 59 Pfennig. Könnte sie doch gleich mal wieder…

So eine Torte ist doch schnell gemacht. Und die Tochter und der Mann essen die doch so gerne. Vielleicht sollte sie auch mal mit Birnen und Heidelbeeren probieren. Mal was anderes.

Einfacher Birnenkuchen

Zutaten für 6 Portionen:
2 Eier
4 EL Milch
225 g Zucker
1 Prise Salz
170 g Mehl
900 g frische Birnen (am besten eine feste Sorte)
45 g Semmelbrösel
12 *Nelken (nach Belieben)*
Butter zum Ausfetten der Form und zum Belegen mit Butterflöckchen

Eier und Milch in einer Schüssel verschlagen. Den Zucker und eine Prise Salz hinzufügen, dabei weiterschlagen. Das Mehl hineinsieben, untermischen, bis ein relativ

Mama, Maaama!
Was das Kind jetzt wieder hat. Schrei doch nicht so, Sabrina. Und wenn du so ein Ding haben willst, frag den Papi. Wenn der sich damit auskennt ...

fester Teig entsteht. Die Birnen schälen, längs halbieren und entkernen. Die Hälften in etwa 2 1/2 cm dicke Scheiben schneiden. Unter den Teig mischen.

Eine runde Kuchenform sorgfältig ausbuttern und dünn mit Semmelbrösel bestreuen. Den Teig in die Schüssel geben und glattstreichen. Mit einer Fingerspitze viele kleine Löcher in den Teig drücken und kleine Butterflöckchen hineinsetzen. Nach Belieben die Nelken auf dem Kuchen verteilen. Die Form in den auf 190° vorgeheizten Ofen stellen und den Kuchen 50 Minuten backen, bis er leicht gebräunt ist. Der Kuchen schmeckt lauwarm, aber auch mit Zimmertemperatur.

Wert der Zutaten ca. 5 DM

Teig und Kuchen

Hin und wieder tun sich beim Kuchenbacken tiefe Differenzen auf. Solche des Geschmacks zum Beispiel. Was manchen Menschen die Buttercremetorte, ist anderen die Erdbeertorte. Welten liegen auch zwischen Donauwelle und Möhrenkuchen. Tiefer aber noch als die Kluft zwischen den Geschmäckern ist der Abgrund zwischen Teig und Kuchen. Nur Ahnungslose glauben, daß beides dasselbe in unterschiedlichen Aggregatzuständen ist, daß das eine die ungenießbare Vorstufe des anderen ist.

In der Wohnküche eines adretten Einfamilienhauses am Rande der Stadt werden wir Zeugen eines erbitterten Kampfes. Schwitzend und schreiend ringen dort eine Mutter und ihr etwa achtjähriger Sohn um eine Teigschüssel. Die Mutter steht auf dem Küchenstuhl und hält die Schüssel über ihren Kopf, der Sohn springt an der Mutter hoch und grapscht nach dem Gefäß.

Bitte Mami, bitte, bitte, brüllt der Sohn, ein einziges Mal. Doch die Mami ist unerbittlich. Wie die New Yorker Freiheitsstatue steht sie da, die emporgestemmte Schüssel in der Hand und hofft, daß der quittengelbe Designerstuhl über genug Statik verfügt, um den anbrandenden Attacken ihres Sprößlings standzuhalten.

Julian, du weißt genau, daß man von rohem Teig Bauchschmerzen kriegt, schreit die Mami aus luftiger Höhe. Stimmt doch gar nicht, japst der Knabe. Hab ich doch selbst gesehen, daß du dir auch heimlich Teig reinstopfst.

Damit hat er einen Treffer gelandet.

Man spioniert den Eltern nicht hinterher, sagt die Mutter nun schon etwas kleinlauter, das gehört sich nicht.

Man setzt Kinder auch nicht vor die Glotze, nur damit man ihnen heimlich den ganzen Teig wegfressen kann, kommt es wieder von unten.

Das hat sie nun von ihrer partnerschaftlichen Kindererziehung. Sei nicht so unverschämt, Julian. So redet man nicht mit seiner Mutter.

Da kennt sie aber Kinder und insbesondere ihr eigenes schlecht.

Mein Geburtstagskuchen ist das, also darf ich darüber bestimmen.

Der Mutter wird der Arm lahm. Aber jetzt pädagogischen Bankrott erleiden, aufgeben so kurz vor dem Ziel? Jahrelang, denkt sie bitter, *jahre*lang hat sie darauf gewartet, endlich erwachsen zu werden und soviel rohen Teig essen zu können, wie sie wollte. Sollte sie jetzt etwa den wesentlichen Aspekt ihrer Mutterschaft, eine der wenigen Freuden ihres Erwachsenendaseins selbstlos zugunsten der nächsten Generation aufgeben?

Nein, das sah sie im Traum nicht ein. Wer Teig will, muß vorher Kuchen essen. Mindestens bis zur Volljährigkeit.

Von rohem Teig wirds dir schlecht, Julian, und dann kannst du deinen Geburtstag morgen vergessen.

Warum solls mir vom Teig schlecht werden und vom Kuchen nicht? fragt der Sohn frech zurück. Darauf weiß die Mami nun keine Antwort mehr. Weil das eben so ist, sagt sie und betont dabei jedes Wort einzeln.

Als sie selbst klein war, wußte sie, was es bedeutet, wenn Mütter jede Silbe einzeln aussprechen. Ihr Sohn weiß es nach jahrelangem Training in herrschaftsfreiem Diskurs nicht, jedenfalls ist er nicht beeindruckt. Allein seine Sprungkraft läßt nach, und damit werden auch die Attacken schwächer. Die Mutter deutet es als späte Einsicht. Sie wundert sich auch nicht über den plötzlichen Gehorsam, mit dem das Kind, nachdem es noch den Quirl ablecken durfte, in sein Bett verschwindet. Mit den Jahren werden sie einfach vernünftiger, denkt sie zufrieden, während sie sich die klebrige, süße Masse auf der Zunge zergehen läßt. Was vom

Teig übrig bleibt, kommt in die Backform. 180 Grad und sechzig Minuten programmiert die Mutter. Den Rest wird der Ofen von selbst erledigen.

Hätte er auch getan, wenn nicht – kaum daß die Mutter ihr müdes Haupt und ihren schweren Magen zur Nacht gebettet hat – eine kleine Gestalt im blauen Superman-Schlafanzug in die Küche gehuscht wäre. Lautlos öffnet sich die Ofentür, zwei dicke Kochhandschuhe greifen nach der Kuchenform und ziehen sie heraus, ein Löffel bohrt sich in den warmen Teig.

Besonders groß, denkt Superman, wird sein Geburtstagskuchen dieses Jahr nicht werden. Aber wenigstens einmal hat er ihm so richtig geschmeckt.

Erdbeerquarkkuchen

für den Teig:
250 g Mehl
125 g Butter
100 g Zucker
1 Eigelb
für den ersten Belag:
250 g Quark
100 g Zucker
40 g Speisestärke
1 Päckchen Vanillinzucker
1 Zitrone (abgerieben Schale, ungespritzt)
4 Eier
1/4 l Sahne
für den zweiten Belag:
250 g Erdbeeren
1 Päckchen Tortenguß

Das Mehl mit dem Zucker vermischen. In eine Mulde das Eigelb geben. Die Butter in Flöckchen geschnitten über das Ganze verteilen und schnell zu einem Mürbeteig verkneten. 1 Stunde kühl stellen. Dann den Boden und 2 cm Rand einer eingefetteten Springform mit dem Teig auskleiden, mit einer Gabel ein paarmal einstechen und 10 Minuten auf der mittleren Schiene bei 190° backen.

In der Zwischenzeit den Quark mit dem Zucker, dem Vanillinzucker, den Eiern, der Speisestärke und der Zitronenschale verrühren. Die Sahne steif schlagen und unter die Masse heben. Nach 10 Minuten Backzeit den Kuchenboden aus dem Backofen nehmen und die Quarkmasse einfüllen und glattstreichen. Weitere 60 Minuten backen, herausnehmen und abkühlen lassen. Die Erdbeeren halbieren und die Quarkfüllung damit belegen. Den Tortenguß nach Vorschrift zubereiten und die Erdbeeren damit überziehen.

Wert der Zutaten: ca. 6 DM.

Schlicht

Die Küche ist vom Schreiner, das Geschirr von Rosenthal und die Kupfertöpfe hat er aus Paris mitgebracht, als er zwischen zwei Meetings Zeit hatte und ganz zufällig dieses kleine, edle Haushaltswarengeschäft in der Nähe der alten Hallen entdeckt hatte. Jetzt hätte er mal gerne gewußt, wo der Schneebesen ist. Hat wahrscheinlich wieder die Putzfrau verkramt. Inga! Weißt du, wo die Maria den Schneebesen ...? Keine Antwort. Wo sie wohl wieder steckt? Wahrscheinlich in ihrem begehbaren Kleiderschrank, der pickepackevoll mit nichts zum Anziehen ist. Er kratzt sich an seiner Designerglatze und seufzt. Nimmt er eben den Mixer. Obwohl er das haßt. Eischnee schägt man mit dem Schneebesen, und zwar mit einem richtig Großen. Die fummeligen Dinger, die deutsche Hausfrauen benutzen: kann man doch vergessen. Er fragt sich sowieso, warum die Leute sich kein richtiges Werkzeug kaufen. Ohne anständige Messer, ohne ordentliche Töpfe, ohne Profiherd kann man nicht kochen und nicht backen. Apropos, jetzt wirds aber Zeit. Inga! Wo die wieder bleibt?

Was schreist du denn so? fragt sie kühl.

Er guckt sie gereizt an. Da stand sie mit ihrem zugegebenermaßen rattenscharfen schwarzen Kleid, die Haare noch klatschnaß, und fönte sich die frischlackierten Fingernägel trocken. Etwas Hilfe hatte er erwartet, ein bißchen Unterstützung bei den Vorbereitungen. Schließlich war es *ihre* Idee gewesen mit der Aldi-Party. Nur mit Aldi-Sachen, stell dir mal vor, hatte sie geschwärmt. Jeder bringt was mit: Aldi-Kaffee, Aldi-Käse, Aldi-Hirschbraten, total kultig. Und wir backen Kuchen, so richtig schön spießig.

Er hatte sich überzeugen lassen. Nicht ohne leise Zweifel allerdings. Als Student hatte er jahrelang nur bei Aldi gekauft. Was damals nicht besonders hip war, sondern eher etwas mit dem mickrigen Bafög-Satz zu tun hatte. In den Jahren danach hatte er sich mit jeder Käfer-Pizza, mit jedem Pfund Tschibo und jeder Packung Persil weiter von Aldi entfernt. Und jetzt soll Aldi auf einmal ein neues Lebensgefühl repräsentieren? Jetzt, wo er sich Veuve Cliquot leisten kann, soll er auf einmal Veuve Monsigny brut für müde 15,98 süppeln? Die neue Kargheit, nannte Inga das. Schluß mit den Label-versessenen 80ern. Die 90er Jahre stehen im Zeichen der neuen Bescheidenheit, einfache Produkte, aber beste Qualität und ohne großes Drumherum. Na, ihm solls recht sein. Solange er im Notfall wieder seinen Käse beim Feinkosthändler und seinen Kuchen beim Konditor kaufen kann.

Was ist eigentlich mit dem Kirschstreusel, den du backen wolltest? will er wissen. Wird ja allmählich mal Zeit. Vier Bleche bei deinem Arbeitstempo, das dauert.

Der Kirschstreusel, ach ja. Sie ist heute total durch den Wind. Hat sie heute morgen zum Gehen auf die Heizung gestellt. Mal gucken?

Sieh dir das an, schrillt es wenige Sekunden später aus dem Arbeitszimmer. Fassungslos deutet sie auf die Heizung. Von der Teigschüssel und dem Heizkörper sind nur noch undeutliche Umrisse zu erkennen. Wie Lava hat der Teig alles sanft umhüllt, ist über die Heizungsrippen und dazwischen gekrochen, hat das Thermostat sanft verpackt und ist zu einem nicht ganz garen, bleichen Kuchen getrocknet. Christo hätte seine Freude daran.

Riecht zumindest gut, bemerkt er sachlich.

Wortlos und mit einem bösen Blick auf ihre grinsende Beziehungshälfte beginnt sie, die Heizung aus der Hefeteigkruste zu pellen.

Nun sitzt er also endgültig allein mit den Vorbereitungen zu *ihrer* Aldi-Party. Irgendwie war doch da auch was mit

Eischnee. Ach ja, seine Zitronentorte. Das Rezept hat er aus einem dieser Luxusbackbücher, die Prominenten-Konditoren schreiben, damit Laien erst gar nicht auf die Idee kommen, sie nachzuahmen. Was die wohl sagen würden, wenn sie wüßten, daß man ihre Kunstwerke mit ganz ordinären Aldi-Produkten super hinkriegt?

Das bringt uns zu der Frage: was sagen eigentlich Theo und Karl, die notorischen Pfennigfuchser, dazu, daß ihre popeligen Aldi-Läden auf einmal Kult bei den Schönen und Erfolgreichen sind, daß plötzlich Art-Direktoren, Werbetexterinnen und Besserverdienende aller Art ihre Lebensmittel bei Aldi kaufen und daraus Schlemmermenus kochen? Was mögen die pressescheuen Brüder, die nach Augenzeugenberichten so farblos und bieder aussehen wie ihre eigenen Sachbearbeiter, über all die gutgekleideten Yuppies denken, für die der Einkauf bei Aldi »echten Eventcharakter« hat? Falls sie sich darü-

ber freuen, tun sie's heimlich. Kein Sender hat bisher Theo in eine Talkshow locken können, um dort mit Aldi-Fans über das neue Luxus-für-jedermann-Konzept zu plaudern, keine Illustrierte zeigt uns Bilder von Karl, wie er die neue Kundschaft willkommen heißt.

So, der Hobbybäcker legt den Mixer zur Seite. Mit der Tortenfüllung wäre er jetzt fertig, aber wo ist jetzt die Kuchenform hingekommen? Hatte die nicht immer hier im Schrank herumgestanden, oder täuscht er sich da? Schon seit Jahren hat er keinen Kuchen mehr gebacken. Kaffee und Kuchen, das waren die ganz frühen Jahre. Dann war Kaffee und Zigaretten drangekommen, die letzten Jahre dann Mineralwasser und Salat. Schließlich hatte er nicht vor, mit fünfzig wegen Herzinfarkt abzutreten. Von dem eigenen Zitronenkuchen würde er allerdings ein Stück probieren. Cholesterin hin oder her, irgendwie gehört Kuchenessen zu Aldi. Wie ihn überhaupt Aldi mit seiner irgendwie unbedarften Schlichtheit an seine Jugend erinnert. Vielleicht ist es ja auch die Sehnsucht nach den sechziger oder siebziger Jahren, die jetzt alle zu Aldi treibt. Nach vorne in die Vergangenheit, denkt er und schüttelt den Kopf. Den Ofen muß er jetzt vorheizen. Höchste Zeit.

Einfache Kirschtorte

für den Teig:
150 g Mehl
100 g Butter
50 g Zucker
für den Belag:
1 Glas Sauerkirschen
1 El Stärkemehl oder
1 Päckchen Tortenguß
1/2 Zitrone (Saft) = ca. 1 El

Das Mehl mit dem Zucker vermischen, die Butter in Flöckchen darüber verteilen und zu einem Mürbeteig verkneten, evtl. etwas Wasser hinzugeben, damit der Teig geschmeidig wird. 1 Stunde kühl stellen.

Dann den Boden und 2 cm Rand einer gefetteten Springform mit dem Teig auslegen. Mit einer Gabel ein paar Löcher in den Boden stechen, damit er keine Blasen

wirft, und ca. 20 Minuten bei 180° auf der mittleren Schiene goldgelb backen.

Wenn der Boden abgekühlt ist, die gut abgetropften Kirschen darauf verteilen. Den Saft der Kirschen mit dem Zitronensaft und dem Zucker aufkochen, die in etwas Flüssigkeit angerührte Speisestärke oder Tortenguß hinzugeben, nochmal aufkochen lassen, so daß die Flüssigkeit andickt, abkühlen lassen und über die Kirschen verteilen. Andere Früchte eignen sich ebenfalls dafür, z.B. Pfirsiche, Aprikosen, Stachelbeeren usw.

Wert der Zutaten: ca. 4,20 DM.

Sehr feiner Zitronenkuchen

Zutaten für eine Springform,
ca. 28 cm:
Für den Mürbeteig:
200 g Mehl
150 g Butter
80 g Zucker
1 Prise Salz
1 Ei
Für die Füllung:
3 Eier
150 g Zucker
*abgeriebene Schale von 2 unbehandelten
Zitronen*
Saft von zwei Zitronen
150 g Süßrahmbutter

Das Mehl, die kalte Butter (in Flöck-chen), den Zucker, das Ei und das Salz schnell zu einem Teig verkneten, zu einer Kugel formen und 90 Minuten kalt stel-len. Die Springform einfetten, den Teig 2 mm dünn darauf ausrollen. Überstehen-den Teigrand glatt abschneiden. Den Springformrand um den Boden legen und 2 cm hoch einfetten. Aus dem restlichen Teig eine Rolle formen, in die Form legen und zu einem Rand andrücken.

Für die Füllung die Eier mit dem Zucker gut verrühren, Zitronenschale hinzufügen. Zitronensaft durch ein fei-nes Sieb geben und zu der Creme gießen. Die Butter vorsichtig schmelzen und in die Creme einrühren. Die flüssi-ge Masse auf den Teig gießen. Im vor-geheizten Backofen bei 175° ca. 30 bis 35 Minuten backen. Eventuell vor Be-endigung der Backzeit mit Alufolie ab-decken, damit der Kuchen nicht zu dunkel wird.

Tip: Unbedingt Süßrahmbutter ver-wenden. Sauerrahmbutter flockt bei der Berührung mit Zitronensaft aus.

Wert der Zutaten ca. 5 DM.

Zitronenkuchen

250 g Butter
250 g Zucker
250 g Mehl
1/2 Päckchen Backpulver
3 Eier
3 Zitronen
3 El Puderzucker

Butter und Zucker schaumig rühren. Eier zufügen und heftig unterschlagen. Das Mehl mit dem Backpulver darüber sieben und verrühren. Den Saft einer 1/2 Zitrone einrühren. In eine gefettete Springform füllen und auf der mittleren Schiene bei 180-200° ca. 30 Minuten backen. Den Puderzucker mit dem Saft der restlichen 2^1/$_2$ Zitronen verrühren. In die noch heiße Torte mit Hilfe einer Stricknadel viele Löcher stechen und mit dem Zitronensaft vorsichtig begießen, so daß möglichst viel Saft in die Löcher sickern kann.

Wert der Zutaten: ca. 3,70 DM.

Kann nicht sein

Wieder Sonntag. An Feiertagen ist es ganz schlimm. Die Versuchung. Will man sich ein bißchen was Gutes tun, und dann trifft einen auf der Waage der Schlag. Ein Kilo hat Frau Kaes zugenommen im letzten Monat. Ein gutes Kilo, wenn sie ehrlich ist, drei Pfündchen. Wie das? Ja, das fragt sie sich auch. Der Doktor sagt, sie soll aufpassen. Sie paßt aber schon auf. Und wie. Aber ihr schmeckts halt auch. Und alles kann man sich eben nicht verkneifen. Marmorkuchen gabs gestern im Angebot. Hat sie sich mitgenommen, für heute nachmittag. Den Rest friert sie ein für nächste Woche. Doch, das geht dann schon. Muß sie nur gleich tun. Wenn die Sachen einmal auf dem Tisch stehen, dann ist es zu spät, dann ißt sie es auch auf, ratzfatz. Ab Montag ist aber wirklich Schluß mit dem Genuß. Fasten wird sie. Sie hat sich Äpfel mitgebracht und Broccoli. Es gab auch Salat billig und Toma-

ten. Dazu Heringsfilets mit Gemüsebeilagen und fein gewürzter Soße für 1,49. Soll keiner glauben, daß man sich bei Aldi nicht gesund und kalorienarm ernähren kann. Kaffee gibts ohne Koffein und Süßstoff ohne Zucker. Und das Olivenöl, das sie verkaufen, hat mehrfach ungesättigte Fettsäuren. Denkt sie sich jedenfalls mal so. Obwohl Aldi sich da ausschweigt. Kein Wort darüber, ob »Lorena« nun wie andere Öle »einen sinnvollen Beitrag zu einer ausgewogenen und gesunden Ernährung« leistet. Aldis Kundschaft weiß auch so, was sie an ihrem Öl hat, oder weiß es eben nicht und es ist ihr eh egal. Ist ja sowieso die Frage, was man noch glauben soll. Die Sache mit dem Salz zum Beispiel. Ungesund, weil blutdruckerhöhend: jahrelang hatte sie, Frau Kaes, deshalb nicht mehr gesalzen. Bis sich rausstellte, daß in Wirklichkeit *kein* Salz den Blutdruck in die Höhe trieb. Genau dasselbe mit den Kartoffeln. Erst Dickmacher, dann wieder eines der gesündesten Gemüse überhaupt. Wer ersetzte ihr nun die kartoffellosen Jahre? Zum Glück hatte sie wenigstens dies in ihrer Illustrierten entdeckt: ein Gläschen Rotwein am Tag senkt den Cholesterinspiegel. Seitdem nahm sie sich jede Woche ihr Fläschchen Château Saint-Bonnet mit. Überhaupt, das Cholesterin. Erst hatte ihr der Hausarzt ihr Frühstücksei und ihre Buttersößchen vermiest. Und was war? Fehlalarm, Irrtum. Das meiste Cholesterin produzierte sie selber, hatte ihr der Doktor dann erklärt. So war das also. Nicht Frühstücksei und Schokolade, sondern ihr eigener Stoffwechsel war schuld, wenn sie eines Tages an Verkalkung und Herzinfarkt sterben würde. Schöne Aussicht. Wie sie ihrem Körper das Cholesterinproduzieren abgewöhnen sollte, hat ihr der Doktor natürlich nicht sagen können. Dann hatte sie die Sache mit der Mittelmeerdiät gelesen, essen wie die Völker rund ums Mittelmeer. Gegen Krebs, gegen zuviel Cholesterin und gegen Herz-

infarkt. Frau Kaes hatte von da an etwas genauer in die Einkaufswagen ihrer ausländischen Mitbürger geschaut. Gemüse in rauhen Mengen hatte sie entdeckt. Hätte sie sich schon denken können. Aber was lag da unter den Tomaten, dem Olivenöl und dem Fisch? Richtig, Frau Kaes hatte es genau gesehen: Eier und Butter. Eine junge Frau mit Kopftuch hatte sich den halben Wagen mit Süßigkeiten und Backwerk beladen. Und mir gönnt der Arzt nicht mal die Butter auf dem Brot, hatte Frau Kaes voll Ingrimm gedacht. Dabei achtet sie schon so auf die Gesundheit. Gestern hat sie gelesen, daß Schokolade die Konzentrationskraft stärkt. Wo hat sie eigentlich die Schokoplätzchen, die sie letzte Woche geholt hat? Ein klitzekleines kann sie sich doch nach dem Marmorkuchen noch genehmigen. Sozusagen als krönenden Abschluß. Wie gesagt, ab morgen ist sowieso mal erst Schluß mit Süßigkeiten und Kuchen. So, da hat sie endlich die Packung. »New

Orleans« steht da drauf ... aber das kann doch gar nicht sein. Vorgestern war sie doch noch halb voll.

Thunfischtorte

für den Teig:
250 g Mehl
1 Päckchen Trockenhefe
1/2 Tasse Milch
40 g Butter
1 Ei
1/2 Tl Salz
1 Eigelb zum Bestreichen

für die Füllung:
4 El Öl
1 Zwiebel, feingehackt
1 Knoblauchzehe, feingehackt
4 Möhren, geschält, in feine Scheiben geschnitten
6 Tomaten, überbrüht, geschält, in Scheiben geschnitten.
2 Tl Thymianblätter

2 El Petersilie, gehackt
6 Pfeffergurken, gehackt
2 Tl Kapern, gehackt
4 Dosen Thunfisch, abgetropft
Salz, Pfeffer, Cayennepfeffer

Das Mehl mit der Trockenhefe vermischen. Salz zugeben, Butter in Milch schmelzen, abkühlen lassen und mit dem Ei zu einem Teig verrühren. So lange schlagen, bis er Blasen wirft. An einem warmen Ort 1/2-1 Stunde gehen lassen, bis er sich verdoppelt hat.

Für die Füllung das Öl in einer Pfanne erhitzen, Zwiebel, Knoblauch und die Möhren kurz anbraten. Hitze herunterschalten und mit 3 EL Wasser fast weichdünsten. Tomaten, Thymian, Petersilie, Kapern und Gurken dazumischen, mit Salz und Pfeffer abschmecken. Thunfisch in Stücke teilen und vorsichtig unterziehen.

2/3 des Teiges 5 mm dick ausrollen, in einer gefetteten runden Backform aus-

breiten, den Rand festdrücken und mehrfach mit einer Gabel einstechen. Die Füllung hineingeben. Aus dem restlichen
Drittel Teig einen Deckel ausrollen, über
die Füllung legen, die Ränder zusammendrücken. Die Oberfläche mit den Teigre-
sten verzieren und mit dem verquirlten
Eigelb bestreichen. 15 Minuten ruhen lassen. Bei 200–220° 30 Minuten auf der
mittleren Schiene backen.

Wert der Zutaten: ca. 11,50 DM.

Fladenbrot

500 g Mehl
1 Tl Salz
1 Tl Zucker
1 Päckchen Trockenhefe
3 El Olivenöl
1 Tasse Wasser
etwas Milch zum Bestreichen

Das Mehl mit Salz, Zucker und Trockenhefe mischen. In eine Mulde das Öl und
das lauwarme Wasser gießen, alles zu
einem geschmeidigen Teig verrühren und
so lange schlagen, bis sich Blasen bilden.
1/2-1 Stunde an einem warmen Ort gehen
lassen, bis sich das Volumen verdoppelt
hat. Dann noch einmal kräftig durchrühren und zu einem flachen Fladen formen. Mit etwas Milch bepinseln und auf
ein gefettetes Blech legen. Wenn im Haushalt vorhanden, mit 1 El Sesamsamen
bestreuen. Auf der mittleren Schiene 30
Minuten bei 180° hellbraun backen.
Schmeckt besonders gut mit gesalzener
Butter zu Wein.

Wert der Zutaten: ca. 1 DM.

Gefülltes Fladenbrot

1-2 Päckchen Quark
1 Mozzarellakäse
2-3 Tomaten
1 Knoblauchzehe
3 El Olivenöl
Salz
Pfeffer
1 Fladenbrot (s.o.)

Das Fladenbrot wird quer durchgeschnitten und aufgeklappt. Das Olivenöl mit dem Salz und der gepreßten Knoblauchzehe vermischt. Mit einem Löffelchen oder Pinsel wird das Öl auf beide Brothälften verteilt. Darüber wird auf beide Hälften der Quark gestrichen und vorsichtig gesalzen und gepfeffert. Den Mozzarella in dünne Scheiben schneiden und gleichmäßig auf der unteren Hälfte des Fladenbrots verteilen, nochmals et-

was salzen und pfeffern. Die gewaschenen Tomaten werden in Scheiben geschnitten, vom harten Stielansatz befreit und auf die Mozzarellascheiben gelegt. Wenn vorhanden, frischen Schnittlauch und etwas Salz und Pfeffer darüberstreuen. Jetzt die Oberhälfte des Fladenbrots darüber legen. Das Ganze kommt auf ein Backblech oder auf eine feuerfeste Platte und wird auf der mittleren Schiene bei 170° 15-20 Minuten erhitzt, bis der Quark und der Mozzarella verlaufen und das Brot kroß wird. Wie eine Torte aufschneiden und warm verzehren.

Wert der Zutaten: ca. 5 DM.

Salz-Pfeffer-Gebäck

Zutaten für etwa 40 Stück:
2 große Eier
4 EL Olivenöl
170 g Mehl
1 1/2 TL Salz
1/2 TL *schwarzer Pfeffer, grob gemahlen*
2 1/2 TL Backpulver

Die Eier verquirlen, einen halben Eßlöffel davon beiseite stellen. Den Rest mit den übrigen Zutaten sorgfältig vermischen und zu einem glatten Teig verkneten, bei Raumtemperatur 30 Minuten ruhen lassen. Danach auf einer bemehlten Arbeitsfläche dünn ausrollen und mit einem Glas oder einer Ausstechform ca. 5 cm große Kreise ausstechen und auf das eingefettete Backblech legen. Mit dem Rest des Eis bestreichen, im vorgeheizten Ofen bei 190° 12 Minuten backen und zum Aperitif reichen.

Wert der Zutaten ca. 1 DM.

Auf der grünen Wiese

Alles ändert sich, die Innenstädte werden immer schöner, die Einkaufspassagen immer glitzernder, die Läden immer edler ... Auch Aldi ist nicht mehr Aldi. Jedenfalls nicht mehr überall.

Prima, findet Gerda Matzewski, wurde auch Zeit. Bis vor kurzem noch hat sie sich geschüttelt, wenn sie nur an Aldi dachte. Dabei ist sie weiß Gott nicht pingelig. Kann sie sich auch gar nicht leisten mit den paar Mark Arbeitslosengeld, die sie und ihr Mann kriegen. Zum Glück ist ja die Wohnung abbezahlt. Keine Schulden, das ist wichtig. Wenn sie Miete zahlen müßten, oh je. Jedenfalls, bisher hat sie immer Beklemmungen bekommen, wenn sie sich durch die schmuddeligen Aldi-Gänge, das Gedränge an der Kasse und den Kartonwust dahinter kämpfen mußte. Wahrhaftig kein Vergnügen. Doch damit ist zum Glück jetzt Schluß. Fernab vom Stadtzentrum hat die Befreiung von Aldi aus dem selbstverschuldeten Schmuddel stattgefunden. Auf der grünen Wiese, genauer gesagt im Gewerbegebiet, zwischen Möbelmarkt und Autohaus ist Aldi auferstanden aus Kartonwust und Gedrängel. Ihr altes Aldi hat Gerda Matzewski seitdem nicht mehr betreten. Können jetzt die Aldi-Fanatiker hingehen, die erst richtig aufblühen, wenn ihnen von hinten einer die Einkaufskarre in die Achillessehne bohrt, während ihnen von vorne eine Ladung Toilettenpapier Kokett entgegenfällt. Sie hats lieber nett. Jetzt wo sie und ihr Mann soviel Zeit haben, will sie auch ein bißchen Spaß beim Einkaufen haben.

Der neue Aldi sieht aus wie aus einem amerikanischen Film. Wegen der Parkplätze, die es jetzt ringsum gibt. Parkplätze, soweit das Auge reicht und mittendrin, flach wie eine Packung dänischer Doppelrahm-Frischkäse ihr neuer Aldi.

Früher ist sie zu Fuß zu Aldi gegangen. Jetzt muß sie das Auto nehmen. Endlich haben auch die Kartons einen Sinn. In die packt sie das ganze Zeug und ab damit in den Kofferraum. Praktisch, das. Was nützt einem sonst ein Sonderangebot O-Saft, wenn man es nicht palettenweise abschleppen kann? Ein, zwei Liter kaufen und 18 Pfennig dabei sparen? Da fragt sie sich doch, wo das ein Schnäppchen sein soll.

Früher hat sich Gerda Matzewski aufgeregt über die Alten, die vor der Kasse standen und stundenlang im Portemonnaie kramten. Im neuen Aldi gibts kein »Frollein, ich guck mal, ob ichs klein habe« mehr. Es gibt auch keine Alten mehr. Wie sollten sie auch hierhin kommen? Ohne Auto kein Aldi. Da hätte man gerne mal gewußt, ob Theo und Karl das so gewollt haben? Ist es ihnen, die selbst längst nicht mehr die Jüngsten sind, egal, wie die treue Stammkundschaft zu ihnen kommen soll ohne eigene Limousine und Chauffeur? Sollten die Gebrüder Albrecht den Einflüsterungen geldgieriger Marketingstrategen erlegen sein, die Senioren herzlos Kukidents nennen und ihnen den Bergdoktor und das Glücksrad nehmen zur Strafe für die Treue, mit der sie aller Werbung widerstehen und stur ihre alten Marken kaufen? Das Durchschnittsalter der Aldi-Kundschaft hat sich durch den Umzug auf die grüne Wiese jedenfalls gesenkt, hat Gerda Matzewski bemerkt. Zum Glück aber nicht ganz nach unten. Was hat sie sich oft geärgert über die Schülerhorden, die lärmend durch die Gänge zogen auf der Suche nach Limo und Süßkram. Noch schlimmer, die Punks, die sich bei Aldi mit Bier eindeckten. Bei allem Verständnis für die Jugend, das ging ihr zu weit. Letzten Sommer hat sie sich sogar einmal bei der Kassiererin beschwert. Erst hier drinnen Bier kaufen und dann draußen rumlungern und die Kunden anbetteln. Hasse ma ne Mark? Sie, Gerda Matzewski, hatte keine Mark, schon gar nicht für solche. Obwohl, als ihr damals die Aldiitüte hingefallen war und die Dosen über den Bürgersteig kullerten, war es so ein Grünhaariger mit Schäferhund, der ihr alles wieder eingesammelt hatte. Und die Mark hat er dann auch nicht annehmen wollen. Wie gesagt, auch da gibts solche und solche.

Auf die grüne Wiese kommen die Punks jedenfalls nicht mehr. Auch Schüler sind hier nicht mehr zu sehen. Dafür junge Familien mit Kleinkindern. Die Kleinkinder schreien oft, weil sie nicht vorne in die Einkaufskarren gesteckt werden wollen. Sie wollen lieber frei umherlaufen und ein bißchen in den Kartons wühlen. Kevin, laß das, wird so ein neugieriges Kind gerade zur Ordnung gerufen. Kevin, du kommst ohne Essen ins Bett, wenn du jetzt nicht parierst. Den angesprochenen Knaben schreckt die mütterliche Drohung nicht. Was interessiert ihn Abendessen? Er hat eine Packung Butterkekse knacken können und macht sich jetzt über den Inhalt her.

Kevin, du kriegst sie gleich, ruft die Kindesmutter. Ihr Gesicht läßt keinen Zweifel daran, daß sie etwas anderes im Sinn hat, als die Kekse.

Kevin! Läßt du wohl …! Der Nachwuchs hält triumphierend eine himmelblaue Schachtel hoch, auf deren Vorderseite eine Sahnetorte prangt. Eine Sommertorte, kennen Sie das noch? fragt Gerda Matzewski. Gab es vor vielen Jahren schon mal.

Meine Oma backt im Kühlschrank eine Torte, beginnt die junge Mutter zu singen. Eine Tooorte, summt Gerda Matzewski den Refrain mit. Kevin, der gerade dabei war, dem Inhalt der Sahnetortenpackung auf den Grund zu gehen, hält inne. Verwundert lauscht er dem kleinen Duett. Doch kaum ist der letzte Ton verklungen, kommt die Mutter auch schon wieder ihrer elterlichen Aufsichtspflicht nach. Gibst du das wohl her, Burschi? Das Burschi denkt nicht daran. Es hatte die Packung zuerst. Wenn du nicht sofort losläßt, Kevin … Die Mutter grapscht nach der Sahnetortenpackung und zieht. Mit dem reißenden Absatz von Sommertorten, den die Backmittelindustrie seit kurzem beobachtet, hat das kleine Familienduell, dessen Zeugen wir hier werden, nichts zu tun. Kevins kleine, starke Kinderfaust hätte genauso gut eine Zitronenkuchenbackmischung umklammern können, obwohl die nun gar nicht mehr im Trend liegt, wie die Gesellschaft für Konsumforschung betont. Marmor-, Nuß- und Zitronenkuchen, zäh wie Rührteig kleben sie im Regal. Die deutsche Hausfrau backt im Kühlschrank Schwarzwäl-

der Kirsch, Schoko-Sahne und Eierlikörtorten – was sie vor einem Vierteljahrhundert noch hartnäckig verweigert hat. Oder sie backt amerikanisch. Brownies, Muffins und Cookies. Gerda Matzewski sagt, sie backt am liebsten traditionelle deutsche Kuchen. Apfelrahm zum Beispiel oder Kirschstreusel. Damit liegt Gerda Matzewski genau im Trend, wissen die Konsumforscher. Wer keine Sommertorte, keine Cookies mag, greift zu altdeutschen Kuchen und Torten. So gesehen verkörpert Gerda Matzewski die Avantgarde. Obwohl sie das in ihrem Alter nicht mehr nötig hat.

Dickmann's-Torte

1 Früchteboden
2 Pakete Quark (mager, 500g)
1 Paket Riesen-Dickmann's
2 EL Zucker
1/2 Zitrone (Saft)
1 Päckchen Sahne (200g)
1 Päckchen Sahne-Quick
Schokosahne zum Verzieren

Den Quark mit dem Zucker und dem Zitronensaft verrühren. Die Waffelböden von den Dickmann's entfernen. Den Dickmann's-Schaum grob zerkleinern und unter die Quarkmassen rühren. Die Sahne nach Anweisung mit Sahne-Quick steif schlagen und unter die Quarkmasse ziehen. Jetzt die Masse kuppelartig auf den Früchteboden auftragen und glatt streichen. Zum Schluß mit der Schokosahne aus der Sprühdose schön verzieren und eine Weile kaltstellen.
Wert der Zutaten: ca. 6,80 DM.

Elsässischer Gugelhupf

500 g Mehl
1 Päckchen Trockenhefe
75 g Zucker
10 g Salz
2 Eier
200 g Butter
200 ml Milch (knapp 1/4 l)
100 g Rosinen
50 g gehobelte Mandeln
1/2 Tasse Puderzucker

Das Mehl mit der Hefe und dem Zucker vermischen. Die Butter in der Milch schmelzen. Die Eier und das lauwarme Milch-Butter-Gemisch vorsichtig mit dem Mehlgemisch verrühren, Salz zugeben und den Teig so lange schlagen, bis er Blasen wirft. An einem warmen Ort so lange gehen lassen (1/2–1 Stunde), bis sich sein Volumen verdoppelt hat. In der Zwischenzeit die Rosinen waschen und in warmem Wasser ziehen lassen, so daß sie gut aufquellen können. Jetzt eine Gugelhupfform dick mit Butter ausstreichen und mit den Mandelplättchen auskleiden. Den gut aufgegangenen Teig durchkneten, die abgetropften und mit Küchenkrepp getrockneten Rosinen unterrühren und das Ganze in die Gugelhupfform füllen. Noch einmal 15 Minuten gehen las-

sen und bei 200° auf der unteren Schiene 45 Minuten backen. Nach 20 Minuten Backzeit den Kuchen mit Pergamentpapier abdecken, damit die Oberseite des Teiges nicht zu dunkel wird. Kurz vor Ende der Backzeit mit einer Stricknadel prüfen, ob der Teig gut durchgebacken ist. Kuchen abkühlen lassen und mit Puderzucker bestreuen.

Dieser Kuchen schmeckt sehr gut zu Rotwein, aber noch besser zu einem trockenen Gewürztraminer.

Wert der Zutaten: ca. 4,10 DM.

Versunkene Apfeltorte

125 g Butter oder Margarine
125 g Zucker
1/2 abgeriebene Schale einer Zitrone
(ungespritzt)
2–3 Eier
200 g Mehl
1/2 Päckchen Backpulver
1 Prise Salz
1/2 kg (= ca. 3 mittelgroße) Äpfel
2 El Aprikosenmarmelade
(Früchtelinchen)

Butter und Zucker schaumig rühren, Zitronenschale zugeben und nach und nach die Eier unterrühren. Das Mehl mit dem Backpulver und dem Salz vermischen und unterrühren. Den Teig in eine gefettete Springform geben. Die Äpfel schälen, in schmale Spalten schneiden, Kerngehäuse entfernen und vom Rand her dicht an dicht ringförmig mit der dicken Seite nach unten in den Teig stecken. Bei 180° auf der mittleren Schiene ca. 30 Minuten backen.

Die Aprikosenmarmelade auf dem noch heißen Kuchen vorsichtig verstreichen, am besten mit einem Backpinsel.

Wert der Zutaten: ca. 4,30 DM.

Mit Liebe gebacken

Warum backt der Mensch Kuchen? Was mag Frauen und Männer millionenfach jeden Tag dazu treiben, Butter, Zucker, Eier, Mehl und diverses andere schaumig zu rühren, zu verkneten, ruhen zu lassen, gehen zu lassen, in den Ofen zu schieben, mit Puderzucker zu bestäuben, mit Glasuren zu übergießen und mit Sahne zu bestreichen? Wir wissen es nicht. Am Hunger kann es jedenfalls nicht liegen. Den stillt der Mensch, zumindest der deutsche Mensch mit Brot. Fast ein halbes Pfund ißt er täglich, schreibt die Rheinische Post pünktlich zur Internationalen Backausstellung. Im Durchschnitt. Macht ungefähr drei Scheiben Brot und ein Brötchen pro Kopf und Tag. Genug um satt zu werden. Warum also Kuchenbacken? Weil Kuchen besser schmeckt als Brot. Dämliche Frage überhaupt, findet Melanie Stump. Ihre Mutter backt jeden Samstag eine Torte. Weil am nächsten Tag Sonntag ist, weil es sonntags Kaffee und Kuchen gibt. Sie, die Melanie, findet das spießig, nicht den Kuchen, das hat die Mutti total gut drauf, aber dieses Kaffeetrinken. Als sie noch zu Hause gewohnt hat, fand sie es echt ätzend. Jetzt, wo sie die eigene Wohnung hat, kommt sie ganz gerne und setzt sich dazu. Sieht man sich wenigstens einmal in der Woche. Sie selbst backt nur, wenn ihr danach ist. Wenn sie richtig schlecht drauf ist, backt sie. Am liebsten irgendwas mit Schoki. Und wenn sie richtig gut drauf ist, backt sie auch. Dann meistens was mit Obst. Am liebsten probiert sie immer was Neues aus. In der Zeitung sind manchmal Rezepte. Die sammelt sie in einem extra Ordner.

Nicht zu glauben, was sie alles gebacken hat, als sie noch mit Mario zusammen war. Und erst recht, als mit Mario Schluß war. So eine Art Trauerbacken war das, kann sie aus heutiger Sicht sagen. Mußte sie irgendwie verarbeiten, daß der Kerl so einfach mir-nichts-dir-nichts aus ihrer Wohnung ausgezogen ist! Obwohl sie ja froh sein konnte. Immer nur Autos, Autorennen, Autozubehör, Autogespräche mit Autofreunden. Am Wochenende Nürburgring, Hockenheimring und einmal sogar Monza. Oder Boxenstop von der Glotze aus. Primatenniveau, aber das hatte sie damals irgendwie nicht geblickt. Bis er eben ... Aus lauter Frust hat sie sich erstmal in die Weihnachtsbäckerei gestürzt. Zimtsterne, Heidesand, Spekulatius, Lebkuchen, das ganze Sortiment. Sie selbst hat kein Stück davon gegessen, immer nur gehofft, daß es an der Tür klingelt... aber nicht mal angerufen hat er. Schließlich hat sie ihm einen großen Karton gemacht mit allem, was er noch in der Wohnung rumstehen hatte. Und obendrauf eine Tüte mit Printen. Steinhart. Hoffentlich hat er sich die Zähne daran ausgebissen. Gehört hat sie jedenfalls nichts mehr von ihm. Jetzt hat sie nur noch das teure Duftwasser, das sie

ihm geschenkt hat, im Badezimmer rumstehen. Wäre ja auch noch schöner gewesen, wenn er *ihr* Geschenk benutzen würde, um bei anderen Schnepfen gut zu riechen. Hat sie es lieber behalten. Auch wenn es jetzt nutzlos ist, weil männlich herb riechend.

Ob Melanie Stump nicht gewußt hat, daß Aldi ihr diesbezüglich Ärger und Kosten hätte ersparen können? »One for two« heißt der »Duft für Sie und Ihn«, der nicht nur »einzigartig«, sondern auch »frisch, würzig, markant« ist. Im Zeitalter wackliger, jederzeit vom Zerkrachen bedrohter Beziehungskisten eine pfiffige Idee, der Duft für Sie und Ihn, der nicht nur olfaktorische Gemeinsamkeiten schafft, sondern auch nach dem Ende derselben wahlweise in Ihrem oder Seinem Bad stehen bleiben kann. Kein flüchtiger Duft also, gleichwohl einer mit Sternchen, was bedeutet, daß er nur vorübergehend im Sortiment ist.

»One for two« – was soll sie jetzt im

Moment damit? Melanie Stump zögert. Mehl braucht sie, Rosinen, Vanillinzucker, Kaffee – was man unbedingt im Haus haben muß. Sie ist froh, wenn sie überhaupt mit dem Geld hinkommt, hat eben erst gemerkt, daß sie gleich noch was am Automaten ziehen muß. Außerdem, ob das was mit Olli wird, ob sie demnächst einen Duft für Sie und Ihn braucht, kann sie jetzt noch nicht sagen. Obwohl der total süß ist, der Olli. Gut, daß er ein bißchen wortkarg ist, ist schade. Aber gibt es halt, so Menschen, die so ein bißchen still sind. Dafür redet *sie* ja. Und daß er sich so für Fußball interessiert, ist zwar nervig, aber irgendwie immer noch besser als nur für Autos. Aber ist schon komisch, daß sie immer nur an Sportfanatiker gerät. Melanie Stump hat von Sport keine Ahnung. Ist ihr schnurzpiepegal, wer Tabellen-Erster ist, wer nicht. Ollie findet das dagegen super-wichtig. Letzte Woche, als sie zusammen beim Auswärtsspiel gewesen war, hat er den ganzen nächsten Tag keinen Ton mit ihr geredet, nur immer was von Abstieg gemurmelt. Hat sie ihm einen Kuchen gebacken. Zum Trost. Mit einem kleinen Fußball aus Marzipan oben drauf. Liebe geht durch den Magen hat er da gesagt. Echt süß. Vielleicht wirds ja was mit Olli.

Cantuccini

250 g Mehl
180 g Zucker
1 Tl Backpulver
2 Päckchen Vanillinzucker
2 Eier
1/2 Fläschchen Bittermandelöl
25 g weiche Butter
200 g ganze, ungeschälte Mandeln

Alle Zutaten vermischen und zu einem Teig verkneten. 1/2 Stunde kalt stellen. Dann aus dem Teig 6 Rollen von ca 3– 4 cm Durchmesser formen und bei 180° auf der mittleren Schiene 10–15 Minuten backen. Die Rollen abkühlen lassen. Schräg in 1 cm dicke Scheiben schneiden. Mit der Schnittstelle auf das Backblech legen und nochmals 8–10 Minuten goldgelb backen.

Wert der Zutaten: ca. 3,60 DM.

Aldi Jahre wieder

Also, unglaublich ist das. Draußen scheint die Sonne heiß vom dunkelblauen Himmel, 18 Grad sinds locker über den Daumen gepeilt, und was haben wir hier drinnen? Weihnachten. Zwischen Olivenöl und Joghurt drängeln sich auf einmal Lebkuchen, Stollen und Spekulatius und verbreiten im sonst so nüchternen Aldi eine erste Ahnung kommender Festlichkeiten. Zwei junge Mütter haben ihre Buggys vor dem ofenfrisch verpackten Gebäck geparkt.

Abartig. Jedes Jahr fangen sie früher damit an.

Letztes Jahr hatten sie aber auch schon um die Zeit Weihnachtsgebäck.

Ich könnte das jedenfalls jetzt noch nicht runterkriegen. Bei der Hitze.

Obwohl, die schmecken ja gut, besonders die Lebkuchen.

Aber doch jetzt noch nicht! Die Kinder kommen ganz durcheinander mit den Jahreszeiten. Find' ich jedenfalls nicht gut aus pädagogischen Gründen. Könntest du die etwa jetzt ...?

Jetzt sind sie noch ganz frisch.

Meinst du, die sind alt, wenn ich die in sechs Wochen kaufe?

Nee, kann ich mir eigentlich auch nicht vorstellen. Apropos frisch, weißt du, was die Weihnachtsmänner in Wirklichkeit sind?

Was?

In Wirklichkeit sind das Osterhasen.

Glaub' ich nicht: Osterhasen. Säh' man doch sofort.

Eben nicht. Ist dir mal aufgefallen, daß die so komische Mützen aufhaben?

Nikolausmützen.

Nein, Hasenohren sind das.

Kann doch gar nicht. Unter der Mütze?

Herrjeh, nein. Die Ohren *sind* die Mütze. Nur anders eingewickelt. Mit Nikolauspapier.

Verstehe ich nicht. Sind dann die

Osterhasen auch in Wirklichkeit Weihnachtsmänner?

Sag ich doch. Und die Weihnachtsmänner sind Osterhasen.

Also, man weiß bald wirklich nicht mehr, was man noch glauben soll. Auf jeden Fall: ich kaufe jetzt keine Weihnachtsplätzchen. Ist doch pervers: in T-Shirts rumsitzen und Lebkuchen essen.

Mmmh.

Eigentlich müßte man das verbieten.

Weihnachtsplätzchen?

Um die Zeit jedenfalls. Also, ich kauf das eigentlich sowieso *nie*. Wir backen selbst, die Kinder und ich. Für mich gehört das irgendwie zu Weihnachten. Ich brauche das, den Plätzchenduft in der Wohnung. Erinnert mich an meine Kindheit. Für mich ist erst Weihnachten, wenn ich Plätzchen gebacken habe.

Aber immer die Hetze vor Weihnachten. Ich finde das total stressig. Vor allem mit den Kindern. Und dann die Küche, wie die hinterher –

Ja, voll der Streß. Aber für die Kinder ist das total wichtig. Für später. Sonst haben die ja keine Erinnerung an die Weihnachtszeit.

Bei mir hat der Tobias einmal eine ganze Tüte Mehl ausgekippt. Hinter den Kühlschrank.

Oh nein, du Arme. Also, ich wär' richtig traurig, wenn die Johanna eines Tages keine Lust mehr zum Plätzchenbacken hätte. Obwohl, ich würde auch alleine backen. Für mich.

Na ja –

Doch.

Komisch, daß man nur Weihnachten Plätzchen backt.

Ist eben Tradition. Tun doch alle.

Und dann wo man hinkommt: überall selbstgebackene Plätzchen. Mir kommen sie nachher immer schon aus den Ohren raus.

Also, weißt du was? Ich verwahre die dann. Am besten schmecken die mir sowieso *nach* Weihnachten.

Friesenkekse

250 g Mehl
120 g Butter
140 g Zucker
1 Päckchen Vanillinzucker
1 Ei
1 Eiweiß
2 El *Hagelzucker*

Das Mehl mit dem Zucker und dem Vanillinzucker vermischen. Die Butter in Flöckchen darüber verteilen. Das Ei in eine Mulde geben, schnell mit den Fingern zu einem Mürbeteig verkneten und 1/2–1 Stunde kaltstellen. Dann wird aus dem Teig eine Rolle geformt und in ca. 3 mm dicke Scheiben geschnitten. Die Kekse werden auf der mittleren Schiene bei 180° goldgelb gebacken. Noch heiß wird der Rand der Kekse mit verquirltem Eiweiß bestrichen und zum Schluß mit Hagelzucker bestreut.

Wert der Zutaten: ca. 2,50 DM.

Vanillekipferln

300 g Mehl
200 g Butter
150 g geriebene Mandeln
100 g Zucker
2 Eigelb
zum Wenden:
100 g Puderzucker
6 Päckchen Vanillinzucker

Das Mehl mit den Mandeln und dem Zucker vermischen. Die Eigelbe in eine Mulde geben, die Butter in Flöckchen darüber verteilen und mit den Händen schnell zu einem Mürbeteig verkneten. 1/2–1 Stunde kalt stellen. Mit den Händen werden kleine Hörnchen (Kipferln) geformt, auf ein mit Backpapier belegtes Blech gelegt und auf der mittleren Schiene 10–15 Minuten bei 180° gebacken. Die Kipferln noch warm in einem Gemisch aus Puderzucker und Vanillinzucker wenden.

Wert der Zutaten: ca. 4,20 DM.

Mailänder Plätzchen

250 g Butter
240 g Zucker
3 Eier
1 Prise Salz
1 *Zitrone (Schale, gerieben und
ungespritzt)*
500 g Mehl
1–2 Eigelb

In einer Schüssel erst die Butter geschmeidig rühren. Dann Zucker und nach und nach die Eier, das Salz und die Zitronenschale zugeben und so lange rühren, bis eine schaumige Masse entsteht. Das Mehl darüber sieben. Alles zu einem Teig rühren und 1–2 Stunden kalt stellen. Dann den Teig auf einem mit Mehl bestreuten Brett 7 mm dick ausrollen, ausstechen und die Plätzchen auf ein mit Backpapier ausgelegtes Blech setzen. Das Eigelb mit etwas Wasser verquirlen und die Plätzchen *zweimal* mit dem Eigelb bestreichen.

Auf der mittleren Schiene bei 200° ca. 10 Minuten backen.

Wert der Zutaten: ca. 4,30 DM.

Mutter Martha

So ein Verwandtenbesuch am Samstagnachmittag: eine heikle Angelegenheit. Vor allem, wenn es sich bei den Verwandten um die »andere« Seite handelt, die bisher noch gar nicht in Erscheinung getreten ist. Jene, die erst mal abgewartet hat, ob sich da »was Ernstes« anbahnt und die es nun an der Zeit findet, aus der Deckung zu kommen und zu überprüfen, mit wem der Sohn sich da verbandelt hat.

Wie bereitet man einen solchen Besuch, der augenscheinlich Test-Zwecken dient, am besten vor? Soll man glauben, daß die Verwandtschaft, die vorläufig noch gar keine richtige, jedenfalls nicht die eigene ist, keine Umstände wünscht? Was bedeutet es, wenn mittelalte Damen telefonisch ankündigen, daß sie und der Vati nur auf ein Tässchen Kaffee vorbeikommen und spätestens, *aller*-spätestens um sieben wieder zu Hause sein wollen, weil sie dann mit dem Hund raus müssen? Backen wir eben einen Kuchen und fertig, rät der Liebste. Ja, guck mal an, da wäre man ja selbst nie drauf gekommen.

Stachelbeeren in Baiser-Törtchen, Frankfurter Kranz, Prinzregententorte. Das Backbuch meint es gut, kennt aber nicht die Gefahren, die ersten zarten Familienbanden durch zerbröseltes Baiser und verbrannten Krokant drohen. Auch die eigene Mutter weiß keinen Rat, außer dem, sich auf keine Experimente einzulassen. Außerdem findet sie den Aufstand, den die Tochter da macht, völlig übertrieben. Sie jedenfalls würde so einen Schwiegertochter-TÜV nicht mitmachen, in der heutigen Zeit schon gar nicht mehr.

Aldis Mutter sieht das ganz anders. Sie läßt sich nicht lange bitten, wenn des Backens unkundige Töchter ihre Hilfe brauchen. Aldis Mutter heißt Martha. Mutter Martha bietet keine modischen Mon-Chérie-Torten, sondern altdeutschen Apfel-Rahm-Kuchen und Rahm-Obst-Kuchen an, fertig abgewogen und gemischt, kann nichts schief gehen. Dazu Rupfkuchen, der trotz seines eigenartigen Namens schön gleichmäßig rund aussieht, jedenfalls auf der Packung. 2,59 kosten Mutter Martha's Kuchen, fast eine ganze Mark billiger als die deutsche, süße Durchschnittsbackmischung. Und die ist schon so billig, daß einem die Hersteller fast leid tun können. 1993 bekamen sie im Durchschnitt noch 3,52 pro Packung, jetzt gerade mal 3,40, hat die Gesellschaft für Konsumforschung beobachtet. Und wer ist Schuld daran? Der Aldi mit seinen Billigmischungen. Und nicht nur daß er die Preise gnadenlos drückt: kaum hat der Marktführer eine neue Kuchenidee und »Man nehme ...« gemurmelt, hat Aldi schon dieselbe oder fast dieselbe Kuchenmischung fix und fertig im Regal stehen. Was Dr. Oetker kann, kann Mutter Martha schon lange.

Und dann gibts bei Aldi heute neu das Insektenschutz-Netz für das Fenster. Nimmt die werdende Schwiegertochter doch gleich mit. Wäre doch peinlich, wenn die Verwandtschaft in spe Bienenstich statt Martha's Apfel-Rahm bekäme. Ein »Balkon- und Terrassensortiment« bietet Aldi ebenfalls an. Kann doch nicht sein. Ist auch nicht. Bei aller Bescheidenheit: da hat Aldi mächtig übertrieben. Oder war es die Sorge um die orientierungslose Kundin, der man in einfachen, knappen Worten erklären muß, wohin sie die »blühende Pracht, ca. 90 cm hoch, mit Krone oder in Pyramidenform« stellen soll?

Halbleinen-Geschirrhandtücher für 4,98 je 3er-Packung hat Aldi diese Woche dann auch noch im Angebot. Für den Abwasch danach. Auch daran muß man denken. Vielleicht sollte die Kundin auch noch den Bodenreiniger mit der bewährten Staubbinde-Faser für nicht mal 10 Mark mitnehmen. Kuchen macht Krümel. Aber was ist jetzt erstmal eine Staubbinde? Überhaupt, dieser ganze Aufwand für die zukünftige Verwandtschaft. Sie ist froh, wenn endlich Samstag abend ist und alles vorbei und sie und der Liebste wieder allein. Was haben sie denn da? Einen ganzen Stapel Damen-Nachthemden. Unterschiedliche Modelle, teils mit feinen, dekorativen Spitzeneinsätzen. Na, wenn das nichts ist. Für 17,98. Aus Single-Jersey.

Sandkuchen

5 Eier
250 g Zucker
1 Päckchen Vanillinzucker
1/2 Zitrone (abgeriebene Schale, ungespritzt)
1 Prise Salz
125 g Mehl
125 g Speisestärke
170 g Butter
1/2 Tasse Puderzucker

Die Eier mit dem Zucker, dem Vanillinzucker, der Zitronenschale und dem Salz im warmen Wasserbad schlagen. Die Eimasse aus dem Wasserbad nehmen und so lange schlagen, bis sie kalt ist. Jetzt das Mehl mit der Speisestärke darüber sieben und unterziehen. Die Butter schmelzen lassen und warm, aber nicht heiß, unter den Teig ziehen. Den Teig in eine 30 cm lange, gefettete Kastenform füllen und glattstreichen. Bei 190° auf der unteren Schiebeleiste 40–45 Minuten backen. Nach 40 Minuten mit einer Stricknadel prüfen, ob der Teig gar ist. Wenn Teig an der Nadel haften bleibt, den Kuchen weitere 5 Minuten backen und noch einmal die Probe machen, bevor man den Kuchen aus dem Backrohr nimmt. Den Kuchen aus der Form stürzen, auf einem Gitter abkühlen lassen und mit dem Puderzucker bestreuen.

Wert der Zutaten: ca. 3,90 DM.

Einfacher Bienenstich

für den Teig:
1 Tasse Sahne
1 Tasse Zucker
2 Tassen Mehl
4 Eier
1/2 Päckchen Backpulver
1 Päckchen Vanillinzucker
1 Prise Salz

für den Belag:
100 g Butter
4 El Milch
1 Tasse Zucker
1 Päckchen Vanillinzucker
<u>200 g gehobelte oder gehackte Mandeln</u>

Die Sahne, den Zucker, den Vanillinzucker, die Prise Salz und 4 Eier schaumig rühren. Das Mehl mit dem Backpulver vermischen, über die Eiermasse sieben

und verrühren. Damit der Teig nicht vom Blech läuft, am vorderen Blechrand mit Alufolie einen Rand legen. Teig auf das gefettete und ausgelegte Blech streichen. 15 Minuten auf der mittleren Schiene bei 180° backen.

In der Zwischenzeit für den Belag Butter, Zucker, Vanillinzucker, Milch und Mandeln in einen Topf geben. Die Zutaten werden aufgekocht, bis die Mandeln glasig werden und die Milch aufgesogen ist. Nach den 15 Minuten den Kuchen aus dem Backofen nehmen, mit dem Belag bestreichen und nochmal 15 Minuten weiterbacken.

Wert der Zutaten: ca. 4,60 DM.

www.backen

Wohin wendet sich der Mensch, wenn ihn Sorgen drücken? Früher vertraute er sich dem besten Freund an. Oder Frau Irene. Wenns ganz schlimm kam, ging er zu Sonja, Vera, Ilona oder Hans Meiser und sagte: »Hilfe, meine Frau will einen Jüngeren« oder »Mein Sohn ist ein Schoko-Junkie«. Heute geht der Mensch ins Internet. Kein Casting, keine lange Anreise, keine Was-ziehe-ich-an-wenn-ich-ins-Fernsehen-komme-Qual – ein einfaches Modem genügt und schon kann man fragen, was man immer schon wissen wollte. Zum Beispiel: »Wie mache ich für meinen Mann eine Donauwelle?« oder »Meine Freundin will Rübli-Torte. Wer kann mir helfen?« Ganz gemütlich von zu Hause aus, in Jogginganzug und Schluffen. Niemand bleibt ohne Antwort. Weder Astrid aus Mainz, die wissen will, wie man Berliner macht, noch die namenlose Internetkollegin, die sich einen Amerikaner backen will. Nur der junge Mann, der nach Mascarpone sucht, weil er derartiges »hier« nicht auftreiben kann, sein Hilferuf verhallt ohne Antwort, da niemand weiß, wo »hier« im weltumspannenden elektronischen Netz ist. Ein bißchen präziser hätte man es dann doch gerne. Auch weil das unsere Hilfsbereitschaft stärkt. Wie im Fall von Uwe, der für seine Tochter ein Kaiserschmarren-Rezept sucht. Würde uns ja völlig kalt lassen, aber Uwe schreibt, daß er mit seiner Tochter in Österreich war mit – man höre – zwei Schulklassen, zur Skifreizeit. Nur zu gut können wir uns das Opfer vorstellen, das Uwe da gebracht hat. Eine Horde kreischender Schulkinder auf die Pisten zu begleiten, beim Essen zu bewachen, ein Alptraum. Wie muß Uwe aufgeatmet haben, als es mittags Kaiserschmarren in der Herberge gab. Kein »Bäh, mag ich aber nicht«, kein Werfen mit Frikadellen, sondern friedliches, gleichmäßiges Schmatzen. Wir stellen uns Uwe vor, wie er, zurückgekehrt aus den Bergen, verzweifelt Kochbücher wälzt. Draußen brüllt die Tochter. Sie mag seine Pizza nicht mehr, auch kein Schnitzel, kein Fischstäbchen. Sie will Kaiserschmarren, so wie in der Skifreizeit, und zwar sofort. Uwes Schicksal rührt uns, wir suchen mit, viele suchen mit. Die Antwortliste im Internet ist lang, und wir sind beruhigt. Vor unserem inneren Auge sehen wir Uwe, wie er freudestrahlend Kaiserschmarren zubereitet. Jeden Tag ein anderes Rezept.

Auch Fritz rührt die Herzen der backenden Internetgemeinde. Sein Käsekuchen fällt jedesmal »wie eine platte Flunder in sich zusammen«. Jetzt suchen er und seine Frau dringend Hilfe. Eiweiß steifschlagen und unterziehen, raten die einen. Die anderen sind dafür, Puddingpulver zu nehmen oder so lange zu backen, bis Fritz mit der flachen Hand auf den Kuchen schlagen kann, ohne daß er zusammenfällt. Ein Fatalist rät, die Sache einfach so zu akzeptieren wie sie

ist. Und dann hat da noch einer einen sehr lustigen Einfall. Mit einem Drahtgestell absichern und eventuell ein bißchen Fliesenkleber benutzen, rät dieser heitere Mensch. Ob Fritz darüber lachen kann? Wir können es uns nicht vorstellen.

Kasimir sucht »unbedingt« des Meisters Nußeckenrezept und haucht ein »Danke – ich hab' euch lieb« ans Ende seiner Nachricht. Ja, Kasimir, hat er denn Knöpfe auf den Augen? Guildos Nußecken-Rezept steht doch schon längst groß und breit im Internet. Noch mal richtig nachschauen, ermahnt Ulrike S. mit mütterlicher Strenge. Ulrike S. ist die unsichtbare Herrscherin in der Internet-Backecke. Kein Rezeptwunsch, den sie nicht beantworten könnte. Ob Hippen-Rolle, Quarkkeulchen oder Brombeerkuchen gesucht werden, Ulrike S. antwortet sofort. Immer kompetent, immer sachlich. Oft mehrmals hintereinander, wie etwa jenem naschhaften Pierrot, der ein Plätzchenrezept für Diabetiker aus Vollkornmehl sucht. Vielleicht hat gerade vor einer halben Stunde seine Nebennierenrinde die Insulinproduktion eingestellt, jedenfalls sucht er jetzt »ganz eilig«. Gleich viermal bekommt er Post von Ulrike S. Unermüdlich sorgt sie für die backfreudige Internetgemeinde. Auch Oli, der in etwas eigenartiger Logik von sich schreibt »ich bin männlich und suche trotzdem Backfreunde und neue Rezepte zum Backen«, bleibt nicht ohne Antwort von Ulrike S. Wir können nur hoffen, daß Oli soviel Fürsorge zu würdigen weiß. Oder fällt er auf Minka herein? Die foppt die Internetgemeinde mit ihren Anworten, die keine sind. Schreibt dem Backfan, der verzweifelt nach dem Huckelkuchen-Rezept sucht: »Ja, ich kenne das Rezept.« Ätsch. Oli antwortet sie, ja, sie habe auch Lust zum Backen, »wo ich deine e-mail gelesen habe.« Wir wissen nicht, für wen Oli sich entscheidet, für Ulrike, die Treusorgende oder für die kecke Minka. Wir werden es vielleicht nie erfahren. Was wir nur sehen: im Internet gehts zu wie im richtigen Leben. Hier wie dort sind die Menschen undankbar. Ganze zwei Antworten bekommt Ulrike S., die Hilfsbereite, auf ihre zugegebenermaßen etwas unmäßige Bitte hin, ihr Rezepte für Marstorte, Milky-Way-Torte, Honduras-Torte, Rauhreiftorte, E.T.-Torte, Trümmer-Torte und Verdunklungskuchen zu verraten. Aber vielleicht entdeckt Ulrike S. ja noch das Rezept des »Chefkochs« auf ihren ruhelosen Wanderungen durch das Netz. Dessen Spezialität ist die Milky-Way-Torte. Er bereitet sie aus »Mürbeteik« und zwei Bechern Milky Way zu. Ganz einfach, gelinkt immer, liebe Ulrike S.

Rüblitorte

200 g Karotten
7 Eigelb
5 Eiweiß
1 Gläschen Kirschwasser
300 g Zucker
150 g geschälte und geriebene Mandeln
150 g geriebene Haselnüsse
Schale einer halben Zitrone
50 g Semmelbrösel
50 g Mehl
1 Tl Backpulver
1 Prise Salz

Eiweiß mit 100 g Zucker steif schlagen, Mandeln, Haselnüsse und Zitronenschale fein reiben, Karotten raffeln. Eigelb und 200 g Zucker schaumig schlagen. Mandeln, Haselnüsse, Zitronenschale und Karotten dazugeben und unterrühren. Mehl mit Backpulver, Semmelbrösel und Salz vermischt dazugeben und unterrühren. Den Teig zu dem geschlagenen Eiweiß geben. Mit dem Spachtel von Hand vorsichtig unterheben. Die Masse in eine gefettete Springform geben und bei 200° etwa 50 Minuten backen.

Nach Erkalten mit Zitronenglasur (aus 200 g Puderzucker und je 2 EL Zitronensaft und Kirschwasser) überziehen.

Wert der Zutaten: ca. 7,30 DM.

Käsekuchen

1 kg Magerquark (4 Päckchen)
125 g Butter oder Margarine
250 g Zucker
3–4 Eier (je nach Größe)
1 Päckchen Vanillinzucker
1 Päckchen Backpulver
40 g Speisestärke (4 El) oder *1 Päckchen Puddingpulver*
2 El Grieß
40 g Rosinen (in warmem Wasser eingeweicht)
1 Zitrone (Saft und Schale) ungespritzt und gerieben

Butter, Zucker und Vanillinzucker schaumig rühren, nach und nach die Eier ein-rühren. Dann die Zitronenschale, Speisestärke, Grieß und Backpulver hinzufügen. In diesen Teig die gut trockengetupften Rosinen und den Quark einarbeiten. Eine Springform mit Fett bepinseln, mit etwas Grieß ausstreuen und den Teig einfüllen. Bei 180° auf mittlerer Schiene 1 Stunde goldgelb backen. Gegebenenfalls nach 20 Minuten mit Pergamentpapier abdecken, um zu vermeiden, daß die Oberseite ver-brennt.

Wert der Zutaten: ca. 5,40 DM

Restlos

Schluß jetzt mit dem süßen Leben. Genug gemampft. Jetzt wird gefastet. Eine neue Arbeitswoche liegt vor uns. Und hinter uns der Kühlschrank, voll mit Schwarzwälder Kirsch. Eine Versuchung, um die wir einen Bogen machen werden. Doch, das haben wir uns vorgenommen. Ganz fest. Zumindest bis morgen. Ja, wir geben es zu, daß unsere Selbstbeherrschung nun auf eine so harte Probe gestellt wird, das haben wir uns selbst eingebrockt. Gestern bei Stumps gewesen. Kleiner Kaffeeklatsch, ganz zwanglos. Wär' doch nett, ganz spontan, hatte Frau Stump gesagt, einfach so. Sie würde sich freuen. Die Melanie kommt auch auf einen Sprung, mit dem neuen Freund. Ganz reizender junger Mann. Ein bißchen schweigsam, kriegt die Zähne nicht auseinander. Muß man leider sagen. Aber stille Wasser sind tief, und besser als so ein Schwätzer. Wie dieser Autofuzzi, na, wie hieß der noch mal, ach ist auch egal.

Frau Stump hatte gebacken. Eine Schwarzwälder Kirsch, eine Sachertorte, eine gedeckte Apfeltorte. Kein Akt, wenn sie einmal dran ist. Macht sie aus dem Eff-Eff. Ohne Kochbuch, freihändig. Jahrelanges Training eben. Früher haben sie noch viel mehr gebacken, ihre Mutter und auch die Tanten. Aber heute essen die Leute ja nix mehr. Ein Stück Kuchen und dann können sie schon nicht mehr. Sie selbst muß sich auch ein bißchen zurückhalten. Aber von dem Apfel kann man ruhig zwei Stück. So leicht, wie der ist.

Herr Stump hatte dazu genickt. Nehmen Sie sich doch auch noch ein Stück Apfel. Oder lieber Sachertorte. Wenn man ihn fragt, er hats ja mit der Schwarzwälder Kirsch. Schon die Farben, eine Augenweide: das Braune, Weiße, Rote. Im Magen kommt dann alles zusammen. Eigentlich schade.

Noch einen Schnaps zur Verdauung? Er braucht nach Kuchen immer einen. Hatte seine Frau nicht neulich den Grappa …?

Eigentlich war der Grappa fürs Bakken gedacht, hatte Frau Stump mit einem Seitenblick auf den jungen Mann gesagt. Der junge Mann hatte nichts gesagt, nur Herrn Stump hinterhergeguckt, wie er in der Küche verschwand.

Daß die Gäste jetzt schon gehen wollen! Frau Stump bedauerte es sehr. Na ja, am anderen Tag wieder Arbeit. Kann sie auch verstehen. Aber ein Stück Kuchen muß sie uns mitgeben. Nein, keine Widerrede. Und die Melanie nimmt auch noch was mit. Wäre doch *Sünde*, wenn das alles umkäme. Wenn sie manchmal im Fernsehen sieht, was alles weggeworfen wird, die ganzen schönen Äpfel zum Beispiel, einfach so. Kann sie sich nicht mit angucken. Kann sie nicht verstehen mit ihrem gesunden Menschenverstand, was die Politiker sich dabei denken. Sie kann jedenfalls nichts wegwerfen, wo sie doch als Kind noch die schlechte Zeit mitgemacht hat. Sie läßt sich auch im Restaurant immer einpacken, was sie nicht mehr essen kann. Neulich, den Fasan zum Beispiel. Hunde vertragen aber keine Röhrenknochen, hat der Kellner gesagt. So was von unverschämt. Jedenfalls, den ganzen Kuchen jetzt nur für sie, soviel, das schaffen sie nicht. Wenn sie und ihr Mann allein sind, sie essen doch unter der Woche nichts. Und hat sie nicht eben mitgekriegt, daß wir morgen abend auch Besuch bekommen? Ist doch praktisch, dann gleich was zum Anbieten im Haus zu haben. Brauchen Sie sich nicht selbst hinzustellen und zu backen, hatte Frau Stump gesagt. Das war einzusehen. Dankend hatten wir beobachtet, wie Frau Stump mit geübtem Schwung eine halbe Schwarzwälder Kirsch-Torte in Alufolie einschlug. So, bitteschön. Bißchen aufpassen, daß sie nicht zerdrückt wird. Haben wir auch versucht. Aber wir haben vergessen, die Torte anzuschnallen auf der Rückfahrt.

Beim Einparken ist sie von ihrem Sitz gehüpft und auf der Fußmatte gelandet.

Aldi muß sowas geahnt haben, nicht ohne Grund, so erkennen wir jetzt, bietet das Unternehmen seiner Kundschaft die 10-Meter-Rolle Alufolie an, die sich durch besondere Reißfestigkeit auszeichnet. Wie selbstverständlich paßt sich die Alufolie auch der neuen, fladenförmigen Tortenform an. Aber kann man dergleichen anderentags noch Gästen anbieten? Andererseits, darf man Lebensmittel so einfach wegwerfen? Sollen wir tun, was man nicht tut, oder sollen wir eine Sünde begehen? Werner Stumps Wort vom Magen, in dem alles zusammenkommt, fällt uns ein. Wo haben wir noch gleich den Pürierstab? Vorsicht, nicht die Alufolie mit zerkleinern. So, und jetzt ab damit ins Gefrierfach. Schwarzwälder Kirsch-Parfait, selbstgemacht und unwiderstehlich.

Wiener Kirschkuchen

für den Teig:
100 g Butter
60 g Zucker
150 g Mehl

für den Belag:
300 g Butter
300 g Zucker
6 Eigelb
1 *Zitrone (abgeriebene Schale)*
1 Prise Salz
6 Eiweiß
150 g Mehl
150 g Speisestärke
450 g Sauerkirschen aus dem Glas
1/2 Tasse Puderzucker zum Bestreuen

Die Butter mit dem Zucker verrühren, das Mehl darüberstreuen und zu einem Mürbeteig verkneten. 1 Stunde kühl stellen. Dann den Teig auf den gefetteten Boden und Rand (ca. 2 cm hoch) einer Springform verteilen und 10–15 Minuten auf der mittleren Schiene bei 190° vorbacken.

Jetzt für den Biskuitteig die Hälfte des Zuckers mit der ganzen Butter, dem Eigelb, der Zitronenschale und dem Salz schaumig rühren. Das Eiweiß mit der anderen Hälfte des Zuckers steif schlagen und unter die Eigelbmasse heben. Das Mehl mit der Speisestärke über die Eimasse sieben und unterziehen. Den Biskuitteig auf den vorgebackenen Boden füllen und die abgetropften Kirschen darauf verteilen. Bei 190° auf der unteren Schiebeleiste ca. 70–80 Minuten backen. Abkühlen lassen und mit Puderzucker bestreuen.

Wert der Zutaten: ca. 8,50 DM.

Rezeptverzeichnis